第3版

ビジネス法入門

中村信男
和田宗久 [著]
新井　剛

中央経済社

第3版はしがき

　本書第3版は，体裁・スタイルについては第2版を基本的に踏襲していますが，以下の点で，第2版の内容を改訂しています。第1に，本年4月1日から，長年の懸案とされてきた契約法ルールの見直しを実現した改正民法（債権関係）が施行されます。これに伴い，商取引に関する特別法の商法でも関連規定の変更が行われます。また，2019年の臨時国会では，株主提案の個数制限，株主総会関連書類の株主への電子提供，社外取締役の選任義務化，取締役報酬規制の見直し，新たなM&A手段である株式交付制度の創設等を行う会社法改正が実現しました。そのため，企業は，契約面でも組織運営等の面でも新たな法ルールに対応することを求められることから，本書第3版は，関連法令の改正にあわせ内容面の改訂を行いました。

　第2に，これまで本書は，中村・和田の両名で分担執筆してきましたが，本年4月1日より民法専門の新井剛氏が早稲田大学商学学術院教授として着任することに伴い，執筆者を中村・和田・新井の3名体制としました。これにより，本書が契約および商取引に関して扱う部分につき，内容面等の大幅な見直しも施しています。

　第3に，本書第2版をテキスト採用してくださった他大学の研究者仲間から本書に対し若干のご指摘等をいただきました。それを受け，本書第3版では，ご指摘のあった箇所の訂正を行いました。ご意見等をお寄せくださった方のお名前を逐一挙げませんが，貴重なご指摘をいただいたことに，この場を借りて御礼を申し上げる次第です。

最後に，本書の改訂に当たっても引き続き，中央経済社編集部の露本敦さん
の入念かつ的確な助言・協力を得ました。ここに記して謝意を示します。

　2020年3月

中村　信男

和田　宗久

新井　　剛

はしがき

　大学では，ビジネス教育が盛んです。ますます複雑化し激しく変化するグローバル競争に日本企業が打ち勝つためにも，また個々人が生き残っていくためにも，ビジネス上の高度な専門知識とそれを駆使しうる能力・判断力等が必要だからです。同時に，さまざまなビジネス活動が基本的には種々の商取引，つまり契約を通じて日々繰り返し行われていることを考えると，ビジネスと法とが切っても切れない密接な関係にあることは明らかです。

　また，現代ビジネスの担い手は，多くの場合，株式会社です。とりわけ上場株式会社の経営の在り方をめぐっては，様々なリスクの伴う経営を，適切にリスク管理しながら，スピード感をもって大胆に行うとともに，株主をはじめとする各種のステークホルダーの利害をバランスよく調整し，法令等を遵守することも求められています。ここに，コーポレート・ガバナンス論がでてきます。この議論も多分に法律問題の側面を有していることから，企業経営と法との関係，つまり法的ルールとその求めるところを的確に踏まえながら経営を行っていくことは，上場株式会社における重要な経営課題の一つです。

　本書はこうした問題意識に立ち，初学者がビジネスと法との接点や法的知識・法的視点を持つことの重要性を理解し，今後のビジネス法学習を進展させる足掛かりとするために，商取引の基本である契約法と企業経営の基本となる会社法の主要な規律内容について，具体的ケースを通じて概説するものです。

　ちなみに，われわれが所属する早稲田大学商学部では2014年度より，「ビジネス法入門」を商学部生の必修科目とし講義を行っています。本書は，この講義用テキストとして企画されたものです。本書の趣旨や内容は，法学部はもとよりビジネス系学部その他の学部におけるビジネス法の入門書として役立つものと確信しています。このように読者層を広く想定しているため，本文の説明

iii

では比較的平易な表現とするよう心掛けたつもりです。本書が，将来ビジネス社会で活躍することを夢見る人々に，ビジネス法の学習の大切さや面白さを伝えるものとなり，さらにその学習を進展させるものとなれば幸いです。

　最後に，本書が成るにあたり，中央経済社編集部の露本敦さんと木村寿香さんの献身的かつ入念なご協力を得ました。記して謝意を示します。

　平成26年10月

中村　信男

和田　宗久

目　次

第1講　イントロダクション

1　商取引の具体例　*1*
2　商取引は，法律上の効力を持つ「契約」を通じて行われる　*3*
3　ビジネスに関する法律知識の必要性　*3*
4　社会生活での武器としての法律知識　*5*
5　ビジネスの担い手としての企業と株式会社　*7*
6　法律は杓子定規か？　*9*

第2講　企業取引と法律

1　法律とその他の社会ルールとの違い　*11*
2　法律の分類とビジネス（商取引・企業組織）を規律する法的ルール　*13*

第3講　企業取引と契約(1)

1　契約の意義　*17*
2　契約の種類　*21*

第4講　企業取引と契約(2)

1　契約の締結と方法　*24*
2　契約の効力と拘束力　*27*

第5講　企業取引と契約(3)

1　契約自由の原則とその限界　*32*
2　未成年者等の契約　*37*

i

第6講　企業取引と契約(4)

1　心裡留保　*43*

2　通謀虚偽表示による契約の無効　*45*

3　錯　　誤　*46*

4　詐欺・強迫　*49*

5　まとめと補充　*51*

第7講　不動産および動産の取引

1　物権と債権の違いおよび物権法定主義・物権の種類　*54*

2　土地・建物の譲渡と不動産登記　*61*

3　動産の所有権の移転　*64*

第8講　商取引法の概要と特色(1)

1　商取引の特色と商取引法ルール　*68*

2　商取引の営利性　*69*

3　商取引における信頼確保と迅速な処理　*72*

第9講　商取引法の概要と特色(2)

1　代理によるビジネスの拡大　*75*

2　商取引における信用確保と責任厳格化　*78*

第10講　会社制度の特徴と会社の種類

1　企業・会社とは？　*83*

2　会社制度の特徴　*84*

3　会社の種類　*85*

第11講　株式会社の経営機構と監視・監督制度

1　株式会社の多様性　*92*

2　株式会社の機関　*94*

3　株式会社の機関－総説　*95*

4　株主総会　*98*

5　取締役会　*102*

6　代表取締役　*102*

7　監 査 役　*103*

8　会計監査人　*104*

第12講　上場会社とコーポレート・ガバナンス

1　上場会社とコーポレート・ガバナンス　*105*

2　日本におけるコーポレート・ガバナンス論　*107*

3　機関投資家の台頭　*108*

4　日本における上場会社向けの機関設計　*111*

5　社外取締役導入の促進へと向けた動き　*117*

第13講　役員等の義務と報酬規制

1　総　　説　*121*

2　善管注意義務と忠実義務　*122*

3　取締役の利益相反的行為の規制　*123*

4　役員等の報酬に関する規制　*127*

第14講　役員等の民事責任と株主代表訴訟

1　総　　説　*134*

2　株主代表訴訟制度　*135*

3　具体的な株主代表訴訟の例　*139*

目　次　*iii*

第15講 ファイナンスに関する法制度

1 総　　説　*149*

2 株式および社債の発行手続　*154*

第16講 M&A および組織再編等

1 M&A と組織再編　*160*

2 ２社による経営統合の方法　*162*

3 合　　併　*163*

4 会社分割　*166*

5 株式交換・株式移転・株式交付　*170*

第17講 支払決済手段

1 企業間取引の支払決済手段とニーズ　*175*

2 売掛債権譲渡方式とファクタリング　*176*

3 手形・小切手の利用　*178*

4 電子記録債権の利用　*185*

5 新たな資金決済・移動手段の登場　*187*

参考資料 —————————————————————————————— *191*

民　　法／*191*

利息制限法／*201*

不動産登記法／*201*

動産及び債権の譲渡の対抗要件に関する

　民法の特例等に関する法律（動産債権譲渡特例法）／*201*

民事訴訟法／*202*

会 社 法／*203*

商　　法／*246*

参考文献 —————————————————————————————— *248*
索　　引 —————————————————————————————— *249*

民法改正に対する本書での対応について

　本書で参照することが多い「民法」については，改正が相次いでいます。

　まず，平成29（2017）年5月26日には，債権関係に関する改正法が成立しました。日本の民法は，明治29（1896）年に制定されましたが，第3編債権を中心とする債権関係の規定群は制定以来，大きな改正を経験しておらず，約120年ぶりになされた大改正です。この改正は，令和2（2020）年4月1日に施行されました。この改正を本書では，「債権法改正」と呼びます。

　次に，平成30（2018）年6月13日には，成年年齢に関する改正法が成立しました。この改正は，民法の成年年齢を20歳から18歳に引き下げるものですが，令和4（2022）年4月1日に施行されます。この改正を本書では，「成年年齢改正」と呼びます。

　さらに，平成30（2018）年7月6日には，相続法に関する改正法が成立しました。この改正の多くは，令和元（2019）年7月1日に施行されましたが，配偶者居住権に関しては，令和2（2020）年4月1日に施行されました。本書では，この改正に関しては，とくに触れませんが，相続に関する民法の規定が改正されたことは覚えておくと良いでしょう。改正の概要は，法務省の次のページで確認することができます。 http://www.moj.go.jp/MINJI/minji07_00222.html

第1講　イントロダクション

Q1　ビジネスの世界で日々，国内外において行われる商取引は具体的にどの
　　ようなものですか。ビジネスのことを学ぶ上で，法律知識は必要ですか。
Q2　商取引を行っている企業は，一般的には，どのようなものですか。
Q3　法律には杓子定規という印象がありますが，実際はどうですか。

1　商取引の具体例

　ビジネスの現場では，日々，国内の企業同士，国外の企業と国内の企業との
間，あるいは，国外の企業同士の間で，繰り返し取引（商取引）が利潤獲得の
ために行われています。

　これを具体的にイメージするために，食品の製造・販売を事業として行う
メーカーを例にとって説明しましょう。食品製造には，穀物や食肉その他の原
材料や素材が必要です。原材料・素材の生産等が行われる部分を，「川上」と
いいます。そこから，製品メーカーでの加工・製造による製品の生産，製品の
販売代理店や卸売業者による小売業者への転売を経て，小売業者が最終消費者
に製品を販売します。製品の販売に関する部分を「川下」といいます。このよ
うに原材料・素材の生産・獲得等から製造，卸売り，小売りを経て製品が最終
消費者に到着するまでの商品等の流れが，ビジネスのいろいろな場面で日々繰
り返されることで，経済社会が動いていくわけです。

　また，商品の流れをサポートするものとして，物流を担う運送会社，製品開
発や販売段階等で業務を支援・補助する商社やコンサルタント，広告代理店，
資金を提供する銀行，資金の調達（株式・社債の発行等）を補助する証券会社，
様々なリスクの引受け等を行うため損害保険や生命保険を販売する保険会社等

が介在することがあります（**図1**参照）。

　このように，「川上」から「川下」までのビジネスの流れには，様々な企業が関与しますが，いずれにせよ，企業同士の間をつなぐものは，様々な「商取引」です。**図1**でいうと，原材料や素材，それらを用いて製造された製品の「売買」取引を基軸としながら，メーカーと運送会社との間の運送取引，物品の保管・管理のために行うメーカー等と倉庫会社との間の倉庫取引，メーカー等と銀行や保険会社との間で行われる銀行取引（融資その他）や保険販売が必要に応じて行われます。このほか，工場や営業所等で勤務する従業員と企業との間の雇用も，契約の一つ（労働契約（第3講のコラム参照））です。

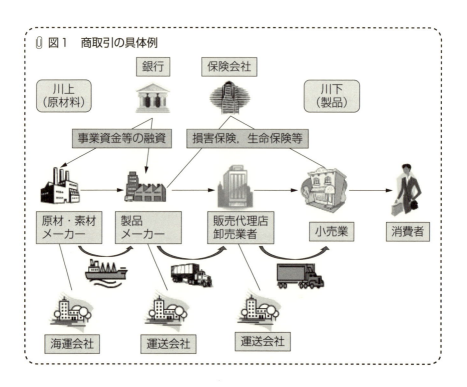

図1　商取引の具体例

2 商取引は，法律上の効力を持つ「契約」を通じて行われる

商取引は，国内で行われるか国外で行われるかを問わず，いずれも，2人以上の者同士の間での「契約」（contract）であるという点で，共通しています。

契約はいったん有効に締結されると，法的効力（代金の支払いを請求する権利・納品義務等）が生じ，契約の当事者はその内容に拘束されます。いつ，どこで，どのような方法で代金を支払ったり，商品を引き渡したりするかは，原則として，契約で定めたところによって決まります。

言い方を変えると，例えば，製品の買主が契約の定めに従って代金の支払いをしない場合は，買主の契約違反となり，売主は，裁判所という国家機関の力を借りて，買主からの代金の支払いを確保することができるわけです（買主の財産に対する売主の差押え等）。

また，商取引は，全体として，利益獲得つまり「営利（for profit）」を目的とするため，契約違反に対する責任も厳しく追及される傾向があります。

さらに，契約を有効に締結していても，当事者の一方が，契約のもう一方の当事者に対して代金支払い等を請求したときに，相手方が所在不明であるとか倒産したため，損害（damage）を被るケースもあります。そのような事態にならないようにするために，あるいは，そうした事態に遭遇した場合にどう対処するかが，法律上のリスク管理問題の一つです。

3 ビジネスに関する法律知識の必要性

ビジネスについて経営学，会計学，マーケティング・広告論，金融論，経済学等の観点から学んでいく上で，その対象となるビジネスが契約を通じて日々行われていて，その契約には裁判所の力を借りて実現できる法律上の効果が備わっていることを考えると，ビジネス法の基本的理解を踏まえておくことが有益であるばかりか，必須であるといえるでしょう。このほか，実際のビジネス

第1講●イントロダクション　3

の現場ではいろいろな法律問題が生じることがあります。特許権等の知的財産の使用等を巡る紛争，労働問題に関する紛争，製品事故その他を理由とする損害賠償請求に関する紛争（某自動車用部品メーカーの製造した欠陥エアバッグによる死亡事故被害），談合等を理由とする独禁法関連の紛争（東日本大震災復旧工事を巡る談合）などは，いずれも法律問題です。

　このように，ビジネスと法とは，結び付きが強く，密接な関係にあるため，法学部以外の学部（特に，商学部や経営学部等のビジネス系学部）で学ぶ学生にも，必要な基礎専門知識として，ビジネス法について多少なりとも理解をしていることが求められています。

　また，商取引のうち企業同士で行われるもの（企業間取引，Business to Business（B to B））は，両当事者が商品や取引の仕組み等に関する専門知識・分析能力や交渉能力等の点で一応は対等と考えられます。そのため，取引条件・内容の決定は，当事者同士の自由な交渉に任され，契約内容や契約の仕方に法律に違反する点（詐欺的方法であるとか，不正な賄賂の受取りをするとか）がなければ，法律は企業間の取引内容に基本的に干渉しません。これに対し，巨大デジタル・プラットフォーマーのように他の事業者に対して圧倒的な優越的地位を持つ企業と従属的立場にある企業との取引については，当事者同士の対等な交渉が期待できません。そのため，このようなケースでは，たとえ企業間取引であっても，法が介入することがあるので，注意が必要です。

　しかし，いずれにせよ，ビジネスの現場では，これから行おうとする商取引によってどのような影響があるのかを，担当者が責任をもって的確に判断しなければなりませんし，その判断を誤ると，法律上の問題として，思わぬ不利益（違約金の支払いを求められる等）を被る場合もあります。したがって，企業間取引は，法律問題を常に意識しながら行う必要があり，その意味でも，ビジネスと法との関わりを理解しておかなければなりません。

4 社会生活での武器としての法律知識

⑴ 私たちの日常生活と企業取引（B to C，B to E）

　私たち個人レベルの問題として考えても，現代の私たちの生活は，企業との取引なしには成り立たないのが実情です。法律の観点から見ると，自宅等から学校に通うために鉄道・バス等を利用する人は，鉄道会社やバス会社等との運送契約に基づいて運賃や定期代を支払い，その見返りとして一定の場所から目的地まで運んでもらっているということになります。スマートフォンを利用する場合，機器の購入・通信サービスの利用，アプリの購入等は，通信機器の製造企業や販売会社との売買契約，通信会社との通信利用契約，アプリの販売者等との売買契約・利用契約等を通じて行われます。いずれも私たちの契約の相手は，企業です（Business to Consumer（B to C））。

　また，正社員やアルバイトとして働いて給料をもらおうとする場合，多くは，特定の企業と労働契約を結ぶでしょうから，やはり相手は企業です（Business to Employee（B to E））。このように，私たちの身の回りでも企業との取引（契約）がいろいろと繰り返し行われ，それが私たちの生活を支えています。したがって，ビジネスの現場を離れ，私たち個人の生活だけを見ても，企業との取引（商取引）が密接に関連し，上記と同様の意味で，法律と関わらざるを得ないのが実際です。

⑵ 定型取引（その他一般消費者等と企業の取引）と企業側の注意点

　私たちが日常生活その他で関係する商取引では，取引内容つまり契約内容が，企業側によって一方的に決定され，私たちはこれを前提に契約を行うケースが一般的です。ここで企業側が一方的に作成する標準的な契約条項を「定型約款」といいます。鉄道利用，電話やインターネット等の通信利用，銀行等の金融機関の利用など，私たちと企業との取引の多くが約款に基づいて行われる取引（定型取引）です。企業からすれば，大量・反復的な商取引を効率的かつ迅速

第1講●イントロダクション　5

に処理する必要からは合理的な措置といえます。

　しかし，定型約款の内容が企業の側で一方的に決定されるため，一般消費者にとって一方的に不利な内容の規定や，不意打ちとなる規定が含まれていることもあります（免責条項や携帯電話の途中解約に対する高額の解約手数料等を定めた条項など）。その場合，消費者が被害を被るだけでなく，企業や業界も消費者の信用や信頼を失うなど，マイナスの影響を受けることがあります。

　したがって，一般消費者を相手にビジネスを行う上で，「儲かりさえすればよい」という考え方は，短期的には利益を上げても，長い目で見ると，そうした考え方を持つ企業が墓穴を掘ることに等しいわけです。企業としても，定型約款を利用して大量取引を行う場合には，その内容について消費者の利益を不当に害していないかどうか，合理性があるかどうかという法律的な観点から検証し，消費者の信頼を損なわないようにする注意が必要です。このことは，定型約款を使わずにビジネスを行う企業でも，消費者を相手とする限りは，留意しておくべき点です。労働契約についても，企業側が労働者の人権や利益を考慮した対応を怠ると，ブラック企業といわれ，有能な人材の確保に困るだけでなく，売上等に影響する危険もあります。

　また，企業が定型約款を用いて消費者を相手に取引を行う場合に，その内容を適正なものとしていても，規定内容が非常に詳細で多岐にわたるため，消費者がその全部を把握していないというケースも少なくありません。

　このように，企業側が一方的に定めた契約内容については，消費者サイドが十分に理解しているとは限らないことが多いため，理解のギャップが発生し，そこから紛争（disputes）が生じます。この場合，企業サイドの注意点として，紛争が生じないように，十分に説明をしていたかどうかがポイントとなるため，企業側は消費者に対して十分な説明を丁寧に行う必要があるわけです。これも法律問題の一つですし，なるべく紛争を生じさせない（コストを発生させない）ためのリスク管理上のポイントの一つです。

　ここでも，契約内容や取引上の対応が「法的に見て大丈夫か」がポイントとなるため，ビジネス法に関する基礎知識が求められるといえます。

6

5 ビジネスの担い手としての企業と株式会社

(1) ビジネスの担い手としての会社

　ビジネスを行う場合，ビッグビジネスでも，小規模なビジネスでも，その企業形態（ビークル；vehicle）として，「会社」を選択するのが一般的です。

　改めて第10講で学びますが，企業には，個人企業（sole business）という個人が単独で行うもののほか，複数の者（個人または法人）が共同して行う共同企業があります。このうち個人企業は，あるビジネスをしようと考える個人が開業すれば成立するもので，起ち上げ・開業は簡単ですし，開業後の経営も一人で経営を行えるので，効率的でもあります。しかし，ビジネスに必要な資金の調達という点で見ると，個人企業に限界があることは明らかです。

　そこで，多くの場合は，複数の者が共通の事業目的のもとに結束して共同企業を開業し運営することが行われます。この場合，共同事業者が契約により結束する組合（partnership）という形態（契約型共同企業）と，会社（company, corporation）を設立し会社形態で共同事業を行う形態（法人型共同企業）とに大別されますが，多くは，会社形態による共同事業です。これは，日本だけでなく，アジア諸国や欧米各国でもほぼ共通して見られる現象です。

　国によって「会社」の種類には違いがありますが，日本では，「会社」は4種類（合名会社，合資会社，合同会社，株式会社）あります。会社を作って起業しようとする人は，基本的にどれを選択しても構いませんが，現実には圧倒的多数が株式会社であり，2番目が合同会社です。これに対し，合名会社や合資会社という会社の形態は利用数が少なく，過去の企業形態といわれることもあります。なお，わが国の法律では，合資会社以外の会社は，出資者が一人でも設立することができ，これを一人会社（いちにんかいしゃ）といいます。

(2) ビジネスにおける会社法の理解の必要性

　そうすると，なぜ株式会社が一番多く選ばれているのか，合名会社や合資会

社はなぜ利用数が少なく，過去のものといわれるのか，が問題となります。最近では合同会社の利用例が着実に増えていますが，それはどのような理由からなのか，も一つの問題です。これをビジネスの視点から見ると，株式会社や合同会社にはビジネス上のメリットがあるということです。では，そのメリットは何でしょうか。ビジネスの勉強にあたり，この点の理解は重要です。

　また，株式会社の中でも，上場会社（listed company, publicly-held corporation）には，多くの投資家，従業員，取引先だけでなく地域社会や消費者等という多くの利害関係者（ステークホルダー；stakeholder）が関わっていて，事業基盤を形成しています（図2参照）。上場会社にCSR（企業の社会的責任；Corporate Social Responsibility）が求められるのはそのためです。このこととの関係で，上場会社を始めとする企業は，気候変動リスクへの対応としてCO_2排出の削減などを求められ，社会経済の持続可能な発展のため環境への配慮や児童労働の防止などの人権保護等への取組みを要請されています。

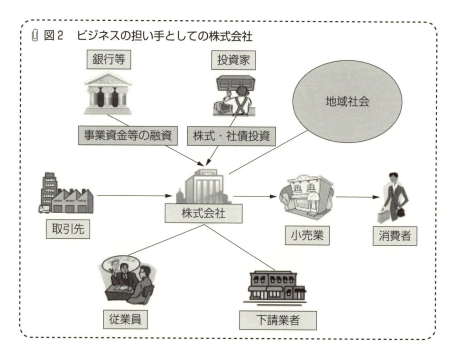

図2　ビジネスの担い手としての株式会社

また，CSR の一環として，法令遵守（コンプライアンス；compliance）の確保
も求められます。最近の企業不祥事を見ると，有名な企業でも法令遵守を疎か
にしたため，社会的な非難を浴び，経営がうまく行えなくなったり倒産したり
するケースが散見されます。そのため，ビジネスを円滑に行い計画通り利益を
上げていくための前提条件として，会社運営上，いかに法令その他のルールに
従った経営を行うかが重要な経営課題となっています。しかも，大規模な会社
になれば，その中で働いている人の数も非常に多数となるために，会社のどこ
かで法令違反が起きることがないようにする監視体制が求められます。同時に，
多くの人々が一つの組織の中で共通目標（values）に向かって働き，所期の成
果を上げていくためには，効率的な組織運営も必要となります。
　こうした観点から，わが国では，「会社法」という法律が会社制度を全般的
に規律しているため，ビジネス法の一つとして，株式会社の運営等について定
めた会社法に関する知識もまた必須アイテムといえるでしょう。

6　法律は杓子定規か？

　ビジネスを勉強していく上で法律知識がいろいろと関連し重要・必要である
ことは上記のとおりですが，法律とか法律の勉強に対しては杓子定規というイ
メージを持っている人は少なくないと思います。しかし，実際には法律，法律
学，法律論は決して杓子定規なものではありません。法律は，社会のルールの
一つですから，社会で暮らす，あるいは，経済活動をする人々，関係者の共通
の理解となり，多くの人々の納得できるものであることが必要です。ルールで
ある以上，「筋を通す」ことが大事ですが，同時にバランスの取れていることや，
正義（justice）に適うことが求められます。
　これを非常によく表現しているのが，有名なシェークスピアの戯曲「ヴェニ
スの商人」の一節です。イタリア・ヴェニスを舞台とするこの戯曲では，友人
バサーニオーのために若き貿易商アントーニオーが高利貸しシャイロックから
金を借りる際に，担保（借金返済のかた）を用意できなかったために，「借金を

第1講●イントロダクション　*9*

返済できなければ自分の胸の肉1ポンドを切り取っても良い」という条件に合意させられます。果たして，借主アントーニオーは期日までに借金を返済できなかったために，貸主シャイロックから裁判を起こされます。裁判官は，「契約は守らなければならない。」というのがヴェニスの法であると言って，原告シャイロックの要求通り，アントーニオーの胸の肉を切り取っても良いと認めます。しかし，裁判官は，同時に，「契約には血を流しても良い。」とは定められていないから，「血を1滴でも流せば，それは契約違反である。」と述べ，「血を流すことなく肉を切り取れ」と原告シャイロックに求めます。実際に，血を1滴も出さずに人体から肉を切り取ることは不可能ですから，結局，この裁判は，内容的に不当な契約の履行を認めないというものです。

　このことは，お互いの約束として決めた契約は守るべきであるというルールに従いつつ（筋を通す），その結果として不当な結論が出てくるときには，正義とか衡平の観点から軌道修正をして，正義に適う結論を導くバランス感覚を発揮することを意味しており，法的な考え方の一面を上手く言い表しているわけです（もっとも，このことを，法廷弁護士を含む数人のイギリス人に説明したら，全員の反応が，初耳だというものでした）。

　しかも，筋を通しつつバランス感覚を働かせて多くの人が納得する結論を導く，不当なことやズルいことを許さないという発想方法，考え方は，別に法律家でなくても日常のいろいろな場所，場面で求められます。その意味で，法的な「ものの考え方」は非常に有用であり，ビジネスにおいても重要な知的ツールといえるでしょう。

　ちなみに，欧米の裁判所でみられる「正義の女神」像は，片手に剣を持ち，もう一方の手には秤を掲げ，目隠しをしています（目隠しなしのものもある）。この意味はいろいろな解釈があるようですが，ある説によれば，剣は法の厳格さ，正義を実現するための力（権力）を，秤はバランス（衡平 equity）を意味するとされており，目隠しをしているのは，（裁判官の目前にいる）人の貧富等に影響されない公平さ（法の下の平等）を表すとされています。これも，法律的な考え方を端的に表現しているといえるでしょう。

第2講　企業取引と法律

> **Q1** 法律は，社会のその他のルールとどこが違いますか。
>
> **Q2** 法律にはどのようなものがありますか。商取引や企業活動を規律するルールにはどのようなものがありますか。

1　法律とその他の社会ルールとの違い

　ビジネスと法律との関係は非常に密接ですが，一口に「法律」といっても，そこには様々なものが含まれます。

　まず，法律はそれ自体，社会のルールであり，宗教的戒律や道徳規範，業界内部の自主規制ルール等とともに，社会やそこで行われる人々の活動等を規律したり方向づけしたりします。それでは，法律とそれ以外の社会のルールとはどこが違うのでしょうか。最も大きく根本的な相違点は，法律が国家権力（裁判所の判決や行政機関の命令等）によって強制的に実現され，その違反に対して刑事罰の適用や賠償金等の支払いという制裁（サンクション）が科されるため，強制力を持つものであるのに対し，それ以外のルールには国家権力による実現というエンフォースメントの手段が基本的に用意されていないという点です。そのため，法律は正当性がなければならない上に，その制定プロセスが公正であることも必要です。また，憲法以外の法律は，憲法との関係でも違憲とされないことが求められます。最近の例でいうと，親が死亡した時の子供の相続割合を嫡出子2に対し，非嫡出子1と差別していた民法旧900条4号の規定が最高裁判所によって違憲とされ（最大決平成25（2013）年9月4日民集67巻6号1320頁），その約3か月後には，平成25（2013）年12月5日成立の法改正によ

11

り削除されました。

　ちなみに，「悪法もまた法である。」と言われるように，法律の中には，内容的に見て問題を含んでいるものがないわけではありません。平成18（2006）年に改正が行われた利息制限法と貸金業規制法がその一例です。利息制限法は，借金の際の利息の上限利率を法定し，100万円以上の借金の場合は15%，10万円以上100万円未満の借金の場合は18%，10万円未満の借金の場合は20%を超えて支払利息（年利）を契約に定めることができないと規定しています。しかし，平成18（2006）年の利息制限法・貸金業規制法改正前の現実は，金融業者（いわゆるサラ金業者）が個人等に金を貸す際に，上記の法定利率を超える利息を契約書に定め，利息制限法の規制を知らない借主から違法に超過利息を取っていました。

　平成18（2006）年改正前の利息制限法旧1条2項と，特に貸金業規制法旧43条が，借主が超過利息を「任意に」支払ったときは，その超過分の返還を請求することができないとか，有効な利息債務の弁済とみなすと規定していたからです。現在では，このような矛盾した規定は是正され，超過利息の返還請求を制限する条文は削除されています（改正前に借主側が支払った違法な超過利息については，過払金の返還請求が最高裁によって認められています）。

> ◆コラム　超過利息とグレーゾーン金利，過払金返還請求訴訟
> 　実は，この問題に関しては，紆余曲折があります。平成18（2006）年改正前の利息制限法旧1条2項は，借主が超過利息を「任意に」支払ったときは，その返還請求をすることができないと規定していました。しかし，最高裁判所は，経済的弱者を保護するために，超過利息分の取戻しを認めたのです（最大判昭和43（1968）年11月13日民集22巻12号2526頁）。ところが，1970年代になると，サラリーマン金融を名乗る貸金業者が，利息制限法を無視した異常な高金利と脅迫まがいの苛烈な取り立てを行い社会問題となりました（いわゆる「サラ金問題」）。そのため1983年に，出資法の改正と貸金業規制法の制定がなされたのです。
> 　前者は，貸金業者が刑事罰を科される上限金利を年109.5%から年40.004%に引き下げたものです。後者は，貸金業者への監督を強化する一方で，利息制限法の上限を超える，いわゆる超過利息を「任意に支払った」場合には，有効な利息の弁済とみなされ，その返還を請求できないとしたのです（同法旧43条，「みなし弁済」）。このように1983年は，

貸金業者へのアメとムチが実施された年であるといえましょう。その結果，民事法である利息制限法としては違法であるが，刑事法である出資法としては合法であり，しかも貸金業規制法のおかげで，利息制限法を超える利息の受領にお墨付きが与えられるという状況が生じました。

1999年には，商工ローン業者による，35%近い高金利での貸付けと強引な取立て（あんたの腎臓，肝臓…全部売れ。）が社会問題となったため，出資法がさらに改正され，刑事罰が科せられる上限金利が29.2%に引き下げられました（いわゆる「商工ローン問題」）。それ以降，多くの貸金業者は利息制限法の上限金利である20%を超え，かつ出資法により刑事罰が科せられる29.2%を超えない，その間の利息（いわゆる「グレーゾーン金利」）を求める契約をしたのです。

これに対して，最高裁判所は，貸金業規制法旧43条の「みなし弁済」が認められる場合を限定的に解する一連の判決を下しました（最判平成18（2006）年1月13日民集60巻1号1頁，最判平成18（2006）年1月24日民集60巻1号319頁等）。その結果，ほとんどの貸金業者は利息を取りすぎていると判断されることになりました。そのため，これ以降，債務者が払いすぎた利息の返還を求める訴訟（「過払金返還請求訴訟」）が各地で提起されることになったのです。そして，平成18（2006）年12月13日成立の法改正により，前述の利息制限法旧1条2項と，貸金業規制法旧43条の「みなし弁済」規定は削除されて，利息制限法の上限金利の定めとの矛盾が解消されました。

2 法律の分類とビジネス（商取引・企業組織）を規律する法的ルール

(1) 実定法の分類

法律にどのようなものがあるかは，インターネットで電子政府（e-Gov）の中の法令検索サイト（https://elaws.e-gov.go.jp/search/elawsSearch/elaws_search/lsg0100/）や，国立国会図書館の提供する「日本法令索引」（http://hourei.ndl.go.jp/#/）をチェックすると確認可能です。現に，おびただしい数の法令が存在しています。

① 制定法と判例法・制定法と慣習法　これら多数の法令はグルーピングして整理することが有益です。まず日本は成文法（制定法）主義の国といわれ，判例法主義といわれるアメリカやイギリス等と対照されるのが通常です。しかし，アメリカ・イギリスでも議会が制定した「制定法」（statute law）が多数存在し，裁判所の判決が繰り返されて形成される判例法（case law）と併存して

第2講●企業取引と法律　*13*

います。また，成文法主義国に数えられる日本でも，裁判所の判決が，国会で作られる法律の欠陥を補充したり，不備を是正したりしているため，成文法（制定法）主義と判例法主義の分類は必ずしも正確ではありません。なお，本書では基本的には制定法を対象にしていますが，制定法の中には，それ自体では基本的枠組みを定めた上で，具体的な細目，実施手続き等を内閣府令や法務省令等の政省令（すなわち命令）で定めることも少なくありません。

一方，成文化された法典の形をとっていない，慣習として存在するルールのうち，法的ルールとしての効力が認められるものを慣習法といいます。この種の法は，商取引の世界では多くはありませんが，物事が慣習法によって規律されるケースがあります。ともあれ，社会において現実に実行され人々を拘束する法のことを「実定法」と総称します。

② 公法と私法　第2に，実定法は，憲法，刑法等のように国や地方公共団体と国民・住民との間で行われる国家等による権力行使の関係を規律する「公法」(public law) と，民法や商法等のように私人間の法律関係を規律する「私法」(private law) とに大別されます。前者は権力の濫用を防止し基本的人権の保護等が求められるのに対し，後者は，対等な当事者間の関係を前提としその利害調整を図ることを目的とするため，規制原理が異なります。

③ 実体法と手続法　第3に，実定法は，法律上の権利・義務の発生・変更または消滅について規律する実体法と，実体法に定める権利義務を実現するための訴訟手続き等を定める手続法に区別されます。後者には，民事訴訟法，民事執行法，破産法，刑事訴訟法等があります。

④ 一般法と特別法　第4に，実定法は，法律適用の対象となる人，地域，事項等について限定や特定がなく一般的に適用される一般法と，特定の人や地域・事項だけに限定して適用される特別法とに分類されます。取引に関して言うと，民法が一般法で，商取引を対象に適用される商法が特別法という位置づけとなります。また，雇用・労働でも，民法が雇用に関する一般規定を置くのに対し，労働契約法等が特別法として詳細なルールを定めています。

いずれにせよ，この分類は，「特別法は一般法に優先する。」という法律適用

の順序に関係するので，重要です。

⑤　強行法規と任意法規　　第5に，法律の規定，特にビジネスに関連する民法や商法の各規定は，一定の目的のため制定されているために，当事者の合意があっても法律の定めた内容を変更することができない「強行法規（強行規定）」と，法律は標準的な取扱い（デフォルト・ルール）を定めたにすぎず，これを当事者の合意や契約等で変更・修正できる「任意法規（任意規定）」に分類されます。契約に関するルールは，当事者の合意に委ねることが適当であるとの考えから，任意法規であることが多く，そのため契約内容が非常に大きな意味合いを持ってくるわけです。

⑥　ハードロー（hard law）とソフトロー（soft law）　　最近のビジネス社会では，ソフトローの重要性がしばしば指摘されます。ソフトロー（soft law）とは，ハードロー（hard law）に対するものです。ハードローは，国家の立法機関またはその委任を受けた行政機関等が定めた法令を指し，強制力を伴います。これに対し，ソフトローとは，法令ではないものの，ある一定の業界等で法律に準じる形で遵守され，そのため裁判所もこれを一定の範囲で尊重等するルールを言います。

例えば，日本の会社法には敵対的 M&A に対する買収対象企業の対抗策（企業防衛策）について定めた明確なルールが存在しませんが，どのような買収防衛策が過剰防衛とならない妥当なものであるかを経済産業省と法務省が共同指針（「企業価値・株主共同の利益の確保又は向上のための買収防衛策に関する指針」（2005年5月27日））として定めています。これがソフトローの一例です。上場企業に関しては，東京証券取引所が定める上場規則やコーポレートガバナンス・コード（詳しくは第12講参照）が一種のソフトローといえるでしょう。ビジネスの分野では，今後ますますソフトローの役割が重要になると考えられています。

(2)　条文の構造等

ここで具体的な法律の条文を見てみましょう。法律の条文は，その構造によ

り，最も大きな分類の「条」，中分類の「項」，小分類の「号」というように分かれます。そのバリエーションは次のとおりです。

　(ア)　○○条の中に項も号もないもの（民法2条・4条・90条等）

　(イ)　○○条の中が号で細分化されているもの（民法725条，会社法2条等）

　(ウ)　○○条の中が複数の項に分かれているもの（民法1条・3条等）

　(エ)　○○条の中が複数の項に分かれ，各項の全部または一部に複数の号があるもの（民法450条等）

　また，法律の条文には改正によって追加された条文を枝番号によって表示するものもあります（会社法327条の2等）。

　このほか，法律条文の読み方として，一つの条文（条，項または号）が本文と但書に分かれるものがあります（民法5条1項・969条4号，刑法38条1項等）。本文が原則を規定し，但書がその例外的取扱いを定めています。また，一つの条，項または号の中に複数の文章が併存する場合があり，二つの文章から成るものの前者を前段，後者を後段といいます（憲法11条・12条等）。三つの文章の場合は，前段・中段・後段と表記されますが，それ以上の文章から構成される場合は，最初のものを一文，2番目のものを二文，三番目を三文等と言い表す場合もあります。

第3講　企業取引と契約(1)

Q1　契約とは，どのようなものですか。就職内定が出た場合，労働契約が成立しているとみることになりますか。

Q2　契約には，どのような種類のものがありますか。

1　契約の意義

(1)　契約の意義

　契約社会という言葉が使われます。ビジネスの世界は，企業同士または企業と消費者，企業と非営利の団体（学校，病院）の間等で様々な契約が結ばれることで，モノの生産，運送・保管，販売といったサイクルが回っているため，契約社会そのものです。

　それでは，契約とはどのようなものでしょうか。契約は，例えば，製粉会社のA会社がパン等の製造・販売会社のB会社から，パン製造の原材料となる小麦粉1トンを○○○円で納品してほしいという発注を受け，これに応諾することで行われます（**図1・事例1**）。つまり，契約は，これを行おうする者同士の間の「合意（agreement）」だといえます。そうだとすると，2人以上の者の間で行われる約束が，すべて契約ということになるのでしょうか。この問題をこの事例1と次の事例2で考えてみましょう。

　例えば，Aさんがいろいろと世話になったBさんに対して，「近いうちにBさんを○○レストランに招待してランチをご馳走しますよ！」と言い，Bさんも「ありがとうございます。楽しみにしています。よろしくお願いします。」と言って，Aさん・Bさんの間で，ランチの招待が約束された場合（**図1・事**

17

例2），これは契約でしょうか。このケースと，先ほどのA会社とB会社との間の小麦粉1トンの納品等に関する合意（**図1・事例1**）とはどこが違うでしょうか。

この問いに対する答えは，問題となった合意ないし約束から法律上の効力（権利・義務）が発生し，当事者に対する法的拘束力があるのかどうか，当事者の考えとして，法的効力・拘束力をお互いの合意に持たせようとする意思があるのかどうかという点にあります。言い換えると，相手方がその合意内容を守らないときに，究極的には裁判所を通じて公権的な解決が図られるべき合意であるといえるかどうかが，ポイントです。

これを先の事例にあてはめてみますと，まず事例2のAさんとBさんのランチ招待の約束は，Aさんの心づもりとこれに対するBさんの応答・期待を表したものにすぎません。Bさんとしても，いつまで経ってもAさんがBさんをランチに招待してくれないからといって，裁判所に訴えを起こして，公権的な解決を図ろうとはしないでしょう。したがって，事例2の合意は，単なる約束であるといえます。

これに対し，事例1のケースでは，B会社とすれば，1トンの小麦が予定通

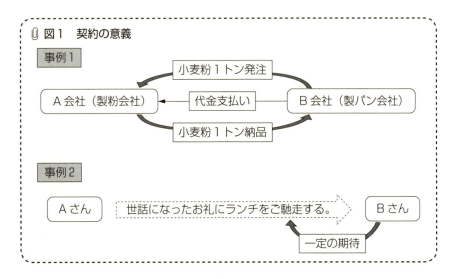

り納品されなければ，計画通りパンなどを製造して出荷し利益を上げることができなくなります。そのため，B会社は，A会社に対して，約束通り注文品を納品させる権利を確保し，この権利に対する義務をA会社に負わせることを考え，A会社も，利潤追求のため，B会社に小麦1トンを販売し，その代金を確実に受け取ろうと考えるはずです。したがって，A会社・B会社ともに，相手が合意内容を守らない場合には，裁判所に訴えて，公権的な解決を図ることを望むでしょう。よって，A会社とB会社の合意は，そのような法的効力を生じさせる意思を持って行われているといえます。以上より，事例1の合意は，契約であるといえましょう。

(2) 就職内定と契約の成立の有無

契約として認められるかどうかが問題となるものの一つが就職内定です。20XX年4月1日採用の内定通知がその前の年の○○月にY会社からW大学の4年生Xに出た場合，XとY会社との間には何らかの契約が成立しているのでしょうか。

結論から言えば，Y会社がXに内定通知を送り，Xから誓約書の提出を受ける等していると，労働契約が成立すると考えられています（最判昭和54（1979）年7月20日民集33巻5号582頁）。もっとも，入社時期が20XX年4月1日とされていて，内定段階ではまだ勤務が始まっていないため，契約内容の履行について開始時期が設定されていることになります（このような契約を始期付契約といいます）。

また，Xが卒業単位をとれずに留年したような場合には，内定の取消しが行われますので，一定の場合にY会社がXの内定を取り消せる（労働契約を解約する）権利が留保されています（このような契約を解約権留保付契約といいます）。Y会社による内定取消しは，留保された解約権の行使により契約関係を終了させるものです。ただ，現在の一般的理解としては，陰気な印象だといった理由で内定が取り消された場合は解約権の濫用とされ，内定取消しは認められませんから，そのような濫用的な理由によって内定を企業から取り消された学生は，

第3講●企業取引と契約(1)　*19*

労働契約の存在を法律上主張できると考えられています。

　では，XがY会社よりもっと条件の良いZ会社からも就職内定をもらったときに，Y会社に対して内定を辞退しても大丈夫でしょうか。契約の一方的破棄ということになりますが，法律上は，Xが2週間前に解約予告をしておけば，自由に解約することができるのが原則です。内定を含む就職活動の法律問題については，東京都TOKYOはたらくネットのウェブサイトにある「就活必携・労働法」というパンフレットも参照してください。ただ，就職内定の辞退については，不安があるときは，できれば法律専門家のアドバイスを受けることが賢明です。

◆コラム　労働契約と関連法令

　労働契約については，民法に雇用契約に関するルールが置かれていますが（民法623条〜631条），特別法として労働契約法や労働基準法等が制定され，労働契約の締結・変更に際して合理性が担保されるよう，労働者保護のための措置を講じています。

　第1に，労働契約の締結・変更・終了に関するルールとして，労働契約法では，労働契約は，使用者に使用されて労働し賃金の支払いを受ける労働者と労働者を使用し賃金を支払う使用者とが対等の立場における合意に基づいて締結・変更すること，労働契約の締結・変更は就業の実態に応じ均衡を考慮して行うこと，仕事と生活の調和にも配慮して行うことが求められています（労働契約法3条1項〜3項）。また，使用者は，労働者の生命・身体等の安全を確保するための必要な配慮をすることも要求されます（同法5条）。さらに，労働契約法は，使用者による濫用的な出向命令・懲戒・解雇の効力を無効とし，労働者の地位の安定を図っています（同法14条〜16条）。このほか，いわゆる雇止めに対する規制や労働者からの有期労働契約の更新申込みに対する使用者の不合理な拒絶等に対する規制も設けられています（同法18条・19条，短時間労働者及び有期雇用労働者の雇用管理の改善等に関する法律8条）。

　第2に，労働契約の内容については，労働契約の中に労働基準法所定の基準（均等待遇，男女同一賃金，最低賃金等）に達しない労働条件を定めた条項がある場合は，当該契約条項は無効とされ，労働基準法の定めた取扱いが適用されます（労働基準法13条）。労働契約が，使用者が作成する就業規則や使用者と労働組合の間で定めた労働協約に定める基準に達していない条項を含む場合も，その部分が無効とされ，就業規則等の定めた取扱いによるとされています（同法93条，労働契約法12条，労働組合法16条）。このほか，使用者が労働者の労働契約の不履行について違約金を定めたり損害賠償額の予定を定めたりすること，前借金と賃金を相殺すること，労働契約に付随して貯蓄契約を行うこと（強制貯金）等が禁止されています（労働基準法16条〜18条1項）。

第3に，労働時間の制限（同法32条以下），労働者に対する休憩・休日の提供確保（同法34条・35条），時間外労働・休日労働に対する規制（同法36条以下），児童労働の禁止原則（同法56条1項），親権者・後見人が未成年者に代わって労働契約を締結すること等の禁止（同法58条・59条）等，労働者の利益保護のための措置が法定されています。

　さらに，第4に，職場での男女平等を確保するため「雇用の分野における男女の均等な機会及び待遇の確保等に関する法律」，育児休業・介護休業に関する「育児休業，介護休業等育児又は家族介護を行う労働者の福祉に関する法律」，最低賃金を法定する「最低賃金法」，労働者が内部通報をしたことで不利益な扱いを受けないようにするための「公益通報者保護法」等の関連立法が制定され，労働者の利益保護が図られています。

2　契約の種類

(1)　典型契約と非典型契約

　「契約（contract）」は，われわれの日常生活はもちろんビジネスの世界でも繰り返し行われるだけでなく，多種多様なものが存在します。その内容を概観するため，契約に関する「一般法」といわれる民法を見てみましょう。民法は521条以下において，契約一般に関するルールを定めた上で，贈与，売買，交換，消費貸借，使用貸借，賃貸借，雇用，請負，委任，寄託，組合，終身定期金，和解の合計13種類の契約を規定しています。これら13種類の契約を「**典型契約**」と総称し，ここに含まれない契約を「非典型契約」といいます。

　また，典型契約は，財産を移転するための契約（贈与，売買，交換），モノ・カネを利用させるための契約（消費貸借，使用貸借，賃貸借），サービスを提供するための契約（雇用，請負，委任，寄託），その他の契約（組合，終身定期金，和解）に区分けすることができます（道垣内弘人『リーガルベイシス民法入門〔第3版〕』122頁（日本経済新聞出版社，2019年））。

(2)　双務契約と片務契約

　契約は，契約当事者双方がお互いに一定の義務を負う双務契約と，一方だけが義務を負う片務契約に区別されます。例えば，売買契約では，売主は買主に対して商品を引き渡す義務（納品義務）を負い，買主は売主に対して代金を支

第3講●企業取引と契約(1)　*21*

払う義務を負っているので，双務契約です（民法555条）。これに対し，贈与契約は贈与する側が一方的に義務を負うので片務契約（民法549条）です。

(3) 有償契約と無償契約

契約は，モノやサービスの提供に対して対価が支払われる有償契約と，対価の提供が行われない無償契約に分かれます。売買契約は，売主が買主に商品を納めるとその見返りに買主から代金の支払いが行われますし，雇用契約（労働契約）は労働者の労働の提供（サービス提供）に対し雇い主（使用者）サイドから労働者に対して給与が支払われるので，いずれも有償契約です（民法623条）。これに対し，贈与は贈る側が一方的にモノ・カネの提供を行うので無償契約ですし，サービスの提供を目的とする委任契約も，契約で定めない限り，委任を受けた人（受任者）が委任者に対して報酬を請求することができないと民法で規定されているので，原則として無償契約ということになります（民法648条１項）。

(4) 諾成契約と要物契約

契約の成立の仕方に着目すると，契約を行おうとする者同士の合意だけで成立する契約と，合意だけでなくモノやカネの現実の提供があって初めて成立する契約に区別されます。前者を諾成契約，後者を要物契約といいます。契約の多くは諾成契約で，売買（コンビニエンスストア等でモノを買う場合を想定せよ）はその一例です。

これに対し，金銭貸付契約（正式には金銭消費貸借契約といいます）は，合意のみならず，貸主が借主に貸付金を提供して初めて成立すると定められているので（民法587条），債権法改正前の民法では，金銭消費貸借契約はもっぱら要物契約でした。しかし，債権法改正では，これに例外を設け，契約書を用いて行う金銭貸付契約（諾成的消費貸借契約といいます）も認めました（民法587条の２第１項）。その理由は，実務上，諾成的な消費貸借契約が広く普及しており，判例・学説も諾成的消費貸借の存在を認めてきたことから，それらを民法に反映させたことによります。

また，モノの保管を依頼する寄託契約も，債権法改正前の民法では，要物契約とされていました（民法旧657条）。しかし，債権法改正はこれを変更し，寄託契約も諾成契約と改正しました（民法657条）。その理由は，実務上，倉庫寄託契約を中心に，諾成的な寄託契約が広く用いられていることから，寄託契約を要物契約のままとすることには，合理性がなくなったからです。

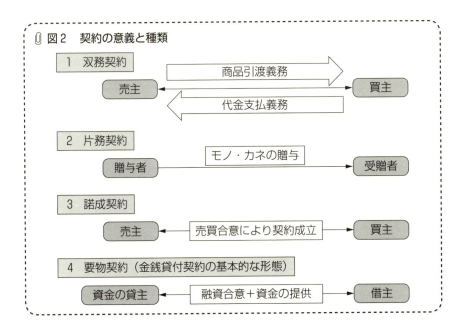

企業取引と契約(2)

Q1 契約は，契約を結ぼうとする当事者の合意だけで成立しますか。契約を結ぶときには，契約書を作らなければなりませんか。電話での応答で契約を結ぶことはできませんか。契約が結ばれたときは，契約当事者にどのような効果が生じますか。

Q2 A会社はB会社に製品原材料を20XX年4月に数回納品し，合計で1,000万円の売掛金を同年5月20日にB会社に請求できるところとなりました。しかし，A会社の取引銀行経由で，B会社の経営状態が悪化していて5月初めには倒産するとの情報が入ってきました。この場合，A会社は，B会社倒産によるA会社の損失を少なくするため，B会社の倉庫に保管されているA会社の納品物品をB会社の承諾を得ずに引き揚げることは可能でしょうか。

1 契約の締結と方法

(1) 「申込み」と「承諾」

　契約が法的拘束力を持つためには，契約が有効に成立することが大前提です。契約は，当事者が法律上一定の効力を発生させるために行う合意ですから，その締結のための方法として，まず一方の当事者（A会社）がもう一方の当事者（B会社）に対して契約を締結する意思の表明（意思表示）を行います。これを「**申込み**」といいます。次いで，申込みに対してB会社が応諾する意思の表明（意思表示）を行うと，意思表示の合致（「合意」といいます）により，原則として契約が成立します。この場合のBの応諾を「**承諾**」といいます。第3講で学んだように，契約の多くは，「諾成契約」ですから，一方の当事者

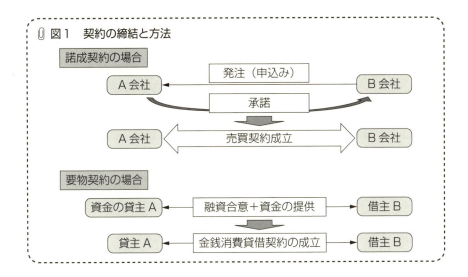

による申込みに対し，もう一方の当事者の承諾が行われることで，契約が成立します（民法522条1項）。これに対し，金銭貸付のような要物契約の場合は，借主が貸主に借金の申込みをした後，貸主がこれに承諾した上で借主に貸付金を提供して初めて，両者の間の貸付契約が成立します（民法587条）。

(2) 書面作成の要否

ビジネスの現場では契約の締結にあたり担当者や責任者（会社の社長等）の署名押印のある契約書が作成されることが一般的です。そうすると，第1に，B会社がA会社から原材料等を購入するため売買契約の申込みを行い，A会社から承諾をしてもらうときに，「申込書」や「承諾通知書」といった書類を用いる必要があるでしょうか。第2に，契約が成立するための要件の一つとして，契約書の作成が必要とされるでしょうか。

まず第1の問題から見ると，申込みや承諾は口頭で行っても問題はないというのが基本原則です（民法522条2項）。しかし，ビジネスの現場では，「言った，言わない」の水掛け論を避けるためにも申込書に必要事項を記載して申込を

行い，承諾も承諾通知書で行うことが少なくありません。

　ちなみに，インターネット上で商品購入や保険加入の申込みをし，メールで承諾通知を受け取る場合は，通信記録やPCサーバー上に記録が残るので，紙に代わるものであり，申込みや承諾を記録化しているという点では申込書等を用いることと同じです。

　第2の問題についても，契約書の作成が契約の成立条件とされているものがあるほか（保証契約における書面要件・民法446条2項），契約書の有無によって契約の拘束力に強弱が生じるものもあります（書面によらない贈与契約・民法550条）。また，書面でする消費貸借契約は，諾成契約となります（民法587条の2第1項）。しかし，多くの契約は，契約書が，契約内容を記録するものにすぎないため，契約書の作成それ自体が契約成立のために必要とされるわけではありません。したがって，売買契約その他の契約は，原則として，契約書が作成されなくても，当事者の売買等の合意が成立すれば有効に成立し，当事者を拘束します。このことを「契約方式の自由」といいます。反対に，当事者間では合意がされていないのに，契約書が存在する，つまり偽造されている場合は，そこに記載された契約はあくまで不成立（不存在）となります。

　しかし，だからと言って契約書が重要でないということにはなりません。契約に関しては，当事者間で争いが生じるケースも少なくなく，その場合に，契約が存在するのかどうか，どのような内容の契約であるのかを確認する必要があるからです。その際，作成名義人（会社の場合は社長等）の署名押印のある契約書があれば，契約の存在や内容に関する有力な証拠となり得るので，紛争予防や紛争処理に対する備えとして契約書の作成が求められるわけです。当事者の合意という目に見えないものを文書にして「見える化」するためのツールとして，契約書の作成・保管は，ビジネスにおいても重要な要請です。さらに，契約書を公証人の作成する「**公正証書**」の形で作っておけば，作成の手間・ヒマ等がかかるものの，公正証書でない契約書に比べて，強制執行承諾条項を付けることができるとか，証明力が高いとか，付随する法律上の効力が強力なので（日本経済新聞夕刊平成26（2014）年2月4日7頁「法ほ～そうですか」参照），

契約書の作成の仕方についても留意が必要です。

2 契約の効力と拘束力

(1) 契約の効力

契約が有効に締結され成立すると，合意された内容に従って法律上の効果が生じます。これを買主B会社と売主A会社の売買契約を例にとって説明すると，売主のA会社には，契約所定の納期までに契約所定の場所でB会社に対して契約所定の商品を提供（納品）する義務が発生し，その反面，B会社に対し契約所定の期限までに契約所定の方法で代金を支払うよう請求する権利が発生します。一方，買主のB会社は，A会社に対し契約所定の期限までに契約所定の方法で商品代金を支払う義務を負う一方，A会社に対し契約所定の納期までに契約所定の場所において契約所定の商品の引渡しを行うよう請求する権利を持つことになります。

これらの権利・義務は，契約に違反した相手方に対し裁判所の判決を通して強制的に履行させることが可能です。したがって，B会社が代金を支払わないときは，売主のA会社はまずB会社に支払いを再請求し，それでもダメなときは，裁判所に訴え（代金請求訴訟という民事訴訟）を提起して勝訴判決を獲得し，それに基づいてB会社の財産を差し押さえることもできます。

要するに，契約が有効に締結されると，それに伴って，契約内容に応じ一定の権利や義務が発生します。取引に関しては，どのような権利や義務が当事者に発生しているかという見方が，法的なものの見方です。

(2) 契約の拘束力と契約の変更・破棄

契約が有効に成立すると，その内容に応じた効力（権利や義務）が発生し，それは契約の当事者を拘束します。したがって，当事者の一方が相手方の同意なく一方的に契約内容を変更したり，契約を破棄したりすることは基本的に許されません。

しかし，一度締結した契約は双方の同意がなければ変更や解約等を一切行えないとすると，不都合が生じる場合があります。A会社とB会社の商品売買の例でいうと，原材料を購入するためB会社がA会社を売主として小麦粉1トンの売買契約を締結したものの，A会社が期限までに納品してくれないので，他の業者C会社に発注して小麦粉を調達し，納品を受けたところ，遅れてA会社が1トンの小麦粉を納入しようとした場合を考えてみましょう。この場合，A会社とB会社間の契約が有効だとすれば，B会社にはA会社から商品を受け取った上で代金を支払う義務が残っているので，小麦粉の余剰が発生し，困ります。そのため，B会社はA会社との契約を破棄しておく必要があります。

　そこで，第1に，法律上は，契約の一方の当事者が相手方の契約違反等を理由に契約を一方的に解消させる権利が認められています。これを「法定解除権」といいます（民法541条・542条）。解除をすることによって，契約がなかった状態に巻き戻すことが可能となります。この場合，B会社は一方的にA会社に対して，「契約を解除する」という意思表示を行うだけで，契約関係を解消することができるため，解除の相手方であるA会社側の同意や承諾は必要ありません（民法540条1項）。ちなみに，契約を解除した場合でも，B会社はA会社が契約通り納品してくれなかったために，C会社から高い値段で商品を購入せざるを得なかった等の不利益すなわち損害（damage）を受けていることもあります。そのため，契約を解除したB会社は併せてA会社に対し損害賠償（damages）を請求することもできます（民法545条4項参照）。

　第2に，ビジネス契約では一定の場合には契約を解除（解約）できる旨の条項を当事者間の合意で規定している場合があり，それに該当するときは，契約に基づいて一方的な契約解消が可能です。これを「約定解除権」といいます。

　第3に，契約の締結プロセスに詐欺や強要（強迫）があったときは，それにより契約をさせられた側に契約の効力を失わせる権利（取消権）が法律上認められています（民法96条1項）。これを「取消し」といいます。

　なお，取消しは，詐欺や強迫がある場合等に初めて可能となりますが，消費者保護の観点から，一定の消費者と企業間の取引・契約に関しては，契約成立

後一定の期間内であれば消費者が自由に契約を破棄できる権利が法定されています。これをクーリングオフ（cooling-off）といいます。

◆特定商取引法によりクーリング・オフができる取引類型とその期間

取　引　類　型	期　間
訪問販売（業者が自宅や勤務先を訪れてする販売方法）	8日間
キャッチセールス（街頭で販売目的を隠して声をかけ，喫茶店等で高額商品等を契約させる販売方法）	8日間
アポイントメントセールス（有利条件を使うなどして消費者を店舗へ呼び出してする販売方法）	8日間
電話勧誘販売（事業者が電話で勧誘し，申込みを受ける販売方法）	8日間
連鎖販売取引（個人を販売員として勧誘し，更にその個人に次の販売員の勧誘をさせる形で，販売組織を連鎖的に拡大して行う商品・役務の取引）	20日間
特定継続的役務提供（エステティック，美容医療，語学教室，家庭教師，学習塾，パソコン教室，結婚相手紹介等の特定の継続的サービス契約）	8日間
業務提供誘引販売取引（内職商法，モニター商法等）	20日間
訪問購入（業者が消費者の自宅等を訪れて，商品の買い取りを行うもの）	8日間

注）・クーリング・オフ期間は，契約書面等を受け取った日から計算します。
　　・契約書の交付がなかったり，契約書面の記載内容に不備があるときは，所定の期間を過ぎていてもクーリング・オフが可能です。
　　・訪問購入の場合，クーリング・オフ期間内は，消費者（売主）は買取業者に対して売却商品の引き渡しを拒むことができます。

＊通信販売の場合（クーリング・オフはできませんが，次のようになります。）
・返品の可否や条件について特約がある場合，その特約に従うことになります。
・特約がない場合，商品を受け取った日を含めて8日以内であれば返品することができます。しかし，商品の返品費用は消費者が負担します。

詳しくは，国民生活センターの次のページを参考にしてください。
http://www.kokusen.go.jp/soudan_now/data/coolingoff.html

　第4に，相手方の契約違反もないし，契約所定の契約解除の理由もないけれども，当事者が合意した上で契約を終了させることがあります。これを「合意解除」といいますが，当事者の合意による契約終了方法ですから，第1から第

第4講●企業取引と契約(2)　29

3の問題とは異なります。

このほか，契約当事者の予測しなかった事態が生じ，契約を締結した時の状況と大きく社会・経済状況が変化したために，当初の合意内容のままで契約を維持することが困難になる場合に，一方的な契約内容の変更や解除が認められる場合があります。これを「事情変更の原則」といい，契約の拘束力に関する例外の一つです。この原則は不文の原則ですが，民法1条2項の信義誠実の原則に由来すると考えられています。

(3) 自力救済の禁止

Q2では，売主のA会社は買主のB会社が倒産しそうであるとの情報に基づき，いち早く行動を起こして，B会社に納品した商品をB会社に無断で持ち帰り，代金回収ができなくなることによる損害を小さくしようとしています。A会社とすれば，手をこまねいて見ていると，B会社に売掛金を請求できる他の業者に先を越されるため，自衛手段として，上記のように商品引揚げをしようとしているわけですから，許されて良さそうに思えます。

このように裁判所に提訴する等の法的な手続きによらずに契約当事者等が自身の実力を用いることを一般に「私力の行使」といい，私力の行使により権利の実現を図ることを「自力救済」といいます。しかし，こうした対応を認めてしまうと，早い者勝ちの奪い合いが生じ，社会秩序を混乱させるおそれがあります。

そこで，最判昭和40（1965）年12月7日民集19巻9号2101頁は，自力救済は原則として法の禁止するところであるとの判断を示しています。したがって，Q2のA会社が行う商品引揚げは原則として違法となります。ただ，同判決は，法律の定める手続きによったのでは権利に対する違法な侵害に対抗して現状を維持することが不可能または著しく困難と認められる緊急やむを得ない特別の事情が存する場合には，その必要の限度を超えない範囲内に限り自力救済が例外的に許される，としています。そのため，自力救済が全く許されないわけではないことに留意が必要です（⇒もう一歩前へ。第7講59〜60頁「所有権留保」）。

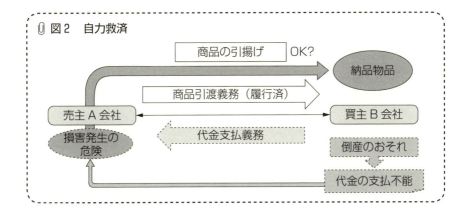

　ちなみに，自力救済のケースとして例示されるものの一つが，アパートやマンションの部屋の賃貸借契約における次のような契約条項です。
　「賃借人が賃借料の支払いを7日以上怠ったときは，賃貸人は，直ちに賃貸物件の施錠をすることができる。また，その後7日以上経過したときは，賃貸物件内にある動産を賃借人の費用負担において賃貸人が自由に処分しても，賃借人は，異議の申立てをしないものとする。」
　この条項の有効性につき，札幌地判平成11（1999）年12月24日判例時報1725号160頁は，これは賃貸人側が自己の権利（賃料債権）を実現するため，法的手続きによらずに，通常の権利行使の範囲を超えて，賃借人の平穏に生活する権利を侵害する内容の契約条項といえるため，法的手続きによったのでは権利の実現が不可能または著しく困難であると認められる緊急やむを得ない特別の事情が存する場合を除くほか，原則として許されず，公序良俗（民法90条）に反し無効であると判断しています。

第5講 企業取引と契約(3)

Q1 契約内容の定め方に関して法律はどのように規制していますか。企業間の契約と，企業と消費者間の契約でこの点に違いはありますか。

Q2 未成年者Ａが，親の同意を得ずに，20回の分割払いでＢモータース株式会社から80万円のオートバイを購入する契約を結び，オートバイの引渡しを受けたところで親にばれてしまいました。この場合，Ａは契約に拘束され，これから20回の分割払いで80万円の支払いをする必要がありますか。なお，Ａは独身であり，親から処分を許された財産はなかったものとし，また営業の許可も得ていなかったものとします。

1 契約自由の原則とその限界

(1) 契約自由の原則

　契約は契約当事者の合意により成立しますから，契約に関しては，基本的に当事者の自由に委ねられています。これを契約自由の原則といいますが，これは私的自治の原則を具体化したものです。契約自由の原則に関しては，大別して4個の内容が含まれています。第1は，契約締結の自由です。これは，そもそも契約を締結するかどうかが，当事者の自由に委ねられているということです（民法521条1項）。第2は，契約内容の自由です。これは，契約の内容（金額や目的物等）をどうするかは，契約当事者の自由に委ねられているということです（民法521条2項）。第3は，契約方式の自由です。これは，契約を締結する際に，契約書を作成するかどうか，その方式が契約当事者の自由に委ねられているということです（民法522条2項）。第4は，相手方選択の自由です。これは，誰を相手に契約をするかが，当事者の自由に委ねられているということです。根拠条文はありません。以上の「契約の自由」に関する3つの規定は，

債権法改正で新たに明文化されました。これらは，国民に分かりやすくするための債権法改正の一環といえましょう。

その上で，企業間の取引（B to B）の場合は双方がプロとしてシビアに交渉し契約内容を調整して取り決めることが一般的ですから，法律は契約内容に介入しないのが基本といえます。

これに対し，企業と消費者間の取引（B to C）の場合は，約款に基づく取引が行われるケースが多いため，そこでは契約内容の自由な交渉・合意という余地はほとんどありません。消費者が企業と契約する場合は，企業の作成した約款に従うしかないので，この種の契約を「附合契約」ともいい，消費者保護の観点から，法の後見的な介入が求められます。

(2) 契約自由の原則の限界

いくら契約内容を自由に定めることができるといっても，違法な内容のものは認められません（民法521条2項参照）。したがって，第1に，強行法規に違反する内容の合意が行われても（例えば，利息制限法違反の利息を支払う旨の貸付契約の利息条項部分），その合意は，当事者を拘束する効果を発生させません（無効（void））。

第2に，具体的な法令には違反していないものの，契約内容が反社会的であるとか不当である場合は，公序良俗違反（民法90条）を理由に無効とされ，契約の効果・拘束力が否定されます。前述した賃貸借契約における自力救済条項がその一例です。

第3に，消費者保護の観点から，消費者契約法という特別法では，消費者にとって不当な契約条項は無効とされています（消費者契約法10条）。これらにより契約自由の原則に対して一定の制約・歯止めが掛けられているわけです。

(3) 約款に基づく取引と消費者保護

消費者が日常生活を送る上で企業との取引（契約）を行うことが一般的であることは第1講ですでに説明しました。契約社会は消費者にも基本的にあては

まるわけです。しかし，契約内容は上記のとおり，企業側が一方的に定めた契約条項（普通取引約款）によって規定されることが一般的です。

にもかかわらず，民法には約款に関する規定がありませんでした。そのため，約款に関する規定の整備が，債権法改正において必要であると考えられました。

もっとも，約款の意味に関する理解は千差万別で，これまで統一されたものがありませんでした。そのため，約款に関する規定を民法に新設するにあたっては，改正の趣旨を踏まえた定義が必要とされました。そこで，債権法改正においては，「定型約款」という，新たな概念が創出されました。定型約款とは，①ある特定の者が不特定多数の者を相手方とする取引で，②内容の全部又は一部が画一的であることが当事者双方にとって合理的なものを「定型取引」と定義した上で，この定型取引において，その名称の如何を問わず，③契約の内容とすることを目的として，その特定の者により準備された条項の総体のことを指します。定型約款の具体例としては，鉄道・バスの運送約款，普通保険約款，スポーツ施設等の利用規約などが挙げられます。

ところで，保険契約等のように企業側が契約内容を説明してくれるときは，契約内容の概要を消費者としても理解し，それに納得して合意に達することもできるため，契約内容についての合意があるといえます。しかし，契約によっては，約款によって契約内容が定められているけれども，消費者側が契約締結にあたり約款の規定内容の説明を受けず，契約内容がどのようなものかを十分理解しないまま契約を行っているケースもあります。問題は，第1に，後者のようなケースにおいて，なぜ約款の条項が契約内容となり契約当事者の一方の消費者を拘束するのか，ということです。これは，組入要件の問題といわれます。

第2に，契約締結時に説明を受けたとしても，法律のプロでないことが多い消費者が，約款の規定内容が不当であることに気づかずに約款による契約を行っていることも少なくありません。その場合，契約としての効力・拘束力は依然として認められるのか，が問題となります。これは，不当条項規制の問題です。

34

第1の問題についていうと，約款取引では契約締結時に当事者の一方が現実に約款の内容を知らなくとも，当事者双方が約款の定めるところによらないと言わずに契約を締結した場合は，約款の定めに従って契約を締結したものと推定されると考えるのが裁判所の立場です（大判大正4（1915）年12月24日民録21輯2182頁）。しかし，このような考え方は，消費者などが約款の内容を知らないのに，約款の各条項について合意したものとして扱うものであるため，無理のあることが否めません。そのため，約款の拘束力も当事者の意思にその根拠がある以上，約款の内容を契約前に開示したり，その内容を認識する機会が付与されるべきであるとの意見が債権法改正の審議において出されました。他方で，実際には相手方は約款の内容を見ようとしないのがほとんどであるから，約款の開示を定めても相手方の保護には必ずしもならないとの反論がありました。

　債権法改正は，結論的には，後者に近い立場を採用し，運送契約・保険契約・通信利用などの定型取引を行うことに合意した消費者などが定型約款の個々の条項についても合意したものとするための前提条件（組入要件）として，㊀定型約款を契約の内容とする旨の合意が行われること，または，㊁定型約款を作成した企業が事前にその定型約款を契約の内容とする旨の表示を消費者などに対して行っていることを求めました（民法548条の2第1項）。このように，債権法改正は，特に㊁により，相手方が定型約款における個別の条項の内容を知らなくても，約款条項が契約内容となるとしています。これは，前掲の大正4年大審院判例と整合的な立場を採用したといえるでしょう。

　第2の問題は，不当条項規制です。約款の適正化問題といってもよいのですが，約款の適正化のために，約款の制定・変更について監督官庁の許認可が必要とされるものがあり，これを行政的規制といいます（保険契約約款等）。また，裁判所の判決で不当条項の使用が差し止められたり，その効力・拘束力が否定されたりする（無効とされる）場合もあり，これを司法的規制といいます。最近の例では，IT大手企業の運営する某ゲームサイトの利用規約に含まれていた免責条項が不当条項に当たるとして，裁判所が消費者団体の請求により当該

免責条項の使用を差し止めたケースがあります。このほか，強行規定を設けることで約款の適正化を図る場合もあり，これを立法的規制といいます。利息制限法1条の規制や，消費者契約法8条～10条による規制等がその一例といえます。

また，債権法改正では，前述のように，組入要件のハードルは引き上げられませんでした。その代わりに，定型約款の内容についてのコントロールを強めて，不当条項に関する規制を一般の公序良俗よりも厳しくすることで，バランスを図っています。それが，民法548条の2第2項です。同条同項は，「相手方の権利を制限し，又は相手方の義務を加重する条項であって，その定型取引の態様及びその実情並びに取引上の社会通念に照らして第1条第2項に規定する基本原則に反して相手方の利益を一方的に害すると認められるものについては，合意をしなかったものとみなす」と規定しています。

◆参考　消費者契約法（一部抜粋）

第8条（事業者の損害賠償の責任を免除する条項等の無効）

1　次に掲げる消費者契約の条項は，無効とする。

一　事業者の債務不履行により消費者に生じた損害を賠償する責任の全部を免除し，又は当該事業者にその責任の有無を決定する権限を付与する条項

二　事業者の債務不履行（当該事業者，その代表者又はその使用する者の故意又は重大な過失によるものに限る。）により消費者に生じた損害を賠償する責任の一部を免除し，又は当該事業者にその責任の限度を決定する権限を付与する条項

三　消費者契約における事業者の債務の履行に際してされた当該事業者の不法行為により消費者に生じた損害を賠償する責任の全部を免除し，又は当該事業者にその責任の有無を決定する権限を付与する条項

四　消費者契約における事業者の債務の履行に際してされた当該事業者の不法行為（当該事業者，その代表者又はその使用する者の故意又は重大な過失によるものに限る。）により消費者に生じた損害を賠償する責任の一部を免除し，又は当該事業者にその責任の限度を決定する権限を付与する条項

第8条の2（消費者の解除権を放棄させる条項等の無効）（省略）

第8条の3（事業者に対し後見開始の審判等による解除権を付与する条項の無効）（省略）

第9条（消費者が支払う損害賠償の額を予定する条項等の無効）（省略）

第10条（消費者の利益を一方的に害する条項の無効）

消費者の不作為をもって当該消費者が新たな消費者契約の申込み又はその承諾の意思表示をしたものとみなす条項その他法令中の公の秩序に関しない規定の適用による

場合に比して消費者の権利を制限し又は消費者の義務を加重する消費者契約の条項であって，民法第1条第2項に規定する基本原則に反して消費者の利益を一方的に害するものは，無効とする。

(4) 無効と取消し

契約等の文脈では，「**無効**」と「**取消し**」という言葉がしばしば登場します。無効は，文字通り，効果がないことなので，強行法規や公序良俗に違反する契約や契約条項は最初から効果が発生しませんし，いつまで経っても効果が認められません。これに対し，契約締結時に詐欺が行われたケースでは，法律上は，だまされた側は契約等を取り消すことができるとされています。注意すべきは，「取り消すことができる」とされる場合は，取消手続きを取らないと，問題となった契約は有効であるということです。つまり，この場合は，契約は一応有効に成立していて，それでは困ると考える者（だまされた者）が契約の拘束力を免れるために，契約の効果を否認して初めて，契約の効力が失われるというものです。この点が無効との決定的な違いです。

もう一つの違いは，「無効」はいつでも，誰からでも，その主張が可能であるのに対して，「取消し」は取消権者（民法120条参照）のみが，限られた期間内（民法126条参照）においてのみ主張可能であるという点です。

したがって，「無効」は，その行為の属性から，そもそも社会的に見て有効であると評価できないため，いつでも，誰からでも無効を主張できる場合であるといえましょう。これに対して，「取消し」は，無効であるとの評価まではできないが，表意者の保護の観点から，取消権者のみが，限られた期間内においてのみ，契約をなかったことにすることができる場合であるといえます。

2 未成年者等の契約

(1) 未成年者による契約の締結と法定代理人の同意の必要

契約が有効に締結され成立すると，そこから契約当事者の合意したところに従い一定の法律効果，すなわち権利（代金支払請求権・商品引渡請求権など）や

義務（代金支払義務・商品引渡義務など）が発生し，これらが当事者を拘束して，その違反に対して裁判所の判決等の国家の力による強制（代金支払命令，財産差押え・処分など）が認められることは繰り返し述べてきました。それだけに，契約を行うためには，その結果としてどのような権利や義務が発生し，それらが自分にとってどのような意味・影響を持つのかをきちんと理解できる判断能力が備わっていることが必要となります。

　民法では，個人（法律では，自然人（natural person）といいます）としての各種権利は人が生まれたときから持てると定めていますが（民法3条1項），契約を行うことで持つ権利は同時に義務を伴うこともあるため，自らの意思で権利を持ったり義務を負担したりする契約等の行為（法律行為といいます）を行うための判断能力が備わる年齢基準を現在は20歳としています（民法4条）。令和4（2022）年4月1日以降は，成年年齢が18歳と改められますが（民法4条の改正），法律は，未成年者に関しては，画一的に，契約締結その他に関する十分な判断能力が必ずしも備わっていないと考え，未成年者が不利益を受けないようにするため，保護を与えます。そこで，民法は，未成年者が契約等を行う場合には，原則として，法律により未成年者に代わって契約等の法律行為を行う権限を与えられた法定代理人（親権者（民法818条・824条）または未成年後見人（民法838条1号））の同意が必要であると定めています（民法5条1項本文）。

　ただし，このルールにはいくつかの例外があり，法定代理人の同意が必要でない場合があります。第1は，未成年者がもっぱら権利を取得するだけで義務を負わないケース（例えば，贈与を受けるケース）や，負担している義務を免除されるケースです（民法5条1項但書）。第2は，法定代理人が目的を定めてまたは目的を定めずに処分してよいと許容した財産（例えば，小遣い銭や仕送り金等）に関しては，未成年者が改めて法定代理人の同意を得なくても，財産処分（例えば，売買契約等）を行えます（民法5条3項）。第3は，未成年者が法定代理人から営業の許可を受けると，その営業に関する限りは成年者と同じ判断能力を有するとされるため（民法6条1項），許可された営業を行うために必要な契約等は単独の判断で行って良いことになります。第4に，現行民法では，未

成年者でも男性は18歳以上，女性は16歳以上（婚姻適齢）で結婚することができるので，法律の手続きに従って結婚した未成年者は成年に達したものと「**みなされ**」て（民法753条），法定代理人の同意なく各種契約等を行えるようになります。なお，婚姻適齢は，男女間の区別が2022年4月1日をもって廃止され，男女とも18歳に統一されて，成年年齢と同じになるため，第4の例外はそれ以降なくなります。

　以上を前提にQ2を見ると，未成年者のAはBモータース株式会社と80万円のバイクの売買契約を締結していますが，この契約によってAはバイク代金80万円の支払義務を負担するため，この行為が「単に権利を得，又は義務を免れる」（民法5条1項但書）ものでないことは明らかです。そうすると，AによるBモータース株式会社とのバイクの売買契約の締結にはAの親権者等の同意が必要であったことになります。

　ただし，Aの親権者がこのお金をバイクの購入などに使って良いとか，自由に使って良いとか言って，Aに100万円を与えていたような事情や，Aが親からある営業を許されていて，営業用に用いるためにバイクを購入したという事情があると，Aは法定代理人の同意なく単独で80万円相当のバイクの売買契約の締結を行えます。しかし，Q2ではそうした事実はないものとされています。また，Aは独身ですから成年とみなされることもありません。

　したがって，バイクの売買契約の締結にあたりAは法定代理人の同意を得ておかなければならなかったことになりますが，Aは親の同意を得ていなかったとされていますので，その場合，契約はどのような影響を受けるのかが，次の問題です。

◆**コラム　成年年齢改正**

　2020年4月現在，民法上の成年とは，満20歳です（民法4条）。しかし，2022年4月1日からは，これが満18歳に変更されます（民法新4条）。この変更に伴い，次のような民法改正がなされます。第1に，婚姻適齢が，男女とも満18歳に変更されます（民法新731条）。その結果，第2に，未成年者が婚姻することができなくなる以上，未成年者の婚姻に関して父母の同意を要求する民法737条は不要になるため，削除されます。第

第5講 ● 企業取引と契約(3)　*39*

3に，同様な理由から，未成年者が婚姻すると成年に達したと擬制される民法753条も不要になるため，削除されます。なお，成年者のみが，養子をとることができると定める民法792条は，成年年齢が18歳に下がっても，養親となれるのは満20歳以上のままであり，変更されません。ただし，792条の文言は，「成年」が「二十歳」になります（第4の変更）。したがって，養子縁組の取消しに関する民法804条ただし書も，「成年」が「二十歳」になります（第5の変更）。

◆コラム　「みなす」と「推定する」の違い

　法律の条文には，一定の場合に○○と「みなす」という表現と，○○と「推定する」という表現が用いられることがあります。このうち「みなす」という表現は，上記の民法753条等で使われています。一方，「推定する」という用語は，例えば，民法573条で使われています。両者の違いは何でしょうか。まず，○○と「みなす」場合は，それが事実と異なっていても法律の定めに基づいて○○という扱いが行われ（民法753条では未成年者（20歳未満）を結婚後は成年者として扱うこと），それを覆すことができません。

　これに対し，○○と「推定する」場合は，事実関係が必ずしもはっきりしないようなケースで，一応の取扱いとして○○として扱うこととした上で，これに異議を唱える者があるときには，その者が「実は○○ではなく，××だ」ということを証明する反対の証拠（反証）を挙げることに成功すれば，法律が定める一応の取扱いが覆り，それとは異なる扱いが認められるようになります。民法573条の規定を見ると，売買契約が行われた場合に，売主と買主の間で商品の引渡しについて期限（納期）を設けたときは，代金の支払いについても同一の期限（代金支払時期）を設定したものと「推定する」とされています。したがって，売買契約で商品の納期が定められると，代金の支払いも同時期に行うこと（同時履行といいます。）が一応の取扱いとなりますが，これに異議を唱える側（代金先払いと主張する側，反対に，代金後払いと主張する側）が「代金は先（後）払い」になっていることを示す証拠を示せば，納品と代金支払いが同時期という扱いが覆り，代金の支払時期は納品の前または後とされ，それによって買主がいつ代金を払えばよいかが決まるわけです。このほかの「推定する」の例として，民事訴訟法228条4項の規定も参照しておいてください。

(2)　取消しと追認

　未成年者が法定代理人の同意を得なければならない契約等の法律行為をその同意なしに行った場合，民法では，これを取り消すことができると定めています（民法5条2項）。Q2では，A自身またはAの法定代理人である親がBモータース株式会社に対して，契約を取り消すという意思表示を行うと，契約の効

力が最初に遡って失われ（これを「遡及効」といいます。民法121条），AのBに対する権利とか義務とかは発生しなかったものとされます。注意すべきは，このケースは「取消し」が問題となるので，Aまたはその親がバイクの売買契約を取り消さない限りは契約が有効なものとして扱われ，Aは契約上の義務を負わなければならないということです。

　では，Aの親が，Aが勝手に行った契約でBモータース側に迷惑をかけられないと考え，バイクの売買契約を事後承認することは可能でしょうか。答えはYesで，法定代理人であるAの親がBモータースに対し，この契約の締結を「追認する」と意思表示すれば，以後，契約の取消しはできなくなります（民法122条・123条）。A自身も単独で追認を行うことができますが，そのためにはAが成年に達するか，Aが結婚して成年とみなされる等する必要があります（民法124条1項）。

　しかし，Bモータースからすると，Aとのバイクの売買契約が取り消されるのか，追認されるのかによって，Aに対し代金を請求できるかどうかが決まりますが，取り消すか追認して契約締結上の問題を事後的に是正し契約を確定的に有効なものとするかどうかは，A側の判断に左右されます。そのため，Bモータースの立場は極めて不安定です。そこで，Bモータースは，法律上，Aの法定代理人に対して1か月以上の期間を定めて，取消可能なバイクの売買契約を追認するのかどうか確答するよう催促すること（これを「催告」といいます）ができるとされています（民法20条1項前段）。この期間内にAの法定代理人が確答しないときは，この契約を「追認したものとみなす」とされているので（民法20条1項後段・2項），Bモータースとすれば，契約が有効なものと確定したことを前提に対応できることになるわけです。

　なお，未成年者が法定代理人の同意を得なかったことを理由に契約等を取り消せるのは，成年に達してから5年間であり，それ以後は取り消せなくなります（民法126条）。また，未成年者が成年であると偽って（詐術），法定代理人の同意を得ずに契約をした場合も，保護の必要がないので，契約を取り消せません（民法21条）。

第5講●企業取引と契約(3)　*41*

⑶ 成年被後見人等の保護

　判断能力が不十分であるという点では，認知症等で正常な判断を行える能力を欠いている人も未成年者と同様に保護する必要があります。そのため，第1に，家庭裁判所の審判により，物事を的確に判断する能力を欠いている常況にあると認められた成年被後見人（民法7条・8条）は，日用品の購入その他日常生活に関する行為を除き，単独で有効な契約等を行えないものとし，日常生活に関しない契約等（土地の購入とか売却等）を行うには成年後見人が代理して行うとされています。また，成年被後見人が行った日常生活に関しない契約等は，成年被後見人または成年後見人がこれを取り消すことができます（民法9条・120条1項）。

　第2に，成年被後見人ほどではないにしても精神上の障害により判断能力が著しく不十分であると家庭裁判所の審判で認定された人を被保佐人（例：中程度の痴呆症）といい（民法11条・12条），借金や重要な財産の処分（売却等）を行う場合には保佐人の同意が必要とされ，保佐人の同意のない借金とか重要財産の処分という契約は取り消せるとされています（民法13条1項本文・4項）。

　第3に，軽度の痴呆症のように精神上の障害により判断能力が不十分であると家庭裁判所の審判により認定された人を被補助人といい（民法15条・16条），民法13条1項各号に定める行為のうち家庭裁判所が指定した行為を行うには補助人の同意を必要とします（民法17条1項）。その同意を欠く契約等は取り消せます（民法17条4項）。

第6講 企業取引と契約(4)

Q1 ルノワールの絵を所有するYは、「この絵は本当に素晴らしいですね。」と絶賛する、美大生Zに対して、本当は譲渡するつもりもないのに、冗談で「Z君こそ、この絵の所有者にふさわしい。この絵はZ君に、格安で売ってあげよう。」と言ったので、Zがこれを真に受けて、「喜んで買わせていただきます。」と応諾した場合、この売買契約は有効ですか。

Q2 税金を滞納しているY（40歳）が税務署からの財産差押えを回避するため、実際には売却する気がないのに、所有する骨董品・絵画類を知人Z（40歳）と謀って、Zに売却したこととし、所有名義をZに変えた場合、この売買契約は有効ですか。

Q3 X会社はY会社に対して、100万円で原材料を購入しようとして、書面で発注をしたところ、X会社の担当者が金額を誤って「10,000,000円」と記載し（ゼロが一つ多い状態）、それに気づかずに契約の申込みをしてしまった場合、この発注書を見て承諾したY会社に対し1,000万円の代金支払義務を負うことになりますか。また、この場合、X会社とY会社の間で原材料（本来は100万円相当）を1,000万円で購入するという売買契約が成立していることになりますか。

Q4 X（30歳）が、Z商事の社長Yから、Xの所有する土地は地震で液状化する危険が高い地域にあるというウソの説明を受け、その土地を安値で売却する契約をさせられた場合、XはZ商事に土地を引き渡す義務を負いますか。この場合のXとZ商事との間の土地の売買契約は有効ですか。また、Wが、暴力団関係者であるVから、Wの住んでいる家を売らなければ火をつけるぞと脅されたので、怖くなって自宅の土地建物をVに売却するという契約を行った場合、WはVに土地建物を引き渡す義務を負いますか。

1 心裡留保

契約が有効に締結され成立するためには、契約内容に関する十分な判断能力

を持つだけでなく、契約当事者がその真意に従って契約を行う必要があります。しかし、現実には、詐欺等のケースにみられるように、契約締結時における判断が歪められたり、重大な誤解により自分の認識と契約内容とが食い違っていたり、あるいは、真意に基づかずに契約が行われたりするケースがあります。これらの場合、問題となった契約はどういう影響を受けるのでしょうか。Q1からQ4はこうした問題を扱おうとするものです。

　まず、Q1のケースのように、YがZに対し本当は「譲渡するつもりもないのに」、Zからこの絵は素晴らしいですねと褒められたため、冗談で所有する絵画をZに売ってあげましょうと言い、これをZが真に受けて買いますと応諾した場合はどうなるでしょうか。この場合、Y側に本当は売る気がない点では、Y・Zが結託したケースと同じですが、Zと示し合わせているかいないかという違いがあります。Zとしては、Yは本当は売る気がないことがわかりませんから、直ちに契約を無効とするわけにはいきません。

　このように、ある者が相手方と示し合わすことなく、本心でない意思表示を行うことを「心裡留保」といい、相手方の期待を保護するため、この場合の契約は原則として有効とされています（民法93条1項本文）。ただし、Zが、Yは実は絵画を売る気がないことを知っていたか（このことを、法律では「悪意」といいます）またはYの本心を知ることができたとき（このことを、法律では「有過失」といいます）は、契約が無効とされている（民法93条1項但書）ので、注意が必要です。なお、契約が無効とされる場合であっても、一切の事情を知ら

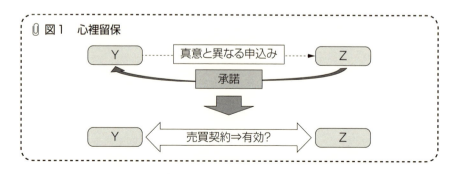

図1　心裡留保

ない（このことを，法律では「善意」といいます）第三者に対抗することができない旨の規定が新設されました（民法93条2項）。

2　通謀虚偽表示による契約の無効

Q2は，Yが税金滞納による税務署からの財産差押えを避けるため，Zと通謀して，Y所有の骨董品や絵画類をZに売却する契約を仮装しているケースです。つまり，YはZに骨董品等を売却する意思がないのに，Zに売却したことにしているだけです。このケースは，Yが契約の相手方Zと結託して，本心でない意思表示を意図的に行っており，「虚偽表示」といいます。虚偽表示のケースでは，もともと契約を成立させる意図がないわけですから，契約等は無効とされています（民法94条1項）。

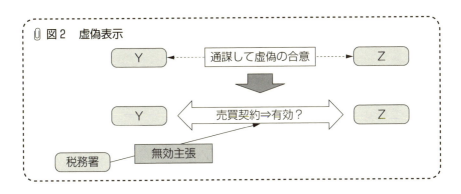

図2　虚偽表示

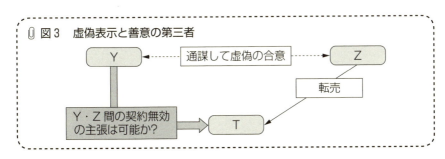

図3　虚偽表示と善意の第三者

また，契約等が無効とされる場合，その**無効は誰でもいつでも主張できるの
が原則**です（この点で取消しと異なります）から，税務署はY・Z間の通謀虚偽
表示を証明すれば，骨董品等の売買契約の無効を主張してその差押えを行える
ことになります。

　なお，ZがYから購入したことになっている骨董品類をTに売却（転売）
した場合，YはTに対しZ・Y間の契約無効を理由に骨董品等の返還を請求
することができるでしょうか。民法94条2項では，Tが善意であるときは，Y
はZ・Y間の契約無効をTに主張できないとしているので，TがZ・Y間の
事情を知らなければ，YはTに対し返還請求を行えないことになります。

3　錯　　誤

　Q3では，X会社が原材料の購入の発注をする際，100万円で購入するつもり
で発注書を作成したつもりだったのに（意思），金額欄には1,000万円と（表示），
誤ってゼロを一つ多く記載して書いてしまったこと（不一致）が問題となって
います。このように錯覚により誤った意思表示をすることを「錯誤」といいま
す。民法95条は，その効果として「取り消すことができる」と規定しています
（民法95条1項柱書）。

　それでは，錯誤があれば，常に契約を取り消すことができるのでしょうか。
そうではありません。債権法改正前には，❶その錯誤が重要であること（要）と，
❷その錯誤がなければ，意思表示をしなかったこと（因果関係＝素）が必要で
あるとされていました。これを「要素の錯誤」といいました（民法旧95条本文
参照）。つまり，小さな部分の錯誤があったからといって，契約を取り消すこ
とができるとするのは妥当ではありません。すべての錯誤のうち，要素の錯誤
にあたる場合のみが，民法95条によって取り消す（債権法改正前は「無効とする」。
錯誤の効果が「無効」から「取消し」に変わった理由については，52頁参照）こと
ができるとしていたのです。

　債権法改正による民法95条1項柱書も，同様の考え方に基づきながら，より

分かりやすくするために,「意思表示は,次に掲げる**錯誤に基づく**ものであって,その錯誤が法律行為の目的及び取引上の社会通念に照らして**重要なもの**であるときは,取り消すことができる。」と書き改めています。

　以上を大前提にして,次に,錯誤には,大きく分けて2つのタイプがあります。一つ目は,意思と表示の間に不一致がある場合です（表示行為の錯誤といわれます）。この表示行為の錯誤には,①表示上の錯誤（言い間違いや書き間違いなど,**表示行為そのものに関する錯誤**）と,②内容の錯誤（ドルとポンドを同じ価値があると思い込んで,1万ポンドで買うと言ってしまった場合など,表示行為の**意味に関する錯誤**）があります。Q3のケースは,表示行為の錯誤,その中でも,特に①の表示上の錯誤にあたるといえるでしょう。債権法改正による民法95条1項1号が,「意思表示に対応する**意思を欠く錯誤**」と規定するのが,この表示行為の錯誤の場合にあたります。

　二つ目は,動機と表示の間に不一致がある場合です（動機の錯誤といわれます）。たとえば,XがA地の近くに鉄道の駅ができるという噂を聞いたので,駅ができて土地の値段が上がる前に買っておこうと考え,XがA地の所有者であるYからA地を購入したが,その後その噂はうそであると判明した場合などが,このケースにあたります。すなわち,Xさんは,A地を買おうと思って（意思）,A地を買いますと所有者Yに告げて（表示）,A地を購入している以上,意思と表示の間に不一致はありません。しかし,Xさんとしては,近くに駅ができる（価格上昇期待が大きい）A地を購入したいと思っていたのに（動機）,実際には近くには駅はできない（価格上昇期待の乏しい）A地を買いますと所有者Yに告げて（表示）,購入しています。したがって,ここには,動機と表示との間に不一致があるといえましょう。

　このような動機の錯誤を理由に,表意者が常に契約を取り消すことができるとしたら,契約の相手方は不測の不利益をこうむります。なぜなら,動機は表意者の内心だけにあるものですから,相手方にとっては寝耳に水なことだからです。そのため,動機の錯誤に関して民法95条が適用になるためには,その動機が「意思表示の内容としてこれを相手方に表示」されている必要があるとさ

第6講●企業取引と契約(4)　*47*

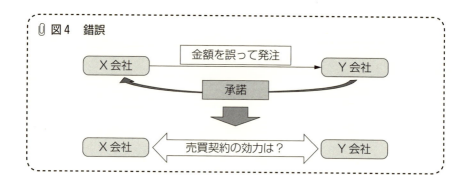
図4 錯誤

れています（最判昭和29（1954）年11月26日民集8巻11号2087頁。最判平成28（2016）年1月12日民集70巻1号1頁も参照）。

　債権法改正による民法95条1項2号が，「表意者が**法律行為の基礎とした事情についてのその認識が真実に反する錯誤**」（＝「行為基礎事情の錯誤」）とするのが，この動機の錯誤のことを指しています。そして，同条2項が，「前項第二号の規定による意思表示の取消しは，その事情が**法律行為の基礎とされていることが表示されていた**ときに限り，することができる」と規定している部分は，前述の判例法理を明文化したものといえるでしょう。

　以上より，㊀表示行為の錯誤（意思と表示の不一致）があるか，または㊁動機の錯誤（動機と表示の不一致）があり，意思表示の内容としてその動機が表示されているケースであって，その錯誤が❶重要であり，かつ❷その錯誤がなかったら意思表示をしなかった場合（因果関係）には，表意者はその意思表示を取り消すことができるわけです。Q3では，X会社が原材料を100万円で購入するつもりで（意思），金額欄には1,000万円と書いてしまっている以上（表示），表示行為の錯誤の一つである表示上の錯誤があり，その錯誤により支払金額は10倍になってしまう以上，その錯誤は重要であり，かつその錯誤がなかったならば契約はしていなかったといえる以上，民法95条1項柱書の要件も満たされますから，X会社は，錯誤による取消しを主張することができます。

4　詐欺・強迫

Q4では、第1に、成年XがZ商事の社長Yから虚偽の説明を受けて土地をZ商事に売るという契約をさせられています。YはZ商事の社長として、ウソの説明を行っているので、違法な欺罔行為を行ってXをだまし、Xの誤解を利用して契約を締結させようとする意図が認められます。このケースを「詐欺」といい、契約は取り消せるとされています（民法96条1項）。法律論として注意する必要があるのは、詐欺による契約取消しが認められるのが、違法な欺罔行為があり、かつ、欺罔行為を行った者が相手方をだまそうとする故意と、相手方の誤解に基づいて契約をさせようとする故意の二つの故意を持っていたことが証明された場合に限られる点です。

第2に、Q4の後段では、Wが、暴力団関係者であるVから、Wの住んでいる家を売らなければ火をつけるぞと脅されたので、怖くなって自宅の土地建

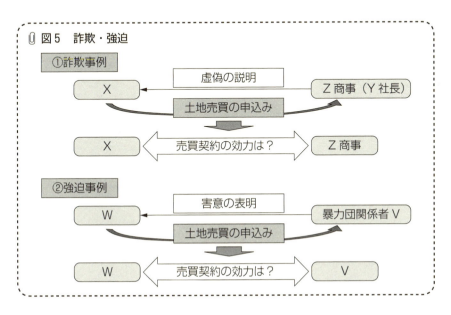

図5　詐欺・強迫

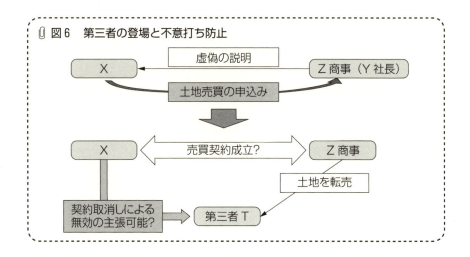

物をVに売却するという契約を行っています。このように他人から害意を示され畏怖心を抱いた結果として契約をさせられるケースを「強迫」といい，強迫によりさせられた契約も詐欺と同様，取り消せるものとされています（民法96条1項）。

したがって，XやWはそれぞれ行った契約の申込みを取り消せば，最初に遡って契約が無効となりますから（民法121条），Z商事やVに対する土地等の引渡義務を負わないことになります。

ちなみに，XがZ商事に土地を引き渡し代金の支払いを受けた後で，Z商事やY側のウソに気づき，詐欺を理由として土地の売買契約を取り消したところ，その時点ですでにZ商事がその土地をTに売却していた場合，XはTに土地の返還を請求できるでしょうか。

TがZ商事からこの土地を購入する際に関係書類等を確認してZ商事の所有地であることを確認していたとすると，土地の売買契約を取り消したXからの返還請求は不意打ちとなります。そこで，詐欺による契約の取消しは，「善意でかつ過失がない第三者に対抗することができない」とされています（民法96条3項）。したがって，Xは詐欺により契約がされたことについて，善意・

無過失の第三者Ｔに対しては，契約の取消しを対抗することができず，その
ため土地の返還を請求できないことになります。他方，強迫を理由とする契約
の取消しの場合には第三者は保護されません。強迫による被害者の方が第三者
よりも保護に値するからです。

5 まとめと補充

　以上の内容を分かりやすくまとめるとともに，少し補充をすると，次のよう
になります。

(1) 民法93条　心裡留保（＝冗談による契約。「裡」とは，内側のこと。）

　冗談なら契約は無効のようにも思われます。しかし，契約の相手方には，表
意者の心の内側は分かりません。そこで，相手方の信頼保護のため，契約は原
則有効とするのです（1項本文）。

　ただし，相手方が冗談であることにつき，知っていたり（悪意），知ること
ができた（有過失）ときには，相手方の信頼を保護する必要性は乏しいです。
そのため，この場合には，契約は無効になるのです（1項ただし書）。

　もっとも，契約が有効であると信じて，取引関係に入った第三者を保護する
必要があります。この場合，表意者には，大きな帰責性がある以上，第三者の
保護は善意のみで十分であるとされています（無過失不要，2項）。

(2) 94条　虚偽表示（＝共謀によるニセの契約）

　両当事者が謀って，虚偽の契約をしている以上，その契約は無効です（1項）。

　ただし，契約が有効であると信じて，取引関係に入った第三者を保護する必
要があります。この場合，表意者には，大きな帰責性がある以上，第三者の保
護は善意のみで十分であるとされています（無過失不要，2項）。

第6講●企業取引と契約(4)　*51*

(3) 95条　錯誤（＝錯覚による契約）

錯覚により，誤って意思表示をした表意者に，契約責任を負わせるのは酷です。そのため，表意者保護の観点から，その錯誤が重要であり，錯誤がなかったら意思表示をしなかった場合には，表意者は契約を取り消すことができます（1項）。このように，本条は表意者保護の規定である以上，相手方には契約をなかったことにする主張を認める必要がありません。そのため，本条の効果は無効ではなく，取消しに改正されたのです。

錯誤には，表示行為の錯誤（意思と表示の不一致の場合，1項1号）と動機の錯誤（動機と表示の不一致の場合，1項2号）の二つがあります。そして，後者に関しては，動機は内心の問題ですから，錯誤無効を主張するためには，動機が契約の基礎になっていることの表示が必要です（2項）。

しかし，錯誤が表意者の重大な過失によるときには，表意者は契約責任を負わされても仕方がないので，取消しを主張することができません（3項柱書）。ただし，表意者に重過失による錯誤があることについて相手方の故意または重過失がある場合（3項1号）や，相手方も表意者と同一の錯誤に陥っている場合（3項2号）には，相手方を保護する必要がないので，重過失ある表意者でも，なおも取消しを主張することができます。

さらに，契約が有効であると信じて，取引関係に入った第三者を保護する必要があります。この場合，表意者の帰責性は，心裡留保や虚偽表示の場合に比べて小さい以上，第三者の保護には善意のみならず，無過失が必要であるとされています（4項）。

(4)　96条　詐欺・強迫（＝だまされてした契約と，おどされてした契約）

詐欺：だまされて契約をした表意者は，その要保護性が高いです。よって，表意者保護のため，表意者は契約を取り消すことができます（1項）。

第三者の詐欺により，契約をしてしまった場合には，相手方の保護も必要ですから，第三者の詐欺について相手方の悪意または過失がある場合のみ，表意者は契約を取り消すことができます（2項）。

ただし，契約が有効であると信じて，取引関係に入った第三者を保護する必要があります。この場合，表意者の帰責性は，心裡留保や虚偽表示の場合に比べて小さい以上，第三者の保護には善意のみならず，無過失が必要であるとされています（3項）。

　強迫：おどされて契約した表意者は，その要保護性が高いです。よって，表意者保護のため，契約を取り消すことができます（1項）。

　この場合，契約が有効であると信じて，取引関係に入った第三者よりも，強迫により契約をせざるを得なかった表意者の方が保護に値します。したがって，強迫の場合には，第三者を保護する規定は存在しないのです。

不動産および動産の取引

Q1 商品や土地に対する所有者の所有権は「物権」と言われますが,物権にはどのようなものがありますか。物権と比較対照されるものに「債権」がありますが,両者の違いは何ですか。

Q2 A会社が所有する工場の建物および土地をB会社に売却し所有権をB会社に移す場合,どのようにすれば良いですか。

A会社が20XX年5月7日に工場の建物と土地をB会社に売却し,翌日の8日に引き渡す旨の契約を締結しながら,同年5月8日にC会社に同じ建物と土地を売却し同日引き渡す旨の契約を締結した場合,B会社とC会社のどちらがこの建物と土地に対して所有権を主張することができますか。

Q3 A会社が倉庫に保管してある電子部品1,000個をB会社に販売する契約を締結しながら,その引渡し前に,高値の買付価格を提示したC会社に販売する契約を二重に締結した場合,B会社とC会社のどちらがこの電子部品1,000個に対する所有権を主張することができますか。

1 物権と債権の違いおよび物権法定主義・物権の種類

(1) 物権と債権の違い

　個人または法人が持つ権利はいろいろな分類が可能ですが,一つの分類方法は,「物権」と「債権」という区分です。物権の代表格は,「所有権」です。これに対し,債権は,例えば,売買契約に基づく代金支払請求権や商品の引渡請求権等の契約上の権利のほか,自動車事故や営業妨害等の「不法行為」により被害者が加害者に対して持つ損害賠償請求権等が含まれます。

　では,物権と債権の違いは何でしょうか。どちらも私法上の権利ですから,

権利行使の相手（権利に対応する義務を負う者）が存在しますが，権利者がその権利を誰に対して主張できるかにより大きな違いがあります。

まず債権について見ると，売買契約のケースでは，売主と買主との間の法律関係（契約）を基礎として上記の請求権が発生するため，権利者（代金支払請求権を持つ者＝売主）はこの権利を特定の者（代金支払義務を負う者＝買主）だけに行使することができ，その他の者には代金請求を行えません。このように債権は**特定の者（「債権者」といいます）が債務を負っている特定の者に対してのみ特定のこと（代金の支払いや商品の引渡し，借金の返済等）を請求できる権利である**点に特色があります。そのため，債権は対人権であるといわれたり，債権には相対性があるといわれます。ちなみに，この場合に権利を行使される者すなわち債権に対応する義務（「債務」）を負う者を「債務者」といい，債権とは，債権者と債務者の間の範囲限定的な法律関係です。

これに対し，物権については，土地の所有者を例にとって「物権」の特色や，

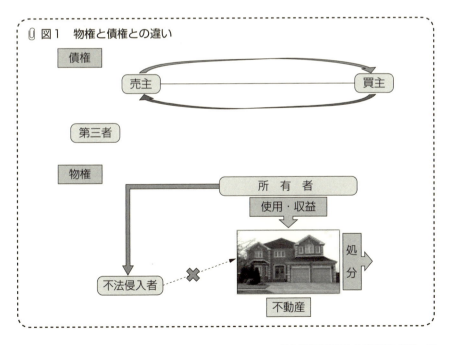

図1　物権と債権との違い

債権との違いを見てみましょう。土地所有者はその所有地を不法占拠する者や不法侵入する者に対しては誰であれ所有者の立場にあることを主張し，退去を求めることができます。また，土地の所有者はその土地を法の許容する範囲内であれば，自分のためにどのように使用することも，処分することも可能です。要するに，土地の所有者は特定の者にだけ所有権を主張するという限定的な権利関係ではなく，誰に対しても所有権を主張することができます。このように，**物権は，特定の者が特定の者にだけ主張できる債権と異なり，権利者が誰に対しても主張できる権利である**という特色を持っています。そのため，物権は対世権であるといわれたり，物権には絶対性があるといわれます。権利の主張範囲が非常に広く認められているわけで，ヒトがモノを排他的に支配できる権利です（民法206条参照）。

(2) 物権法定主義と物権の種類

① 物権法定主義　物権は権利者がその権利を排他的に行使・主張できる権利であるため，ある程度その種類・範囲を規制する必要があります。民法175条は，物権を法定のもの以外は創設できないとする考え方を採用し，これを「**物権法定主義**」といいます。民法175条は，強行規定というわけです。

② 所有権　それでは，物権にはどのようなものがあるでしょうか。第1は，所有権です。所有権は土地や建物といった不動産だけでなく絵画・宝石，商品等の動産も対象となりますが，いずれにせよ所有者は対象物を使用し（使用権能），その利用による利益を享受し（収益権能），または処分する（処分権能）権利を誰に対しても主張することができます。民法206条を見ると，「所有者は，法令の制限内において，自由にその所有物の使用，収益及び処分をする権利を有する。」と定められています。このように，所有権は対象物の使用・収益・処分の三拍子が揃った排他的権利として物権の中核に位置します。

ただ，所有権について「法令の制限内において」という制限が付されていることは留意する必要があります。建築基準法による建ぺい率（建築物の建築面積の敷地面積に対する割合）の規制はその一例です。このほか，民法209条以下

では，土地の所有者に関して隣人との関係を規律しています。

③　占有権　　第2は，民法180条以下に規定されている「占有権」です。例えば，AさんがBさんから車を借りているとしましょう。この場合，AさんはBさん所有の車を借りて自分で利用するため，Bさん所有の車を「自己のためにする意思をもって物を所持している」状態，つまり，占有している状態にあります（民法180条参照）。これにより，AさんにはBさん所有の車に対して「占有権」が認められます。

では，Aさんが利用している車（Bさん所有）を第三者Cに盗まれた場合，Cに対してこの車の返還を請求することができるでしょうか。AさんがCに車の返還を請求したところ，Cが，この車はBの所有物であって，Aには所有権がないから，Aに返還する理由がないと主張し返還を拒否している場合，AさんはCにこの車の返還を請求することができるでしょうか。

ここでポイントとなるのは，Aさんはこの車の所有権を持っているもので

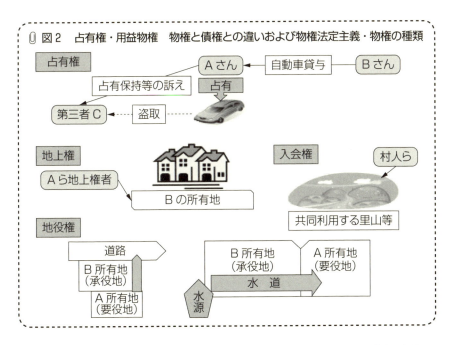

図2　占有権・用益物権　物権と債権との違いおよび物権法定主義・物権の種類

第7講●不動産および動産の取引　57

はありませんが，占有権を持っているということです。法は，占有権を持つ者に対し，ある物の占有を妨害する者や妨害しようとする者に対して妨害（奪取等）をやめさせること等を求めて裁判所に提訴できる「占有保持の訴え」（民法198条）・「占有保全の訴え」（民法199条），占有物を勝手に奪った者に対しその物の返還を求めて裁判所に提訴できる「占有回収の訴え」（民法200条）を認め，その権利を保護しています（民法197条）。ちなみに，占有権者が占有保持・占有回収を求める場合にこれを訴訟で請求することが必要とされているのは，自力救済禁止原則の具体化です。

④　制限物権　　第3は，所有権に見られる物権の三つの機能の一部だけが認められる権利で，制限物権と総称されます。それらはさらに，用益物権といわれる権利群と，債権者が債務者に対する債権を強化するための担保物権という権利群とに区分けできます。

（ⅰ）用益物権　　このうち用益物権は次の**表1**の4種類から構成されており，ある物（土地）を自分自身の利益のために用いるための利用権です。ちなみに，地上権は地上権付マンションの販売の例でみられます。

（ⅱ）担保物権　　これに対し，担保物権は後記の**表2**に掲げたものが法定されており，典型担保と総称されます。いずれも，債権者の債権を強化することを目的とするものです。このうち，質権と抵当権は債権者と債務者その他

📎 表1　用益物権

(ア)地上権	他人の土地の上に建物等の工作物を築造するなどして，その他人の土地を自由に使用することができる権利。最近では，地上権付マンションや，民間ビルの中を高速道路が通過する例がある。（民法265条以下）
(イ)永小作権	小作料を支払って他人の土地で耕作または牧畜をする権利（民法270条以下）
(ウ)地役権	自分の土地（要役地）の利用上の便益のために他人の土地（承役地）を通行したり，他人の土地に水道等を引いたりして他人の土地を所定の目的のために利用する権利。市町村が水道等を敷設するため私有地の上に地役権を設置するケースはその一例（民法280条以下）
(エ)入会権	一定の人々で土地等を共同使用等することができる権利。里山等の共同利用のための権利（民法294条）

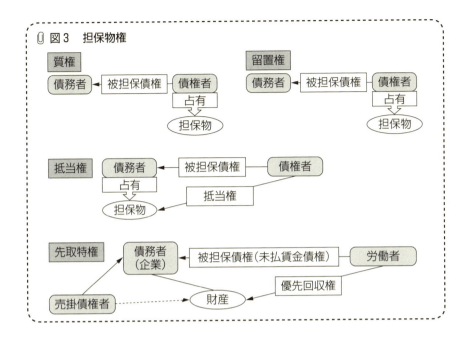

の第三者との間の契約により発生するので、約定担保物権といわれ、留置権と先取特権は当事者の契約によらず一定の事実の発生により当然に成立するため、法定担保物権といわれます。

なお、実際にビジネスの現場では、4種類の担保物権のほか、譲渡担保とか所有権留保等の非典型担保といわれるものが利用されることも少なくありません。譲渡担保とは、形式上は土地（不動産）や工場機械（動産）等の売買の形をとってX会社（資金の借手＝債務者）からY会社（貸主＝債権者）に所有権を移転したことにしつつ、X会社が期限までに借金の返済（債務の弁済）をすれば、所有権がY会社からX会社に戻るものとし、反対に、X会社が借金を返済できないときにはY会社の所有権が確定するものとして、不動産や動産を担保利用する方法です。また、所有権留保とは、商品等の売買において買主による代金の全部の支払いが完了する前に商品等が売主から買主に引き渡される場合、代金が全額支払われるまではその商品等の所有権

表2　典型担保物権

典型担保	約定担保物権	質権	債権者が債権の担保として債務者または第三者から受け取った物を占有し，その物から他の債権者に先立って自分の債権を優先回収できる権利（民法342条）。質権の対象は，土地・建物という不動産，商品等の動産のほか，預金債権や保険金請求権等を対象とすることもある。
		抵当権	債務者または第三者が債権者に占有を移さないで（非占有移転型）債権者の債権の担保に供した不動産等から，債権者が自分の債権を優先的に回収することができる権利（民法369条1項）。銀行が住宅ローンの貸付を行う場合に利用する例が一般的。
	法定担保物権	留置権	債務者がその債務の弁済を行わない場合に，債権者がその債権に関連する債務者所有の物の返還を拒否し債務者に債務の弁済を間接的に強制できる権利（民法295条）。自動車の所有者が自動車修理工場に自動車の修理を依頼しておきながら，修理代金を支払わない場合，公平の観点から，自動車修理工場側は修理のために預かっている（占有している）自動車の返還を拒み，修理代金の支払いを強制することができる。
		先取特権	債権者が民法その他の法律の規定に従い，債務者の財産一般から他の債権者に先立って自分の債権を優先的に回収することができる権利（民法303条）。例えば，会社が倒産した場合，従業員は給料の支払いを求める賃金債権者として，債務者である会社の財産から他の債権者（取引先等）に先立って優先的に賃金債権を回収することができる。

を売主に留保するというものです。買主が代金を全額支払わない限り，所有権が売主の手元に残っているので，買主による代金の不払いのケースでは，売主は所有権に基づいて売却商品等を取り戻すことで債権回収をすることができるわけです（自力救済の禁止に対する実務の対応策。第4講30頁参照）。

2 土地・建物の譲渡と不動産登記

(1) 土地・建物の所有権の移転

① 不動産と動産　　Q2では，A会社が所有する工場の建物と土地をB会社に売却し，所有名義をB会社に変えるための方法・手続きが問われています。まず，ここで売却の対象となっている工場の建物と土地は，「不動産」と呼ばれます（民法86条1項）。建物は法律上，土地の定着物（土地に固定され使用される物）とされ，土地とは別の不動産とされています。これに対し，不動産以外の物はすべて「動産」とされていて（民法86条2項），Q3の倉庫保管中の電子部品は「動産」となります。

② 承継取得と原始取得　　では，不動産の所有者が所有する不動産を他人に譲渡し，所有名義を変える（所有権を移転する）にはどうすれば良いでしょうか。不動産と動産のいずれについても，法律上，所有権が所有者から別の人に移る方法としては，所有者からその所有権を新所有者が引き継ぐ承継取得と，所有者からの所有権の引継ぎを経ずに不動産・動産の所有権を独立に取得する原始取得とがあります。

承継取得の例としては，Q2・Q3のように売買契約等の契約による場合や，所有者が死亡したりQ2・Q3のA会社が他の企業に吸収合併されたりして所有名義が相続人や合併による買収企業に移る場合を挙げることができます。これに対し，原始取得は，一定期間継続して他人の物を所有する意思で平穏かつ公然と占有した者がその物の所有権を取得できる時効取得（民法162条），遺失物拾得（民法240条）や埋蔵物発見（民法241条）等がその一例です。

③ 不動産の所有権の移転と登記　　Q2のケースでは，A会社からB会社への不動産の所有権の移転は基本的にA会社とB会社との間の有効な売買契約によって行われます（民法176条参照）。所有者は所有物を自由に処分することができるので，その一環として，所有者の意思によって所有権を別の人に移すことができるわけです。ただ，所有権の移転が所有者の意思による相手方との

第7講●不動産および動産の取引　*61*

合意に基づいて行われる以上，第1に，契約が有効に成立していないときには，所有権移転の効果は生じません。第2に，所有権をいつ移転させるかも合意によって決まるので，契約締結時に代金支払い前でも所有権を移転させる取扱いも，反対に，代金が完全に支払われるまでは所有権を移さないとする取扱い（前述の所有権留保売買）も可能です（契約自由の問題）。

　しかし，B会社がA会社との有効な契約に基づきA会社が所有していた工場の建物と土地の新所有者となった場合，B会社はA会社だけでなく誰に対してもその建物と土地の所有権を主張できることになるので，権利の所在を明らかにしておく必要があります。そこで，民法では，不動産所有権の取得・喪失（得喪）および変更は不動産登記法その他の登記関連の法律の定めに従って登記をしなければ，第三者（不動産売買契約の当事者以外の者）に権利関係を主張することができないと定めています（民法177条）。

　ここで注意しなければならないのは，B会社はA会社との関係では，登記がなくても，売買契約に基づいて買い受けた建物・土地の所有権を主張できるのですが，A会社以外の者との関係では権利を主張するために登記をしておく必要があるということです。「対抗」というのは，二重譲渡のケースで問題となりますが，誰が権利者であるかを争う者が出てきたときに，一定の手続きを踏んでいるとその争いにおいて勝つことができるということです。この点は次に二重譲渡の問題として見てみましょう。

(2)　二重譲渡の場合の法的処理の原則と例外

　①　原則　　Q2の後段では，A会社が工場の建物と土地をB会社に売却し，所有権を移転する契約を締結しながら，同時期にC会社に対して同じ建物と土地を売却し同日引き渡す旨の契約を締結した場合，B会社とC会社のどちらがこの建物と土地に対する所有権を主張できるか，が問われています（二重譲渡問題）。

　ここでは，同じ工場の建物・土地に対してB会社とC会社がそれぞれ権利者だと言って争っています。結論から言うと，勝敗は，B会社とC会社のど

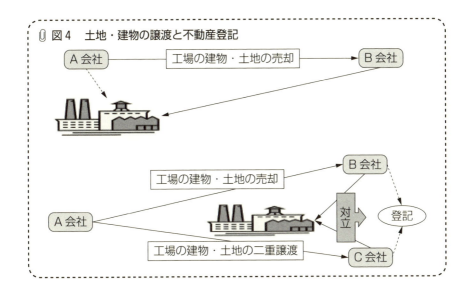

図4 土地・建物の譲渡と不動産登記

ちらが先にこの建物と土地について所有者としての登記をしているか（登記名義をA会社から変更・書換えをしているか）によって決まります。B会社が先に登記名義をB会社に変更していれば，B会社がC会社との争いで勝利します。逆に，C会社が先に登記を済ませていると，B会社はC会社との争いに負けてしまいます。早いもの勝ちが基本原則というわけです。

② 例外　ただし，C会社が保護に値しない場合は，話は別です。例えば，B会社がA会社から工場の建物と土地を購入しながら，登記名義をB会社に変えていないことを知っているC会社が，A会社からこの建物・土地の二重譲渡を受けたうえで，B会社の窮状につけ込んで，高値でB会社に売却を持ちかけるため，先に登記名義をC会社にしたケースです。

この場合，C会社が先にこの建物と土地の所有権の登記を済ませたこと，B会社が登記をしていないことを理由として，C会社の権利主張を認めることは，unfairです。このケースが裁判に持ち込まれれば，裁判所は，C会社を「**背信的悪意者**」と認定し，先に登記を済ませていても権利主張を否定して，B会社を勝たせています。

では，Ｃ会社が上記の工場の建物と土地をどうしても購入したいと考え，Ａ会社がすでにＢ会社と売買契約を締結したけれども，Ｂ会社への登記名義の変更がまだなので，Ｂ会社より高い代金を払うからということでＡ会社に交渉し，契約をしてもらい，Ｂ会社よりも先に不動産の登記を行った場合は，どうなるでしょうか。Ｃ会社はＢ会社に移転する予定の不動産をいわば横取りしていることになりますが，裁判所は，これを一種の自由競争の問題と考えたのか，Ｃ会社が先に登記を行う限りはＢ会社に権利を主張できるとする考え方に立っています。なお，この場合にＡ会社はＢ会社に対する損害賠償責任を免れません。

　このほか，不動産登記法5条1項では，Ｃ会社がＢ会社による不動産登記を詐欺または強迫によって妨げた場合には，Ｂ会社に登記がないことを主張できないと規定し，ずるい主張を許さないものとしています。

3　動産の所有権の移転

(1)　動産の所有権の移転

　Q3では，Ａ会社が在庫の電子部品1,000個をＢ会社に販売する契約を締結しながら，商品の引渡し前に，高値の買付価格を提示したＣ会社に販売する契約を二重に締結した場合，Ｂ会社とＣ会社のどちらがこの電子部品1,000個に対する所有権を主張できるか，が問われています。ここで売買の対象となっている電子部品は，動産です。

　動産も所有権の対象となり，所有者のＡ会社が1,000個の電子部品の所有権をＢ会社に移すには，不動産の場合と同様，この部品の売買契約が有効に締結されることが前提として必要です。

　そのうえで，動産（電子部品1,000個）の所有権を取得するＢ会社が，Ａ会社からこの動産を取得し権利者だと主張するＣ会社との権利争いに勝つためには，権利者であることをＣ会社に対抗することができなければなりません。

⑵ 動産の所有権移転の対抗要件─引渡し─

　それでは，B 会社が C 会社に対して権利を争い，勝つにはどうすれば良い
でしょうか。民法178条を見てみましょう。そこでは，動産に関する物権の譲
渡は，その動産の引渡しがなければ，第三者に対抗できないと規定されていま
す。したがって，B 会社が A 会社との有効な売買契約に基づき C 会社よりも
先に電子部品1,000個の引渡しを受けていれば，C 会社に勝てることになります。

　それでは，B 会社が A 会社から電子部品の「引渡し」を受けているかどう
かは，どのように判定するのでしょうか。Q3の事例では，この商品がまだ A
会社に保管されている状態にあるので，B 会社は「物理的には」その商品の引
渡しを受けていませんが，法律上は物理的な動産の引渡し作業がなくとも，動
産の引渡しが認められる場合があります。まず，物理的に動産の所在が移され
ることを「現実の引渡し」といいます（民法182条 1 項）。

　これに対し，第 2 に，A 会社が在庫の電子部品1,000個を B 会社に売却する
契約を締結した上で，倉庫保管中の当該商品をこれからは B 会社のために預
かって保管することとする方法があり，これを「占有改定」（民法183条）とい
います。これが B 会社について認められれば，B 会社はすでに引渡しを受け
た動産の買主となり，C 会社に対して対抗することができることになります。

　第 3 に，Q3の事例とは異なりますが，B 会社がすでに A 会社から動産を預
かっているときに，両者の合意によって，B 会社は A 会社のために当該動産
を預かっていることを，B 会社自身のために所持するものへと変更することで
も，引渡しがあったとされます。これを，「簡易の引渡し」といいます（民法
182条 2 項）。

　第 4 は，A 会社が C 倉庫に冷凍マグロ100本を預けているところ，A 会社と
B 会社との間で冷凍マグロ100本の売買を行ったうえで，A 会社が C 倉庫に対し，
以後は冷凍マグロを B 会社のために保管せよと指示し（指図），B 会社がこれ
を承諾する方法です。これを，「指図による占有移転」といいます（民法184条）。
商取引では，この方法が用いられるケースが少なくありません。

第 7 講●不動産および動産の取引　65

(3) 動産譲渡登記制度の創設

もっとも、第2の占有改定による引渡しの場合は、Q3のC会社にとって、A会社に在庫として存在する（しかしB会社に引き渡したものとされている）1,000個の電子部品はすでにB会社に引渡し済みであるかどうかが判然としません。その意味で、動産の引渡しを受けたことで所有権を第三者に対抗できるとする取扱いは、明確性を欠くおそれがあります。

そこで、民法の特例を定める特別法により、動産の譲渡が行われたときには、譲渡人（売主等）と譲受人（買主等）との申請によって法務局に登記ファイルが作成され、譲渡（売買）対象となった動産（商品や機械等）のメーカー・種類・品番等で特定され、その所有権がA会社からB会社に移転したことが登記ファイルに記載されるという動産譲渡登記制度が設けられています。動産譲渡登記が行われると、それにより登記簿に特定された動産に関しては、引渡しがあったものとみなされるとともに、登記簿を通じて対外的に動産の引渡しの事実が公示されます（動産債権譲渡特例法3条1項）。また、動産譲渡登記が行われると、対象商品等の動産の引渡しがあったものと「みなされる」ため、同一商品等に関して突然に別の買主（譲受人：Q3のC会社）が現れ、権利の所在について争いになっても、対抗要件を満たしているため、B会社は勝つことができるメリットがあります。

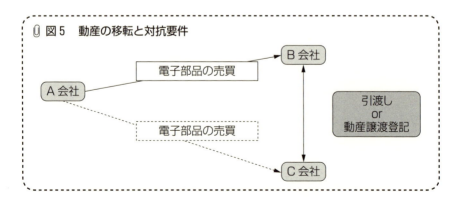

図5 動産の移転と対抗要件

⑷　二重譲渡の場合の法律関係の処理（動産）

Q3において，B会社とC会社はどちらが争いに勝てるのでしょうか。以上に説明したところから明らかなように，B会社とC会社のどちらが先に1,000個の電子部品の引渡し（または当該商品（動産）の譲渡登記）を受けているのかどうかによって，勝敗が決まります。

商取引法の概要と特色(1)

Q1 食品の製造・販売等を事業とするX会社は，取引先のY会社が資金繰りに困っていることを知り，1年後に返済してもらうという条件で1,000万円を貸し付けたが，X会社とY会社間で取り交わされた貸付契約書にはY会社がX会社に対して利息を支払うという条項は明記されていませんでした。この場合，X会社は，Y会社から1年後に1,000万円の返済を受けるにあたり，Y会社に対して利息の支払いを請求することはできませんか。X会社とY会社の社長同士の協議では，X会社がY会社に対して利息の支払いを請求しないという話は一切出ていなかったものとします。

Q2 電子部品等の製造販売を事業として行っているA会社が，普段取引をしているB会社から，B会社の製品製造に用いる電子部品1,000個の納品発注（売買契約の申込み）を受けたところ，A会社の担当者がB会社に対する応諾の有無の回答をし忘れていた場合，A会社はB会社に対して電子部品1,000個の引渡義務を負いますか。

もし，A会社がその電子部品をC会社にすでに売却済みであるため，B会社には納品ができない場合，A会社に法律上の責任は発生しますか。

1 商取引の特色と商取引法ルール

これまで学んできたように，商取引も契約を通じて行われますが，個人が日常生活の中で行う契約とはいくつかの重要な違いがあります。その第1は，商取引が一般的に「営利目的（for profit）」で行われる点です（営利性）。企業は利潤を追求するものである以上，各種の商取引が利潤を求めて行われるのは当然といえます。

第2は，商取引が多くの場合，同種の商品やサービス等を対象として反復継続して行われることです。例えば，食品会社は取扱商品を製造するため特定の

原材料メーカー等（製粉会社等）から原材料を購入してそれを製品化し，これを出荷に回すという行動を繰り返します。このように特定の企業同士で反復継続的に取引が行われる以上，相互の信頼とその保護が求められます。

第3は，商取引が迅速な決済・処理を必要とするということです。ビジネスはスピード感をもって行うことが求められるので，商取引についても迅速処理の要請が働きます。

第4は，ビジネスには失敗のリスク等があるため，それに応じて責任の強化・厳格化という要請が働く点です。

商取引に関しては，民法の特別法である「商法」に特則が置かれ，商法の定める商取引のルール（商取引法）は，上記の商取引の特色を反映したものとなっています。ただ，商取引に関するルールは必要に応じて一般法ルールを変更するために設けられているため，一般法ルールに従っても問題ないと考えられる部分は民法の一般法ルールの適用を受けることに注意する必要があります。

2 商取引の営利性

(1) 商人間の金銭消費貸借契約と利息請求権

商取引が営利目的（営利性）をもって行われることは上記のとおりですが，それが商取引法のルールでは具体的にどのような形で規定されているでしょうか。Q1がこの点を問題とするもので，X会社を貸主としY会社を借主とする1,000万円の金銭消費貸借契約が締結されています。これが有効に締結されているとすると，X会社とY会社の間には債権・債務が発生します。

問題は，債権者（貸主）であるX会社の債権（裏返せば，債務者（借主）であるY会社の債務）の内容として，1年後の返済期日に元本の1,000万円だけ支払えという請求を行えるもの（元本1,000万円だけ返済すればよいもの）なのか，それとも，利息の支払いも請求できるもの（利息を加算して支払う必要があるもの）なのか，ということです。X会社とY会社間の契約は金銭消費貸借契約なので，基本的な規定は民法に置かれています。

そこで，民法587条を見ると，この契約は，金銭の借主が借りたお金と同一の額のお金を貸主に返すものとされています。したがって，民法では金銭貸付は原則無利息の契約と定められているのです（民法589条1項参照）。しかし，同条は「任意規定」なので，貸主と借主の間で，借主が利息の支払いもすることを合意すれば，それが契約内容となり，貸主は，借主に対して，貸したお金（1,000万円）の返済だけでなく，金銭を受け取った日以後の利息の支払いも行うよう請求できる債権をもつことになります（民法589条2項）。これが，商取引かどうかを問わない契約の一般ルールです（一般法ルール）。Q1では，Y会社がX会社に利息を支払うことが契約書に明記されていないとされているので，両社の社長同士の話としてY会社が利息を支払わないことが確認されてはいませんが，一般法ルールに従うと，X会社にはY会社に利息の支払いまで請求する債権が認められないことになりそうです。

　しかし，X会社がY会社に貸した1,000万円はX会社の事業資金であって，利潤追求のために用いることが予定されているので，原則としてX会社が利息を請求できないというのは，商取引の営利性と矛盾します。そこで，商取引に関する特別法である「商法」は，513条1項で，企業同士で金銭貸付が行われた場合には，貸主企業は契約に明記されていなくても，当然に借主企業に対して利息の支払いを請求する権利があると規定しています（**特別法ルール**）。Q1では，X会社とY会社間の金銭消費貸借契約という契約について，無利息を原則とする民法587条・589条1項の一般法ルールと利息の請求ができることを原則とする商法513条1項の特別法ルールとが併存しますが，**「特別法は一般法に優先する」**という法律適用ルールに従い，後者の特別法ルールが優先適用されます。

　なお，商法513条1項の規定も任意規定なので，貸主企業と借主企業の間で無利息とする合意が行われれば，貸主企業に利息支払請求権は生じませんが，Q1のX会社とY会社の間では，X会社がY会社に利息支払いを請求しないことが合意されていません。

　以上を前提にQ1を見ると，X会社とY会社との間の契約で利息支払いにつ

いて明記していなくても，X会社はY会社に対する債権の内容として，1,000万円の支払いを請求する権利のみならず，利息の支払いも請求できる権利も持つことになります。

(2) キーワードの「商人」とは？

商取引法の特別法ルールを定めた商法513条1項は「商人間において金銭の消費貸借をしたとき」に，利息請求権が当然に認められると規定しています。企業というビジネスの主体を「**商人**」と表現しているわけですが，ここにいう「**商人**」とは，いわゆる商売人という意味ではなく，法定の商取引（モノの製造販売，銀行，保険，運送取引等の一定類型の商取引（商法501条・502条））を営業として行う法人または個人のことです（商法4条1項）。法律適用の基準となる用語なので，法は，その内容・範囲を明確化するため，法律で商取引を列挙し，それに該当するビジネスを営利目的で反復継続的に行っている者を**商人**と定めています。

ちなみに，列挙されたビジネスの類型は限定列挙とされていて，商法501条・502条に掲げられたもの以外のものは上記の一定類型の商取引には含まれません。このように，法律が一定の事項を列挙し，そこに挙げられたもの以外のものを含まないとする規定の仕方を「**限定列挙**」といいます。一方，法律が掲げたもの以外も含まれる規定の仕方を「**例示列挙**」といいますが，商取引の類型は限定列挙なので，現実には法律に定められたもの以外のビジネス（例：通信事業，SNS，地域冷暖房事業等）をカバーすることができないという限界を伴います。ただ，これらのビジネスは一般的には会社形態で行うのが実際であり，会社はどのようなビジネスを行っても（違法なものは不可ですが），商法の定める特別法ルールの適用を受けるので（会社法5条参照），現実にはほとんど問題は生じません。

(3) 法定利率

Q1のX会社がY会社から貸付金1,000万円の返済を受ける際に，Y会社に

第8講●商取引法の概要と特色(1)　71

対し利息の支払いを請求できるとして，その利率はいくらになるでしょうか。
X 会社・Y 会社間では利率も取り決められていません。このように利息の支払
いが請求できる場合に利率が決まっていないときは，法定利率が適用されます。
この点はかつて，商取引に基づく場合と，そうでない場合とで，営利性の有無
を反映し利率が区別されていました。すなわち，営利性を問題としない民法で
は，債権法改正前の民法の定める法定利率は年 5 ％（民法旧404条），営利性を
問題とする商法の法定利率は年 6 ％でした（商法旧514条）。

　このように従来，法定利率は，商取引に基づく債権か否かで差別化されてい
ましたが，債権法改正による契約法ルールの全般的な見直しにより，年 3 ％に
統一されました（民法404条 2 項）。その上で，民法は，定期的にその利率を銀
行間の短期貸付けに係る平均利率に応じて変動させる変動制を導入しました
（同条 3 項～ 5 項）。

3　商取引における信頼確保と迅速な処理

⑴　商人が平常取引を行う者から契約の申込みを受けた場合

　Q2 では，電子部品等の製造販売業を営む A 会社が，普段取引をしている B
会社から，電子部品1,000個の納品発注（売買契約の申込み）を受けたのに，A
会社の担当者が B 会社に対して，発注に応じるのか応じないのか（承諾の有無）
を回答し忘れていたことが問題となっています。これまで学んできた契約締結
に関するルールによれば，まず A 会社と B 会社の契約は売買契約なので「諾
成契約」であり，契約の申込みとこれに対する承諾が揃って行われれば，契約
として有効に成立します。しかし，Q2 のケースでは，B 会社から A 会社への
売買契約締結の申込みはありますが，A 会社から B 会社への承諾の意思表示
は行われていません。

　そうすると，このケースでは両社間には契約が成立せず，債権・債務も発生
しないということになりそうです。しかし，それでは，継続的に取引をしてい
る B 会社の信頼を損ねます。普段から A 会社は B 会社からの発注を受け，納

品を繰り返してきているとすると，B会社は，A会社から断りの返事がない以上，A会社に納品の意思の有無を確認するまでもないと考えるでしょう。

また，B会社がその都度A会社に確認をするのは，商取引の迅速な処理の要請とも合致しません。むしろ，A会社とB会社間の取引関係を考えると，B会社の発注に応じる意思があるのかないのかをA会社側に回答させる方が合理的で，A会社が回答を怠った場合はそのことのサンクション（制裁）をA会社に科して，回答を促進するのが賢明です。

そこで，商法509条1項は，「商人が平常取引をする者からその営業の部類に属する契約の申込みを受けたとき」には，遅滞なく，申込者に対して承諾するかしないか（諾否）を通知しなければならないものと定めた上で，同条2項で，この通知が遅滞なく行われなかったときは，契約の申込みを承諾したものと「みなす」と定めています。

このルールをQ2にあてはめると，A会社（＝商人）が普段取引をしているB会社からA会社の取扱商品である電子部品の売買契約の申込み（納品発注）を受けているのに，申込みを受けたA会社から遅滞なく申込者のB会社に対して承諾の有無を通知していないため，A会社はB会社からの契約申込みを承諾したものと「みなされ」ます。

したがって，A会社とB会社間には電子部品1,000個の売買契約が成立したことになるので，A会社はB会社に対する電子部品1,000個の引渡義務を負います。また，A会社がその電子部品をC会社にすでに売却済みであるためB会社には納品できない場合は，契約上の義務を実施（履行といいます）できなかったことになるので，B会社に対し契約不履行による損害賠償責任（債務不履行責任）を負うことになります（民法415条）。

(2)　同時履行の抗弁権

では，契約が成立しているのであれば，A会社はB会社に電子部品1,000個分の代金の支払いを請求できるでしょうか。答えはNoです。理屈としては，A会社のB会社に対する代金支払債権は存在していますが，これはB会社へ

第8講●商取引法の概要と特色(1)　73

の商品の納品と引き換えとする(対価とする)ものです。A会社が納品義務を履行できないのに,B会社が代金の支払義務を負い,A会社が代金を請求できると考えるのは,当事者間の公平を損ないます。

　売買契約のような双務契約では,契約の一方の当事者(A会社)が債務を履行しない以上,他方の当事者(B会社)も義務を履行しないという主張をすることができ,これを**同時履行の抗弁権**といいます(民法533条本文)。抗弁とは,相手方の請求・主張を拒否すること,あるいは,拒否する理由のことで,抗弁権とは請求拒絶権のことです。

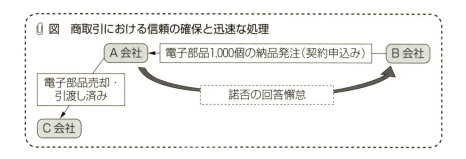

図　商取引における信頼の確保と迅速な処理

商取引法の概要と特色(2)

> **Q1** 電子部品等の製造販売事業を行っているA会社の関西営業の拠点である大阪支店の統括責任者に選ばれ，大阪支店で行う電子部品等の販売等に関する一切の権限を与えられた大阪支店長Zが，京都にあるD自動車株式会社に営業を行い，D会社に自動車用電子部品5,000個を販売する契約を取りまとめたとします。この場合，自動車用電子部品5,000個の売買契約はD会社と誰との間に成立することになりますか。
>
> **Q2** 食品の製造販売事業を営むX会社から同社の取引先であるY会社が1,000万円を借り入れるにあたり，Z会社が保証をしてくれることになりました。この場合，Z会社はどのような責任を負いますか。
> また，Y会社とZ会社がW銀行から共同事業資金として5,000万円の融資を受ける場合，Y会社とZ会社はそれぞれW銀行に対してどれだけの責任を負いますか。

1 代理によるビジネスの拡大

(1) ビジネスにおけるマンパワーの活用と代理

ビジネスを展開するためにヒト（マンパワー）の活用が必須条件の一つであることは疑いありません。ビジネスが様々な契約を通じて展開していくことから，企業とすれば，現場で営業等を行う担当者に権限を与えて，必要な契約をスピーディに行えるようにしておくことが求められます。そこで，担当者に契約締結の権限すなわち代理権を与え，企業の代理人として契約締結を代行させることになるわけです。

Q1では，ZがA会社の関西営業の拠点である大阪支店の統括責任者に選ばれ，大阪支店で行う電子部品等の販売等に関する一切の権限を与えられたとされていて，大阪支店長ZはA会社の代理人として，京都のD自動車株式会社

との間で，A 会社が D 会社に自動車用電子部品5,000個を販売するという売買契約を締結しています。

　それでは，契約締結の代理が行われると，誰と誰の間に契約が締結されることになるのでしょうか。Q1 では，大阪支店長 Z が大阪支店で行う契約全般の権限を与えられているので，A 会社の「代理人」の立場にあります。A 会社は Z に大阪支店での契約全般の代理権を与えています。このように代理人に対して代理権を与える者を「本人」と呼びます。ここではもう一人登場人物がいます。D 会社です。代理人が取りまとめる契約の相手方ですから，「相手方」と呼ばれます。そのため，代理が行われる場合は，本人と，本人に代わって契約等を行う代理人，そして，相手方の 3 者が登場するのですが，代理人が授与された代理権の範囲内で本人のためにすることを示して（これを「顕名」といいます）契約を締結すると，契約は，実際に契約締結の作業を行った代理人と相手方との間ではなく，代理人によって代理された本人と相手方との間で成立します（民法99条 1 項）。

　したがって，Q1 では，Z が行った契約締結の結果として A 会社と D 会社との間で電子部品5,000個の売買契約が成立し，A 会社がこの契約に基づく売主として買主の D 会社に対して債権や債務を持つことになります。

⑵　大阪支店長 Z の代理権の範囲

　代理に関するルールは基本的に民法に規定されています（民法99条〜118条）。このうち民法99条 1 項では，代理人が授与された権限の範囲内で本人のためにすることを示して行った契約等が本人に対して直接効力を持つと規定しています。例えば，個人の甲が知人の乙に100万円以内の金額で有名絵画を買い付けてほしいと依頼し，乙に買付代理権を与えたところ，乙が甲の代理人として有名絵画を120万円で買うという契約を行った場合，代理人乙は代理権の範囲「外」（限度額オーバー）で契約を行っていることになります。そのため，甲は，その契約の効力が甲には直接及んでこない，すなわち，契約関係が甲と相手方との間には成立していないから，絵画を受領して120万円を支払う義務を負わない

と主張できます。

　しかし，ビジネスの現場で，企業が代理人に対してどの程度の代理権を与えているのかをいちいち確認しなければならないのは，手間と時間がかかり，商取引の迅速な処理の要請に反します。また，契約調印後に代理人が代理権を逸脱していたから本人としては責任を負えないといわれると，相手方は不意打ちを食らい，円滑なビジネスを妨げます。

　そこで，商法は商取引法に関する特別法ルールの一つとして，企業がその営業に関する全般的な代理権を与えること（商法20条・21条1項，会社法10条・11条1項）や，特定の部門に関するもののその範囲内では全般的な代理権を与えること（商法25条1項，会社法14条1項）を認めています。Q1で問題にしている大阪支店長Zは大阪支店という場所的な制限こそあれ，そこで行われる一切の営業に関する代理権（包括代理権）を与えられています。これに対し，総合商社のように多様なビジネスを多角的に行っている企業では，金属資源部門，食料品事業部門とか，インフラ事業部門等の部門ごとに，それぞれの部門で行う取引全般に関する代理権を与えられる「本部長」等が選ばれています。食料品事業本部長は，食料品の買付けや販売等の代理権を全般的に与えられていますが，鉄鉱石等の金属資源の輸出入の決裁権限は持っていませんから，営業全般の代理権を持っているわけではないことに留意する必要があります。

　ともあれ，営業全般の代理権を与えられた者（「支配人」と称されます）は，その名前が登記されるので（商法22条前段，会社法918条。商業登記制度），相手方となるD会社は，予め登記を見ておくと，Zという人に大阪支店の営業全

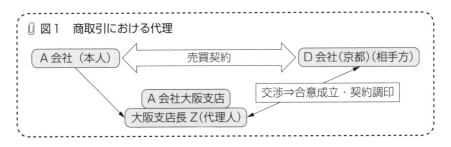

図1　商取引における代理

般の代理権があるということがわかります。D会社は、その点を確認しておけ
ば、後になって、A会社側からZには電子部品5,000個の契約を締結する権限
を与えていなかったから、契約はA会社とD会社間では不成立であり、A会
社として責任を負わないという主張をされずに済むわけです。

2　商取引における信用確保と責任厳格化

(1)　商取引と保証

①　保証とその特色　　Q2前段では、X会社とY会社の金銭消費貸借契約
に関しZ会社がY会社の保証人となったとされていて、保証人の責任の内容
が問われています。ここで保証とは、ある者の債務があることを前提とし、そ
の履行を保証人の責任で確保するものです。保証人の責任で債務を担保するの
で、「人的担保」とも言われます。質権、抵当権、留置権等は債務者等の所有
物をもって債権（債務）の確保手段にするため、「物的担保」と言われますが、
保証は保証人自身の責任が債権の確保手段となるものです。

　保証が行われる場合について確認・注意しておくべきポイントがいくつかあ
ります。第1は、保証は、その前提として保証される債権者と債務者が存在す
ることと、保証それ自体が契約（保証契約）に基づいて行われるものであると
いうことです。保証される債務を「主たる債務」とか「主債務」、保証を受け
る債務者を「主たる債務者」とか「主債務者」といいます。注意すべきは、保
証契約は、主債務者と保証人との間で締結されるものではなく、債権者と保証
人との間で締結されるという点です。保証人は債権者との保証契約に基づいて、
主債務者がその債務を履行しないときに、いわば肩代わり責任を負担します
（民法446条1項・447条1項参照）。その責任は肩代わりなので、責任を主債務者
に代わって負担した保証人は主債務者に求償をすることができます（民法459
条以下参照）。

　第2は、保証は債権者と保証人間の契約関係に基づくものですが、あくまで
主債務者の債務（責任）の存在を前提とするため、債権者に対して本来責任を

負うべき者は主債務者であり，保証人はその補充という立ち位置にあることです。したがって，債権者と債務者との間の契約関係が公序良俗違反により無効であったり，詐欺・強迫を理由に取り消されたりした場合や，債務者がすでに債務を履行したり，時効が完成したりして，債権・債務関係が消滅している場合は，保証すべき主債務が存在しないため，保証人の責任も発生しません。これを保証債務の附従性といいます。また，このことから，保証人の責任内容は，主債務者の責任の範囲までしか及びません（民法447条1項・448条）。

第3に，保証人は，主債務者が債務を履行しないときに限って主債務者に代わりその債務を履行する補充的な責任を負うものです（民法446条1項参照）。これを保証債務の補充性といいます。そのため，保証人には，債権者から保証責任を求められた場合でも，（Ⅰ）まずは主債務者に請求せよと主張して，保証人への責任追及を回避する権利（民法452条）（催告の抗弁権）と，（Ⅱ）債権者が（Ⅰ）の保証人からの要求に応じて主債務者に今一度請求した上で，保証人に対し改めて責任を追及してきた場合であっても，保証人が，主債務者には資力があり，その差押え等が容易であることを証明して，保証人として責任を負うことを避ける権利（民法453条）（検索の抗弁権）とが認められています。これらの権利があることにより，商取引に関係しない保証はあくまで補充責任として位置づけられているのです。

② 商行為に関する保証と保証人の責任厳格化　保証が商取引の一環として行われる場合は，商取引における信用維持の要請を受け，保証人の責任が厳格化されています。商法511条2項では，主債務が商行為から発生した場合，または，保証が商行為として行われた場合のいずれかに該当するケースについては，主債務者と保証人が主債務を連帯して負担すると規定しています。この保証のことを「連帯保証」といい，連帯保証人は，通常の保証（「単純保証」ということもある）の保証人に備わっている催告の抗弁権・検索の抗弁権が認められず（民法454条），責任が限りなく共同債務者（連帯債務者）に近づけられています。

Q2前段を見ると，Z会社がY会社の債務を主債務としてX会社との保証契

第9講●商取引法の概要と特色(2)　79

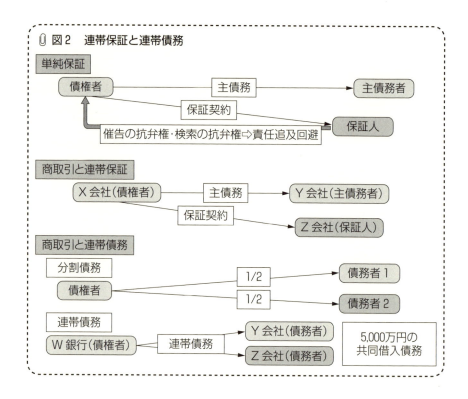

約に基づいて保証していますが，主債務自体が商取引として行われています。また，この保証契約自体もZ会社がY会社との何らかの関係に基づきビジネスの一環として行っているため，商取引として行われていると考えてよさそうです。したがって，Z会社の保証人としての責任は連帯保証人の責任であり，催告の抗弁権・検索の抗弁権が認められません。

(2) 商取引債務の債務者が複数ある場合の連帯責任原則

① 分割債務の原則　Q2の後段では，Y会社とZ会社がW銀行から共同事業資金として5,000万円の融資を受ける場合のY会社とZ会社のそれぞれのW銀行に対する責任割合が問われています。ここでは，債権者がW銀行であるのに対し，債務者はY会社とZ会社の2者（複数）存在します。

債権者に対し債務者が複数存在する場合，民法によれば，原則として各債務者は「割り勘」責任を負うとされています（民法427条）。これを分割債務の原則といいます。この規定も任意規定なので，債権者と債務者間の合意によりその取扱いを変更することができますが，そのような別段の合意がない限り，複数の債務者の債権者に対する責任の内容は頭割りした均等額までとなります。もしこの取扱いがQ2後段に適用されるとすると，W銀行はY会社に対し2,500万円（＋利息）の支払いを請求する債権，Z会社に対し2,500万円（＋利息）の支払いを請求する債権を分割して持つことになるので，例えば，Y会社が倒産等して支払えないときであっても，W銀行は，Z会社に対してはZ会社の負担部分の支払いしか請求できないことになります。これでは，債権者にとっては請求が空振りに終わるリスクが残ります。

　②　商取引における連帯債務原則　　しかし，商取引における信用確保の要請を考えると，こうしたリスクはできる限り排除することが望まれます。そこで，商法511条1項は，数人の者が商行為（付随業務として行われる契約を含む）によって債務を負担したときには，その債務は連帯債務となると規定しています。これも任意規定なので，契約で分割債務化することは可能ですが，そのような取決めがない限り，商取引から生じる複数の債務者の債務は連帯債務とされます（連帯債務原則）。

　Q2後段で，Y会社とZ会社は共同事業資金5,000万円をW銀行から借りる契約を共同借主として行っており，これはY会社・Z会社にとっても，W銀行にとってもビジネスの一環すなわち商取引として行われていることは明らかです。したがって，Y会社とZ会社はW銀行に対し5,000万円（＋利息）の支払いを連帯して行う債務（連帯債務）を負うことになります。

　問題は，連帯債務とはどのようなものか，ということです。民法436条は，数人が連帯債務を負担するときは，債権者は，その連帯債務者の一人に対し，または，同時にもしくは順次にすべての連帯債務者に対し，全部または一部の履行を請求できると規定しています。Q2後段にこれをあてはめてみると，W銀行は，Y会社またはZ会社のどちらかに対し，あるいは，同時に両会社に

対し，5,000万円（＋利息）の支払いをせよと請求することができるわけです。要するに，連帯債務者は，債務の全額について支払いを求められるとこれに応じなければならない責任を負わされます。これも商取引における責任厳格化ルールの一例です。

第10講 ## 会社制度の特徴と会社の種類

> **Q1** 各種の法人制度の中で，会社制度はどのような特色を有していますか。
>
> **Q2** わが国で設立することが認められている複数の会社類型のうち，株式会社には他の会社類型と比較してどのような特徴がありますか。

1　企業・会社とは？

　「企業」という言葉については，法律上は明確な定義はありません。例えば，大垣尚司『金融と法』（有斐閣，2010年）35頁では，「事業・営業を行う主体」と述べられていますし，池田真朗ほか『法の世界へ（第7版）』161頁（有斐閣，2017年）では，「『企業』とは，『一定の計画に従い継続的意図で営利行為に莫大な資金を投下し続け，常に資金の増殖を追求している経済単位』と一応定義できる」とされています。

　こうした企業は，自然人たる個人が主に自分の財産を元手として事業を行っている個人企業（自営業者）と，複数の人々が出資金を持ちよったり，何らかの貢献をするなどして事業を行っている共同企業とがあります。

　いずれにしても企業は，一度設立されて事業を行うようになった後は，そこで経営を担う人，働く従業員（法律上は，使用人，被用者または労働者といった表現がされることもあります），当該企業の外の取引相手たる企業，金融機関，地域住民など，様々な利害関係者（stakeholder）を巻き込み，また，そうした利害関係者たちと様々な関係を築きながら事業活動を行っています。

　特に企業に対して複数の人々が共同して出資を行っていたり，または企業が資金規模の大きな別の会社から大口の出資を受けていたりする場合，利害関係

者は多岐にわたります。仮にそうした企業の活動が無秩序に行われるとすれば，場合によっては，様々な悪影響が発生し，その悪影響が様々な利害関係者たちにも及び，社会に混乱をもたらす可能性が高いといえます。

　ここに，「会社」という法制度を形作り，整備しておくことの必要性が出てくることになります。

2　会社制度の特徴

　会社制度は，わが国を含む世界中の国々で設けられている**法人制度**（後掲のコラム参照）の一つです。そして，わが国で会社の設立，組織，運営および管理について定めているのは**会社法**という法律であり，同法が規律する会社は，数ある法人制度の中でも，営利を目的とする代表的な法人として位置づけられています。

　ここで，「営利を目的とする」とは，「会社が事業を行い，それによって得た剰余金（利益等）を出資者である構成員に対して分配すること」を意味します。このことは，株式会社については会社法105条，特にその2項において，株主から剰余金の配当を受ける権利と残与財産の分配を受ける権利の全部を奪うことができない旨が定められていることにあらわれています。会社がこうした営利性を有するということは，出資者を数多く集めやすくすることを意味します。やはり，出資（投資）に対して，その見返り（利益等の分配）があった方が，出資を行ってみようという人が多くなると考えられるからです。ただし，構成員に対して剰余金の分配ができる法人制度は実はそれほど多くありません。例えば，一般社団法人・一般財団法人では，利益等の分配（正確には，剰余金の分配）はできないとされています（一般法人法11条2項・35条3項・153条3項1号）。

　なお，ここでいう「営利（性）」は，本書の第8講で触れている「商取引」における営利性とは概念が異なります。すなわち，第8講における「営利（性）」は，通常，「収支の差額を利得する目的で，反復的・継続的に対外的な取引をすること」を指しますので注意してください。

◆コラム　法人制度について

　法人とは，人の集まりである団体や一定のまとまった財産の集合について，法人格を付与し，一人の人（自然人）と同じように権利能力（私法上の権利・義務の主体となる能力）を認めようとする法技術のことをいいます（内田貴『民法Ⅰ　総則・物権総論（第４版）』208頁・225頁（東京大学出版会，2008年）参照）。前者の人の集まりである団体（この場合の団体の構成員を「社員」といいます。こうした社団法人のコンテクストで出てくる「社員」という言葉は，従業員，被用者，労働者といった立場の者を示す言葉ではない点に注意してください）に法人格が付与されたものを社団法人，後者の一定のまとまった財産の集合に法人格が付与されたものを財団法人といいます。

　こうした法人は，必ず法に基づいて設立されます。法の定める手続きに従うことなく，勝手に設立したり，法人を名乗ることは許されていません（民法34条参照）。ただ，ひとたび法人となった場合，その法人は，権利能力を有することになることから，固有の名称（商号）を用いて契約を締結したり，財産を取得・譲渡したりすることができるようになり，それによって権利義務関係の処理が簡明化されます。また，法人によっては，税制上の優遇措置が認められることもあります。

3　会社の種類

　わが国の会社法で用意されている会社の類型は，合名会社，合資会社，合同会社，そして株式会社の四つです。これらのうち，前者の三つの類型は会社法の中で主に「第三編　持分会社」において規律され，最後の株式会社は，「第二編　株式会社」において規律されています。

　国税庁が行っている会社標本調査（平成29年度分，令和元（2019）年6月公表）によれば，わが国における組織別・資本金階級別法人数は以下のようになっています（なお，次頁の表における株式会社には，特例有限会社も含まれています。特例有限会社については，後掲コラム（91頁）参照）。

第10講●会社制度の特徴と会社の種類　*85*

区　分	1,000万円以下	1,000万円超 1億円以下	1億円超 10億円以下	10億円超	合　計	構成比
（組織別）	社	社	社	社	社	%
株式会社	2,179,140	337,328	15,547	5,652	2,537,667	93.8
合名会社	3,642	171	―	1	3,814	0.1
合資会社	15,582	526	―	4	16,112	0.6
合同会社	82,195	606	120	10	82,931	3.1
その他	48,272	16,663	699	469	66,103	2.4
合　計	2,328,831	355,294	16,366	6,136	2,706,627	100.0
構成比	(86.1)	(13.1)	(0.6)	(0.2)	(100.0)	―

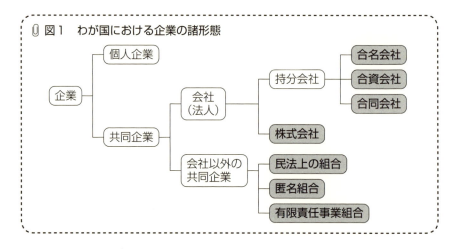

図1　わが国における企業の諸形態

以下，それぞれの会社類型についてみていきます。

(1) **持分会社**

まず，持分会社のすべてに関わる特徴として，以下のような組合（契約）制度に類似した特徴があります。

- 原則として，全社員それぞれが「業務執行」を行い，会社を「代表」します。ただし，定款等に別段の定めをし，業務を執行する社員を定めること

も可能です（会社法590条・599条）。
- 損益分配の割合等について定款で自由に設定可能です（会社法622条）。
- 持分の全部または一部の譲渡も可能ですが，原則として全社員の承諾が必要です（会社法585条1項・4項。ただし，退社について606条・607条等参照）。
- 定款変更は，原則として総社員の同意を要します（会社法637条参照）。

なお，ここでいう「会社（法人）を代表する」とは，会社のために，会社に法的な効果を帰属させる行為を行うことをいいます（会社法599条4項参照）。上記のように，持分会社では，原則として，各社員が会社を代表しますが，後述するように，上場会社（第11講・第12講参照）など一部の会社では，代表取締役だけが，会社を代表することができるとされています。

① 合名会社
- 社員全員が，会社の債権者に対して無限の人的責任を負う無限責任社員です（会社法576条2項・580条）。
- 各社員は会社債務の全額について連帯責任を負う反面，まず債権者に会社資産から弁済を受けるよう求めることができます（会社法580条1項1号・605条）。
- 労務出資・信用出資も可能です（会社法576条1項6号参照）。
- 投下資本の回収方法としては，持分の譲渡のほかに出資の払戻しを請求することが可能です（会社法624条）。
- 退社については，全社員の同意等により可能となります（会社法606条・

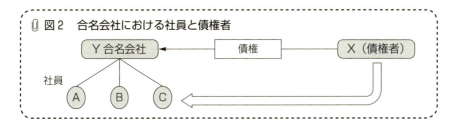

図2　合名会社における社員と債権者

607条・609条。なお，退社した社員の責任について会社法612条参照）。

② 合資会社
- 無限責任社員と有限責任社員がいます（会社法576条3項）。無限責任社員については合名会社の社員と同様の責任を負い，有限責任社員については定款に記載された出資の額までしか責任を負わないものとされています（会社法580条2項。ただし，未履行の出資額については有限責任社員も会社債権者に対して直接的な責任を負います）。なお，有限責任社員の出資の目的は金銭等（金銭その他の財産をいいます。会社法151条柱書参照）に限られ，その目的および価格等は定款記載事項・登記事項とされています（会社法576条1項6号・913条7号）。
- 持分譲渡等については合名会社と同じです（ただし，業務を執行しない有限責任社員の持分の譲渡については，業務を執行する社員全員の承諾があれば可能とされています。会社法585条2項参照）。

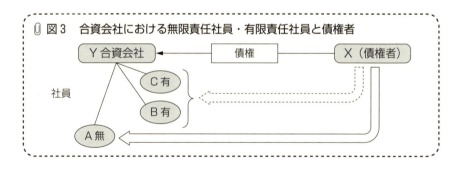

図3　合資会社における無限責任社員・有限責任社員と債権者

③　合同会社
- 社員全員が有限責任社員です（会社法576条4項参照）。それでいながら内部関係等については組合的な規律（全員一致で定款変更その他の会社のあり方が決定され，原則として社員自らが業務の執行にあたり，損益分配についても裁量的に決定できるといった規律）が適用されます。この会社類型は，平成17（2005）年の会社法の制定時に新たに創設されたものです。
- アメリカやイギリスにおける Limited Liability Company や Limited Liability Partnership をモデルに，社員全員が有限責任でありながら，会社運営に関して大幅な自治を認め，株式会社に比べ規制コスト等の節約を図れる制度として導入されました。
- 現在，小規模な企業はもちろん，Apple Japan やアマゾンジャパンなどのアメリカの会社の子会社等，アメリカ本国の税制（いわゆるパススルー課税）との関係でこの合同会社制度を利用している大規模企業もみられています。
- 利益の配当や出資の払戻しに関して，株式会社制度における剰余金の分配に関する規制と類似した規制が設けられています（会社法625条以下参照。ただし，株式会社について強制される決算公告は合同会社には義務づけられていません）。

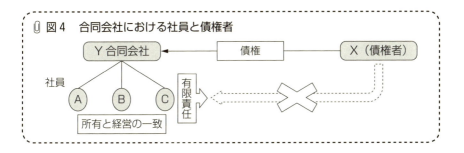

図4　合同会社における社員と債権者

(2) 株式会社
- 社員は株主と呼ばれ（社員としての権利等，会社と社員間の法律関係の総体は「株式」と呼ばれます―後掲コラム（91頁）参照），株主は「株式の払込みまたは給付」という形で会社に対する出資義務を負うだけで，会社債権者に対しては何ら責任を負わないという，間接有限責任を負うのみとされています（会社法104条）。
- 他の会社類型と比較して情報開示制度が充実しており，決算公告が強制され（会社法440条），上場会社等については，金融商品取引法に基づく情報開示制度（ディスクロージャー制度）に服することになります。
- 株主の投下資本の回収は，原則として，持分（株式）の譲渡によります（会社法127条参照）。
- 日本では，他の会社類型と比較して，株式会社の数が圧倒的に多く，会社ごとに多様な規模・株主構成がみられています。
- 会社によっては，広く証券取引所等の資本市場から資金調達を行っているものもみられます（上場会社）。
- 大規模会社・上場会社では実質的に経営に関わる権限が中央集権化されており（所有と経営の分離―第12講参照），法制度もそれを前提として構築・整備されています（例えば，同じ株式会社であっても，株主総会の権限が異なることもあり得ます―第11講参照）。

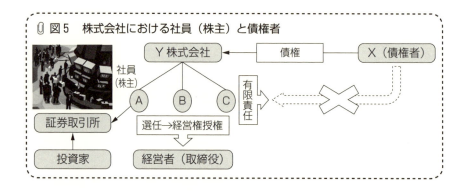

図5 株式会社における社員（株主）と債権者

◆コラム 「持分」と「株式」

会社の構成員である社員は，その資格において会社との間で種々の法律関係に立っています（剰余金配当請求権や総会における議決権を有している，といったことなど）。このように社員が会社との間で有する法律関係の総体を「持分」といい，特に株式会社における「持分」については「株式」と呼びます。

持分会社（合名会社，合資会社，合同会社）では，各社員がそれぞれ1個の持分を有し，その持分の内容が，出資の価額（会社法576条1項6号）や損益分配の結果（会社法622条）を反映してそれぞれ異なるという「持分不均一主義」が採られています。

株式会社における株式については，原則として，均一の割合的単位の形をとるという持分均一主義が採用されており，株主側で勝手に細分化して複数人で所有することはできません。各株主はそうした株式を複数所有することができることとされています（持分複数主義）。

このような制度設計により，株式会社の発行する株式は，市場に流通しているどの株式をとっても当然に均一なので，価格も形成されやすく，その結果，取引もしやすくなります。また，株主の会社に対する関わりの深さも保有株式数によって客観化されることになるので，株主・会社間の集団的な法律関係も簡便に処理することが可能になります。

◆コラム 特例有限会社

読者の皆さんの中には，街中を歩いていて，「㈲○○○○」といった会社名の入った看板や，自動車を見たことがある人もいるのではないでしょうか？

実は，平成18（2006）年5月に会社法が施行される以前，わが国には，中小企業向けに株式会社制度に類似した有限会社制度が存在していました。「㈲」というのはこの有限会社を略したものです。

会社法を制定する際，わが国では，中小企業であっても，株式会社の形態を好むものが多かったことから，会社法の施行に伴って有限会社制度は廃止することにし，有限会社に関する規律は，原則として株式会社制度に統合されました。そのため，会社法が施行された平成18（2006）年5月以降は新たに有限会社を設立することはできなくなりました。他方，すでに存在していた有限会社については，その数も少なくはなかったことから，全面的に有限会社制度を廃止して株式会社制度に移行した場合の影響の大きさに鑑み，株式会社へ完全に移行する手続きを経ない限り，従前通り有限会社を商号に使用し続けることを認め，また，従前の有限会社制度と実質的にほぼ同様の規律に従う道を選択できるものとされました。こうした会社のことを「特例有限会社」といい，現在でも株式会社の数の中で相当の割合を占めています。

第10講●会社制度の特徴と会社の種類　*91*

第11講 株式会社の経営機構と監視・監督制度

Q1 株主有限責任とはどのような意味ですか。

Q2 会社法において,「公開会社」と「大会社」はどのような会社のことをさしますか。

Q3 株式会社の機関にはどのようなものがあり,それぞれどのような役割を果たしていますか。

1 株式会社の多様性

本講では,株式会社に関する制度について詳しくみていきます。

第10講で述べたように,わが国では中小企業から大規模企業まで,多様かつ非常に多くの企業が株式会社制度を利用しています。代表的・典型的な株式会社の類型とそれぞれの特徴は次頁の**表1**のようになっています。

📎 表1　わが国における株式会社の多様性

株式会社	特色・要請	経営管理体制 （機関設計）の傾向
上場会社 （約3,700社）	＊多数の株主がいる。そのうえで、株主自らは経営を行わず、専門家に経営を任せている。他方で、所有と経営が分離していることから、株主に代わって経営のチェックを行う機関を必要とする。 ＊債権者、従業員等の多くのステークホルダー（利害関係者）が存在している。そのため、倒産した場合に社会的影響が甚大となる。 →財務情報の信頼確保の重要性・必要性	監査役会設置会社、監査等委員会設置会社または指名委員会等設置会社のいずれかの機関設計の採用が強制される。また、会計監査人による会計監査が強制される。 会社法の要請以外にコーポレートガバナンス・コードを遵守する必要があり、株主以外のステークホルダーとの適切な協働や独立取締役の有効な活用などが求められる。
企業グループ内における（完全）子会社、合弁会社（JV）	＊親会社（場合によっては持株会社）や合弁当事会社による経営管理が行われている。一般に所有と経営は一致している。 ＊原則として一般の投資家は存在しないが、規模の大きさゆえに債権者等のステークホルダーが多数にのぼる可能性があり、財務情報の信頼確保の重要性・必要性がある。 →連結情報の重要性	原則として上場会社に準じるが、企業グループ全体としての経営管理体制を整備している企業グループでは、個々の子会社の機関構造を簡素化している例もみられる。
ベンチャー企業	＊比較的早期に上場会社となることや大企業に買収されることを目指し、ベンチャー・キャピタルや投資ファンドなどからの出資を受けている。 ＊ベンチャー・キャピタルや投資ファンドなどの株主が大きな影響力を有しており、経営陣の中に一定の人材を送り込む例が多い。 ＊ベンチャー・キャピタルや投資ファンド以外の利害関係者も存在するが、一般の上場会社ほど、種類・人数は多くない。	会社ごとに多様であるが、上場・大規模化に向けて、徐々に上場会社に準じていく。
中小規模の非上場会社 （100万社超）	＊「株主＝経営者およびその関係者」であることが多く、所有と経営が一致している。 ＊同族企業が多い。 ＊利害関係者は一般的に少数である。	株主総会の決議により取締役（経営機関）を選任することが強制され（基本型）、会社によっては監査役も設置されるが、比較的簡素な機関設計が採られている例が多い。

第11講●株式会社の経営機構と監視・監督制度　*93*

このように幅広い企業が株式会社制度を利用しているという現状を踏まえ，わが国の会社法は，株式会社が発行する株式が頻繁に譲渡される可能性（株式の流通性），そして，資金規模に着目して，株式会社を公開会社とそうでない会社（会社法2条5号参照），また，大会社とそうでない会社（会社法2条6号参照）に分類し，それぞれの類型に当てはまる会社に対して，適宜，適切な制度を用意しています（後掲の**表2**参照）。その代表的な例が本講で取り上げる機関設計に関する制度です。

2　株式会社の機関

　会社は，人間がある種人為的に作り出した法人制度の一つです。あくまで人為的に作り出したものですので，当たり前ですが，会社そのものが意思を持ったり，自ら行動したりするということはありません。法人としての会社の意思や行動は，必ず個々の自然人や自然人が集まって開かれる会議体などを通じて表明されたり，実現されます。そうした場合における法人（会社）としての意思決定，その運営や管理に関わる自然人や会議体のことを「機関」といいます。

　特に株式会社制度については，構成員である株主が多数にのぼる可能性があり（中には，数百万人の株主がいる株式会社もあります），そうした中でも，会社としての意思決定や行動がスムーズになされる必要があることから，そのための仕組みを用意しておく必要が出てきます。また，次頁のコラムで述べる「**株主有限責任**」という特徴により，債権者を保護するために，他の会社類型と比較してより適切に運営や管理が行われる要請も生じます。

　さらに，上場会社については，多くのステークホルダー（利害関係者）の利益保護の要請や，社会的な影響の大きさといった観点から，会社業務の適正さがより一層求められることになります。

　こうしたことから，会社法は，特に株式会社について他の法人や会社類型と比較してより詳細に各種機関に関する規定を設けています。

◆コラム　株主有限責任

　会社法は,「株主の責任は,その有する株式の引受価額を限度とする」と定めています(会社法104条)。厳密に言えば,株式会社に出資をして株主となろうとする者は,株式の発行を受ける前の段階で,自らが引き受けた株式に関する払込みを先に行う必要があるので,その後で株式の発行を受けて株主となった後は,原則として,もはや会社の事業や業務に関して何らの責任も負うことはありません。ここが,第10講で説明した合名会社や合資会社の社員が置かれている立場と大きく異なっている点です。株主は自らが負う可能性のある最大限のリスクが出資額(または他の株主から譲渡された価額)に限定されるので,そのことがわかっている分,株式会社に対する投資がしやすくなるといえます。

　他方で,このように株主の責任が有限とされていることにより,会社の債権者などの信頼の拠りどころは,会社の財産状況や,会社自身または会社を取り巻く利害関係者を含めた全体としての信用,ということになります。

　そのため,株式会社は,他の会社類型以上に,その業務が適正に行われるための仕組み(本文で述べている一定の機関設計をとることの強制もこれに含まれます)が求められることになるのです。

3　株式会社の機関─総説

　前述したように,会社法は,株式会社に関して,**公開会社**かそうでない会社か,さらに,**大会社**かそうでない会社か,といったことにより,大まかに次の**表2**のように機関を配置することを求めています(会社法295条以下,325条〜328条参照)。

　いずれにしても,株式会社には,自らの機関設計について,裁量の幅が認められています。特にその裁量の幅が広いのが,大会社でもなく(非大会社),公開会社でもない会社(非公開会社)ですが,そうした会社の中でも最もシンプルな機関設計を採るものは,**図1**のようになります。

　また,中規模程度以上の会社で,株主総会以外の機関として,「取締役会」,「監査役」および「会計監査人」を置いている会社を念頭に置いた機関設計については**図2**のようになります。

第11講●株式会社の経営機構と監視・監督制度　*95*

📎 表2　公開・閉鎖基準と資金規模基準による機関設計の違い

	大会社 （資本金5億円以上または負債総額200億円以上の会社）	非大会社
公開会社 （譲渡自由株式発行会社）	機関設計の自由をあまり認めず、会計監査人（公認会計士または監査法人しかなれない）の設置が強制され、監査役会設置会社、監査等委員会設置会社または指名委員会等設置会社のいずれかの機関設計の採用が強制される（詳細については第12講参照）。	3名以上の取締役によって構成される取締役会が置かれ、監査役の設置も強制される。 →公開会社は常に「取締役会設置会社」でなければならない。
非公開会社 （全株式譲渡制限会社）	会計監査人の設置が強制される。 →大会社は常に「会計監査人設置会社」でなければならない。	最低限、株主総会と取締役を置けばよいとされ（このように取締役会を置かない機関設計の場合、原則として各取締役が業務執行を行い、会社を代表する）、機関設計について、定款自治（次頁のコラム参照）による多くの自由が許容されている（ただし、最も簡素なものでも、株主総会と取締役の設置は強制される）。

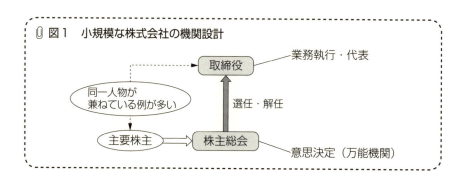

📎 図1　小規模な株式会社の機関設計

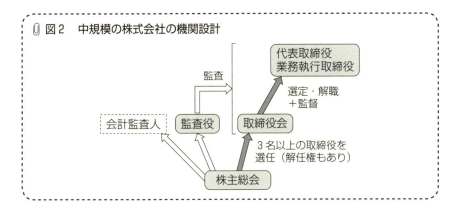

◆コラム　定款自治

　定款とは，法人という実体のつかみづらい存在について，その組織や活動に関する基本的な事項を記載または記録したものをいいます。株式会社では，会社の目的（どのような事業を行う会社か），商号，本店の所在地などを定款に記すこととされています（会社法27条参照）。また，そうした事項以外にも，表2で示したような機関設計について，会社法で設置が強制されている機関に加えて，どのような機関を任意に設けているか，といったことも定款に記載されます（会社法326条2項）。

　こうした定款の内容についての変更は，株主総会の特別決議（後記4(3)参照）によって行われます（会社法466条・309条2項）。このため，定款はある意味で会社の組織や活動に関する株主の間での合意内容を表したものとみることもできます。

　近時の会社法は，株式会社の機関設計や活動のあり方について，一つの形を厳格に強制するようなことはせず，定款に定めを置くことによって，会社法に規定された内容とは異なる形で活動することを広く認めるようになっています。こうした状況は「（株主による）定款自治の拡大」などと言われています。

　こうした定款自治の拡大が行われている背景には，株式会社制度を利用している企業が多様であり，それぞれの株式会社の実情に合った組織づくりや活動を可能にする，といった配慮や，さらに，株式会社を株主その他の関係者間の契約とみるところからスタートする経済学分野での議論（株主達が会社の組織や活動のあり方について，会社法に定めているものとは異なる形を採ることを選択し，そのことを定款で明確にしている場合は，原則としてそうした株主達の選択を尊重すべきであるという考え方）などの影響を受けているといわれています。

　以下では，各機関の役割について，その概要をみていきたいと思います。その際，本講では，原則として中規模以上の会社，機関設計で言えば，取締役会

を設置し，かつ，監査役を置いている会社（監査役設置会社—会社法2条9号参照）を主に念頭におくこととします。

4 株主総会

(1) 権　限

株主は，株式会社という法人の構成員です。その株主たちによって構成される株主総会は，会社法に規定された事項および定款で定めた事項について決議を行うものとされ（会社法295条2項・3項），会社において非常に重要な事項に関する決定権限を有しています。会社法に定められた決議事項としては，主に以下のようなものがあります。

① 取締役・監査役などの機関（構成員）の選解任
② 会社の基礎的変更に関する事項（定款の変更，合併・会社分割等の組織再編の承認，解散等）
③ 株主の重要な利益に関する事項（剰余金の配当等）
④ 取締役に委ねた場合に，株主の利益が害されるおそれが大きいと考えられる事項（指名委員会等設置会社以外における取締役の報酬の決定等）

上記の事項以外の株式会社における意思決定については，原則として，取締役会や代表取締役等に委ねられます（会社法362条2項1号・4項・5項）。

なお，取締役会を設置していない株式会社における株主総会の権限は，会社の組織，運営，管理その他に関する一切の事項について決議できるとされており，ある種の万能機関として位置づけられています（会社法295条1項参照）。

◆コラム　株主提案権制度
　会社法は，一定の株主に対して，株主総会で話し合う事柄やすでに話し合うことが決まっている事項について自らの案を提示する権利を認めています。

公開会社についていえば，原則として，総株主の議決権の100分の1以上または300個以上の議決権を6か月前から引き続き有する株主は，取締役に対して，株主総会の8週間前までに，一定の事項を株主総会の目的とすることを請求できるとされています（会社法303条2項）。こうした権利を一般に「議題提案権」といいます。

また，株主は，株主総会の場において，総会の目的である事項（この事項，すなわち，議題は当該株主が議決権を行使できる事項に限ります）につき，自らの案（議案）を提出することもできます（会社法304条。ただし，同条ただし書により，提出された議案が法令や定款に違反する場合，または，過去に議決権の10分の1以上の賛成を得られなかった議案と実質的に同一の議案であって，その決議から3年を経過していない場合には，会社は当該提案を拒絶できるとされています）。こうした権利を一般に「議案提案権」といいます。さらに，議題提案権の提案要件を満たす株主は，取締役に対し，株主総会の8週間（この期間も，定款によって短縮可能です）までに，株主総会の目的である事項について，当該株主が提出しようとする議案の要領を会社から株主に対して通知するように請求することもできます（会社法305条1項）。

近年，このような株主提案権の行使事例は増加傾向にあり，その内容として剰余金の分配額の増加といった，株主の立場からすれば当然あり得る提案がなされた例もみられています。一方で，電力会社に対して原子力発電をやめる旨を定款に明記することを求めたり，環境問題に関する施策について提案したりするといった，提案の趣旨や内容は理解できるものの，株主総会という場での議論や決議になじむのか疑問のある提案も散見されています。また，たった1人の株主が1社に対して数十にも渡る株主提案を行う例もみられており，その中には，明らかに不合理な内容の提案が含まれる例もあることから，令和元（2019）年の会社法改正により，株主による提案の数を実質的に10に制限することとされました（会社法305条4項・5項。なお，取締役など役員等の選解任に関する議案については，複数人にわたるものであってもまとめて1つの議案とみなすものとされています）。

(2) 招集手続き等

株主総会は，日時や場所など，会社法298条1項に掲げられている事項について取締役会が決議し，当該決議を代表取締役が執行する形で招集されます（会社法296条3項・298条4項参照）。

定時株主総会については，事業年度ごとに開催することが要求されます（会社法296条1項）。また，株主の権利行使の基準日を定めた場合は当該基準日から3か月以内に行使させなければならないとされ（会社法124条），そのことと決算手続等との関係で，3月末に決算日と権利行使の基準日を設定している会

社の多くは6月の下旬に株主総会を開催しています。

　株主総会の開催場所については，現行の会社法が制定される以前は，本店所在地またはそれに隣接する地に招集することとされていましたが，現在はそうした規制は撤廃され，株主の分布状況・出席人数などを勘案して決めることができるようになっています。

　なお，株主総会の招集通知は，株主に出席の機会と準備の機会を与えるために，総会開催日の2週間前までに発しなければならないとされています（会社法299条）。また，令和元（2019）年の会社法改正では，株主総会における議決権の行使について参考となるべき書類（会社の財務面の情報が記載された計算書類や事業に関する報告など）について，書面ではなく，株主に対して電子的に提供をすることを可能にする法改正がなされ，上場企業等については，そのような形で提供することが強制されることとされました（会社法325条の2～325条の7，社債，株式等の振替に関する法律159条の2第1項）。

(3)　議決権の行使方法と決議の種類

株主総会における議決権の行使方法は，次の方法によります。

①　株主自身が株主総会に出席してその議決権を行使する。
②　代理行使（ただし，定款で代理人資格を株主に限定している場合が多い）…上場会社等については，委任状勧誘に関して金商法に基づく規制あり（金商法194条，金商令36条の2，委任状勧誘府令等参照）。
③　書面投票（議決権を有する株主の数が1,000人以上の会社では必須―会社法298条2項）
④　電磁的方法―電子投票（会社法298条1項4号）

　＊なお，平成22（2010）年3月31日に改正された「企業内容等の開示に関する内閣府令」により，上場会社については，臨時報告書において「株主総会における議案ごとの議決権行使の結果（賛成，反対，棄権の意思の表示にかかる議決

権の数等）」の開示が求められることになりました（ただし，同府令19条2項9号の2参照）。このため，上場会社の株主総会で扱われた議題は，どれだけ賛成または反対の議決権行使がされたか，対外的にわかるようになっています。上場会社にとっては，なるべく多くの賛成を得られるような議案を提案しなければならないというプレッシャーが強まってきているといえるでしょう。

　また，株主総会における決議の種類ですが，次にみるように，決議事項によって，定足数や必要とする賛成の割合が異なります。

① 　普通決議＝原則として，株主の議決権総数（1株1票で計算）の過半数を持つ株主が出席して（定足数），出席した株主の議決権（同上）の過半数の賛成をもって行う決議（会社法309条1項）
　　→役員等の選任・報酬決定，剰余金処分など
② 　特別決議＝原則として，株主の議決権総数（1株1票で計算）の過半数を持つ株主が出席して（定足数），出席した株主の議決権（同上）の3分の2以上の賛成をもって行う決議（会社法309条2項）
　　→組織再編，定款変更など
③ 　特殊決議＝株主の人数ベースで半数以上が賛成し，かつ，その賛成株主の議決権数が株主全体（欠席株主も含む）の議決権の3分の2以上であることを必要とする決議（会社法309条3項はしら書）
　　→発行する全部の株式の内容として，譲渡による当該株式の取得について当該株式会社の承認を要する旨の定款の定めを設ける場合など（会社法309条3項1号～3号）

◆コラム　IT技術の進展と未来の株主総会
　近年，上場会社が海外の機関投資家（第12講参照）や個人株主との間での対話を促進しなければならないという気運が高まっており，また，IT技術が著しく進展してきたことも相俟って，株主総会に関する情報について，それを電子的に提供し，さらに議決権行使を電子的な方法によって行えるようにしていく動きがみられます。

第11講●株式会社の経営機構と監視・監督制度　*101*

現在，東京証券取引所と民間の会社が共同で設立した会社が，主に機関投資家向けに，上場会社の株主総会について議決権行使に関する指図（賛成か反対かの意思表示）を電子的に行うことを可能にする仕組みを提供しています。こうした仕組みは，今後，個人株主に対しても提供されるようになるでしょうし，物理的な場所で開催されるリアルな株主総会に，遠隔地の株主がインターネット等の手段を用いて参加することを認める，いわゆるハイブリッド型バーチャル総会の開催に関する議論も経済産業省の主導ですすめられています。さらに，将来的には，現実の会議体としての株主総会を開催しない，完全にバーチャルな株主総会の開催も認められていくことになるかもしれません。実際に，そうしたバーチャルな株主総会の開催を認めていこうという主張も有力に唱えられており，アメリカの一部の州では，すでにそうしたバーチャルな株主総会を開催することが認められています。

5 取締役会

取締役会は，取締役会設置会社のすべての取締役で組織される機関です（会社法362条1項）。取締役会は，①重要な財産の処分や譲受け，多額の借財など，会社にとって重要な業務執行の決定を行うこととされているうえ（会社法362条2項1号・4項参照），②個々の取締役の職務の執行を監督し（同条2項2号），③代表取締役・業務執行取締役の選定・解職を行うこととされています（同条2項3号・363条1項2号参照）。

近年では，特にわが国の大企業において，絶え間なく企業不祥事が続いていることから，取締役会の②と③の役割に注目が集まっています（第12講参照）。

6 代表取締役

取締役会設置会社において，代表取締役は大きく二つの役割を担っています。一つの役割は，内部的な業務執行です。すなわち，株主総会や取締役会で決議した内容を執行するというものです。この内部的業務執行は，代表取締役のほか，取締役会の決議によって選定された業務執行取締役（会社法363条1項2号参照）も行うことができ，さらに，会社の使用人が代表取締役や業務執行取締

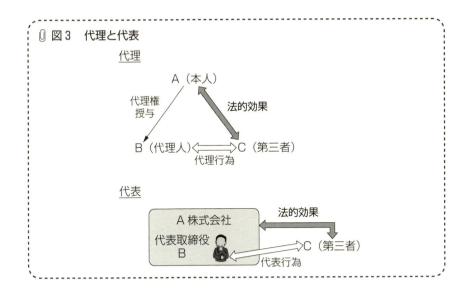

図3 代理と代表

役から委任を受けて行うこともあります。

　代表取締役のもう一つの役割は，会社を代表して対外的な行為をすることです。ここで「代表（行為）」とは，法人である会社の名前で外部の第三者との間で取引などの行為をして，それらの行為の効果を会社に帰属させることをいいます（**図3**参照）。すなわち，法人としての株式会社の行為は，原則として，代表取締役の代表行為を通じて行われます（なお，会社の使用人が，会社を代理して，会社としての行為をすることもあります。会社法10条以下参照）。

7　監査役

　監査役は，業務執行を行う者とは独立した立場から（会社法335条2項参照），取締役の職務の執行を監査します（同法381条1項）。監査役が行う監査は，大きく①取締役が自ら行う業務執行と取締役から委任を受けた使用人が行う業務執行について監査を行う業務監査，および②会計に関わる監査（会社法436条参照）の2つの種類の監査があります。特に前者の業務監査については，取締役

の職務の執行が法令・定款に違反していないかチェックすることがその仕事ということになりますが，そうした役割を実効的に果たすために，取締役などに事業の報告を求めたり，子会社も含めて業務や財産の状況を調査したりする権限が認められています（会社法381条2項・3項）。

8 会計監査人

　会計監査人は，計算書類等の会計に関わる監査を行う者です。（会社法436条2項参照）。この会計監査人は公認会計士または監査法人（5人以上の公認会計士である社員を含み，全社員の75％以上が公認会計士であって，公認会計士法に基づいて設立される法人）でなければなることができません（会社法337条1項）。いわば専門的な見地から，株式会社の会計面の監査を行うのが会計監査人の役割ということになります。

　多くの資金を集めているといえる大会社，そして第12講で述べる監査等委員会設置会社および指名委員会等設置会社は，会計監査人を必ず置かなければならないとされています（会社法328条・327条5項）。

　なお，上場企業等は，金融商品取引法により，会社が作成する財務計算に関する書類について，公認会計士または監査法人の監査証明を受けなければならないとされています（同法193条の2第1項）。そのため，上場企業等は，通常，1つの監査法人に対して，会社法上の会計監査人として会計監査を行うこと，そして，金融商品取引法上の監査証明を行うこと，という2種類の職務を委ね，それぞれの職務に関する監査報告（書）の提出を受けています。

第12講

上場会社とコーポレート・ガバナンス

Q1 「所有と経営の分離」および「経営者支配」とはどのような事象・状況のことを言いますか。

Q2 機関投資家とはどのような投資家であり，証券市場においてそうした投資家が台頭してきたことが企業や制度に対してどのような影響を与えていますか。

Q3 日本における上場会社向けの機関設計にはどのようなものがあり，それぞれどのような特徴がありますか。

1 上場会社とコーポレート・ガバナンス

　現在，わが国には，東京，大阪，名古屋，札幌，福岡の計5か所の証券取引所があり，そのうち，大阪証券取引所を除く4か所の取引所で株式や社債の売買が行われています（大阪証券取引所では，株式や社債といった有価証券そのものの現物取引はされておらず，主にデリバティブの取引が行われています）。これらの証券取引所において，自社の株式などの有価証券を流通させている会社のことを上場会社（listed company, publicly-held corporation）といいます。2020年2月の時点でわが国における上場会社の数は約3,700社です。

　こうした上場会社については，伝統的に次のようなことがいわれてきました。すなわち，1932年，アドルフ・バーリとガーディナー・ミーンズは，その有名な著書である『The Modern Corporation and Private Property（現代株式会社と私的財産）』の中で，当時のアメリカの上場会社の状況やその発行している

105

株式の分布状況などを踏まえて，次のような重要な指摘を行いました。

①　大規模な上場会社では，株式所有の分散によって大株主が消滅している。
②　①に加え，経営が複雑化・専門化していることにより，多くの上場会社
　　では，株主ではなく，自らは少数の株式しか保有していない経営者が事実
　　上株主総会を支配し，実質的な経営権をその手中におさめている（**所有と
　　経営の分離**）。

　バーリとミーンズは，上記のような指摘を行い，特に②の所有と経営の分離
との関係で，すでに当時から一部の経営者たちが，株主たちの利益を犠牲にし
て自らの利益を追求しうる立場にあり，実際にそうした立場にあることを利用
して不正な行為が横行していることを明らかにしました。その上で，上場会社
が証券市場に対してより一層の情報開示を行うことや，インサイダー取引を禁
止するための規制をおくことの必要性などを説きました。

　上場会社が置かれている状況は，時代ごとの，そして，近時では国際情勢を
含む社会の状況，国によって異なる株式の分布状況などによっても異なってき
ます。したがって，一概にすべての国のあらゆる上場会社について同じような
ことが言えるとは限りません（例えば，日本においても，すべての上場会社で株
式が分散所有され，大株主が存在していないということはありません。一部の上場
会社は，親会社等の大株主・支配株主を持ちながら上場を続けていますし，ヨーロッ
パの国々の中には，フランスやイタリアのように，大株主・支配株主の存在する上
場会社の割合が高い国もあります）。ただ，株式所有が分散化しているという状
況は，現代のアメリカやイギリス，そして日本において特に顕著であり，上記
のバーリ＝ミーンズの指摘は日本にもおおよそ当てはまると思われます。

　こうした中，ここ数十年にわたり，世界各国で上場会社に関する重要な問題
として盛んに議論されてきたのが，コーポレート・ガバナンス（corporate gov-
ernance）に関する問題です。

　コーポレート・ガバナンスに関わる議論は，アメリカにおいて，1970年代の

終わり頃から，法律に関わる分野に限らず，経済学や経営学など，多分野にわたる形で議論されてきたものです。特にアメリカの法律分野についていえば，敵対的な企業買収が盛んに行われることになったり，機関投資家が存在感を増してきた（後記3参照）といった状況の中で，株主だけではなく，従業員，取引先，地域住民といった企業の様々な利害関係者（ステークホルダー）の利益をも考慮した上で，上場会社についてどのような統治・管理・監督のための仕組み作りを行っていくべきか，といったことについて関心が集まり，これまで多くの議論や，そのような議論に基づく制度改革が行われてきました。

その後，同様の議論は，他の国々においても大企業の不祥事などを契機として盛んに行われるようになりました。近時は，不祥事の防止という観点だけではなく，経営の効率性の確保といった観点をコーポレート・ガバナンスに関する法制度にどのように組み込んでいくことが企業の業績や国家として競争力を向上させていくことに結びつくか，といった面からも議論がなされてきており，その成果は各国における様々な立法や制度の構築，自主規制機関を含む各種団体等による提言等に反映されてきています。

2 日本におけるコーポレート・ガバナンス論

日本においても，1990年代初頭にいわゆるバブル経済が崩壊して以降，大企業において不祥事が頻発し，それらをきっかけにコーポレート・ガバナンスに関する議論が活発に行われてきました。特に1993（平成5）年に当時の商法が改正され，株主代表訴訟制度（第14講参照）の改革が行われたことにより，様々な会社の経営者たちの責任が司法の場で問われることになったことなどを契機として，コーポレート・ガバナンスに関する議論は多くの人々に幅広く認知されるところとなり，それ以降，様々な分野・立場の人によって，多様な視点から議論が行われてきました。

ところで，わが国の上場会社については，上述した所有と経営の分離や経営者支配の問題に加え，以下の点に起因する問題があることが指摘されてきてお

第12講●上場会社とコーポレート・ガバナンス　*107*

り，今後のわが国のコーポレート・ガバナンスのあり方について考えていくうえで意識しておく必要があります。

① 従業員の立場や地位の重視（終身雇用，年功序列），労働市場における正社員の流動性の低さ
② 経営陣や取締役会構成員における従業員出身者の多さ
③ いわゆるメインバンク・システムに代表される金融機関の影響力の強さ（ただし，一定規模の会社に関しては，近年，金融機関の影響力が弱まってきているといわれています）
④ （特に従来よくみられていた）株式の持合い

以上の4つの点，特に正社員の労働市場における流動性の低さや経営陣・取締役会構成員における従業員出身者の多さといったことは，ある意味では従業員としての地位が長期にわたって守られてきたことの結果であるということもできます。したがって，見方によってはポジティブな捉え方もできなくもありません。他方で，実際の企業不祥事，例えば，不適切に会社資金が使用されたり，いわゆる粉飾決算が行われたような事例を見てみますと，上記の4つの点のいずれかが不祥事の原因や温床になっていたと捉えられる例も多くみられています。このため，わが国の上場会社に顕著にみられる上記の点に起因するマイナス面をカバーする制度のあり方が問われてきています。

3　機関投資家の台頭

近年，先進国の証券市場では，株主投資を行う主体として，特に**機関投資家**の動向に注目が集まっています。

この機関投資家については，それ自体，明確な法律上の定義があるわけではありません。一般的には，顧客等から資金の運用等を受託し，国や企業等が発行する有価証券への投資を行う資産運用者（投資ファンド，投資運用会社など），

構成員の年金資産の運用を行う年金基金，さらに保険会社等の一部の金融機関がこれに当たるとされています。近年のわが国では，国民年金や厚生年金における保険料収入の余剰分を積み立てた年金積立金について運用を行っている年金積立金管理運用独立行政法人（GPIF）が，株式投資に対する割合を増やすなど，国内の機関投資家も株主としての存在感を高めてきていますし，さらに，外国の機関投資家も日本の証券市場において目立った存在になってきています。

図1はわが国の証券取引所に上場している会社における部門別の株式保有比率を表したものです。これによると，わが国の証券市場において保有比率が最も高いのは「外国法人等」（約30％）であり，外国の機関投資家の影響力が特

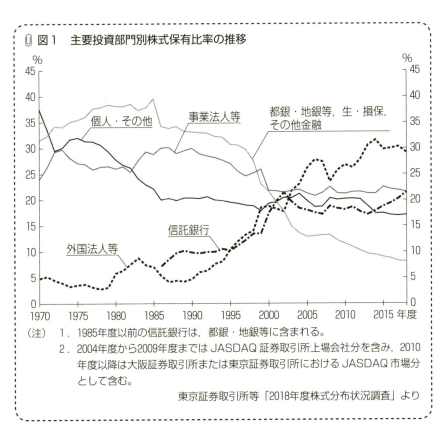

図1　主要投資部門別株式保有比率の推移

(注)　1．1985年度以前の信託銀行は，都銀・地銀等に含まれる。
　　　2．2004年度から2009年度までは JASDAQ 証券取引所上場会社分を含み，2010年度以降は大阪証券取引所または東京証券取引所における JASDAQ 市場分として含む。

東京証券取引所等「2018年度株式分布状況調査」より

第12講 ● 上場会社とコーポレート・ガバナンス　109

に強まってきていることがわかります。

このように機関投資家の台頭が顕著になってきている今日，上場会社では，機関投資家を含む多様な投資家との間で良好な関係を築いていくことの重要性が高まっています。いわゆる IR（Investor Relations）に関わる専門部署を設ける上場会社が増えてきているのも，そうしたことの表れの一つであるといえるでしょう。

ところで，海外も含めてみてみますと，機関投資家には様々なタイプのものがあり，中には短期的な運用成果をあげるべく，投資先の上場会社等に対して無理難題を突きつけたり，そこまではしないものの，性急な変化を求めたりする機関投資家も存在します。仮にそうした機関投資家にターゲットにされ，その言いなりになってしまうと，会社は長期的な成長を望めなくなってしまいます。多様な機関投資家と適切な距離感を保ちながら，会社の成長に必要な資金を集めていくということは，現代の上場会社や証券市場にとって，極めて重要な課題になっています。

ただ，最近では，個々の上場会社の対応を越えた施策を講じている市場や国もみられています。例えば，イギリスでは，平成20（2008）年に起こったいわゆるリーマンショックの原因の一つが，市場に蔓延していた一部の機関投資家らによる短期的な利益の獲得を目的とした行動にあったとした上で，後述するコラム「コンプライ・オア・エクスプレイン（comply or explain）」の中で取り上げている FRC という団体が，2010年にスチュワードシップ・コード（Stewardship Code）というものを策定しました。そして，同コードの中で，機関投資家らに対して，投資先の企業との間で企業戦略，パフォーマンス，リスク，資本構造，さらには企業文化や報酬を含めたコーポレート・ガバナンスのあり方について，幅広い観点から 質の高いエンゲージメント（目的をもった対話）を行うことを求めることとしました。

その後，イギリスと同様の取組みが，世界各国で行われるようになりました。日本でも，平成26（2014）年，金融庁が「日本版スチュワードシップ・コード」（平成30（2018）年5月に改訂）を策定し，その中で，機関投資家に対し，投資

先の日本企業との間で事業環境などに関する深い理解に基づく建設的な「目的を持った対話」を行い，そのような対話を通じて，投資先企業の企業価値の向上や持続的成長を促すとともに，もって機関投資家の顧客や受益者にとっても，中長期的な投資リターンの拡大が図られるよう，機関投資家にそのための責任を担うように仕向ける（すなわち，同コードの内容を受け入れる機関投資家には，その旨の金融庁への届出と対外的にその旨を表明させる）施策を打ち出しました。

令和元（2019）年12月の時点で，日本版スチュワードシップ・コードの受け入れを表明した機関投資家等は273にのぼっています。

4　日本における上場会社向けの機関設計

次にわが国における上場会社の機関設計についてみていきたいと思います。上場会社は，会社法上，公開会社であり，かつ，大会社に該当します（会社法2条5号・6号参照）。こうした会社は，以下に説明する，監査役会設置会社（同条10号），指名委員会等設置会社（同条12号）または監査等委員会設置会社（同条11号の2）のいずれかの機関設計を採用しなければなりません（第11講1～3参照）。

(1)　監査役会設置会社

所有と経営の分離により，経営者層に実質的な権限が集中している上場会社においては，通常であれば，株主総会に議案を提出する経営者層が，実質的に自らの支配下にある者を取締役や監査役の候補者として選任議案を提出し，株主総会においても株主等からもほとんど反対されることなく，そのまま選任される可能性が高いといえます。

特に，わが国の上場会社では，これまで従業員出身者が会社の業務執行者となる例が多く，結果として従業員から叩き上げのトップが会社を支配している会社もまだ多いようです。こうした状況の下では，新たな取締役や監査役は，会社内のヒエラルキーの中でより上位の立場にいる代表取締役らによって，実

第12講●上場会社とコーポレート・ガバナンス　*111*

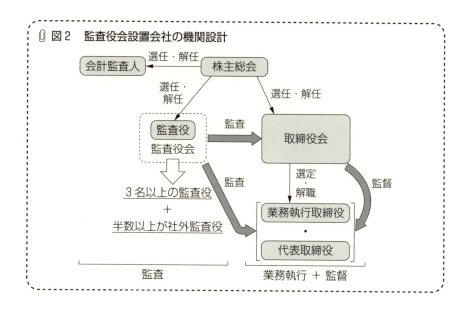

図2 監査役会設置会社の機関設計

　質的に選任されている可能性が高いといえます。そうなると，取締役や監査役たちは，特に代表取締役らが行っている業務執行行為について，独立した立場から適切に監督や監査を行っていないのではないかといった疑念も芽生えてきます。

　そこで，会社法では，監査役会設置会社については，監査役を3人以上選任することとした上，そのうちの半数以上は社外監査役でなければならないものとし（会社法335条3項。なお，社外監査役となれる者の要件について同法2条16号参照），加えて，監査の実効性を高める必要性から，併せて常勤の監査役を置くことも要求しています（会社法390条3項）。その上で，すべての監査役によって監査役会を組織することとし（会社法390条1項），監査役それぞれが行う監査活動に加えて，監査役会として監査報告の作成などを行うものとしました（同条2項1号）。

　こうした監査役会設置会社における監督・監査を中心とした仕組みの概要を示したのが図2となります。

(2) 指名委員会等設置会社

指名委員会等設置会社という機関設計は，業務執行者に対する監督機能の強化を図るために業務執行機関と監督機関を分離するアメリカのガバナンス・システム（後掲コラム（115頁）を参照）を参考にしたものです。この機関設計の下では，業務の執行については取締役ではなく，取締役会の決議によって選任される執行役が行うものとされ（会社法402条2項・418条），その執行役に対して業務執行に関する広範な決定権限も付与できる一方（同法416条4項参照），取締役会の内部に3名以上かつ，構成員の過半数が業務執行者らから独立した立場に立つ社外取締役（この定義については，会社法2条16号参照）によって占められることが要求される指名委員会，監査委員会および報酬委員会を設置することが要求され（会社法400条3項―なお，監査委員会については，構成員の全員が当該会社およびその子会社の業務執行者を兼ねることが禁じられています―同条4項），その代わりに監査役（会）は置かれないことになります。

その上で，指名委員会は，株主総会に提出する取締役の選任・解任に関する議案の内容を決定し，監査委員会は執行役や取締役等に対する業務監査と会計監査を行い，さらに報酬委員会は執行役や取締役等の報酬の内容を決定する権限を有するものとされています。すなわち，指名委員会等設置会社では，各委員会の決定事項や職務について，社外取締役らが過半数を占めているという構成のもとで決定されたり，執行されたりすることとされ，従業員出身者等の内部者の影響を受けづらくする仕組みが採られています。

他方，わが国の指名委員会等設置会社では，アメリカの上場株式会社のように，「取締役会全体」の構成については，社外取締役が過半数でなければならない，といった強制はなされていません。あくまで取締役会内部に設けられている各委員会の構成についてのみ，過半数が社外取締役であることが要求されるに留まっています。これは，日本では，まだまだ社外取締役のなり手が少ないことに鑑み，取締役会構成員の過半数以上を社外取締役とすることを強制したとしても，この制度を利用する会社の数を著しく少なくすることにしかならないと考えられたためです。

ただ，これまでのところ，この指名委員会等設置会社制度は，一部の電機メーカーや金融機関などが採用してきているものの，上場会社全体でみれば，それほど多くの会社には利用されてきませんでした（令和元（2019）年8月の時点で80社弱）。この背景には，伝統的に内部者出身の代表取締役らが行ってきた取締役の人事や各役員らの個別の報酬の決定について，指名委員会等設置会社では社外取締役が過半数を占める指名・報酬委員会が行うとされていることに対し，否定的な会社が多かったためといわれています。このことは，次に述べる平成26（2014）年の会社法改正における新たな監査等委員会設置会社制度の導入へとつながっていきました。

　指名委員会等設置会社における監督・監査を中心とした仕組みの概要を示したのが次の図3です。

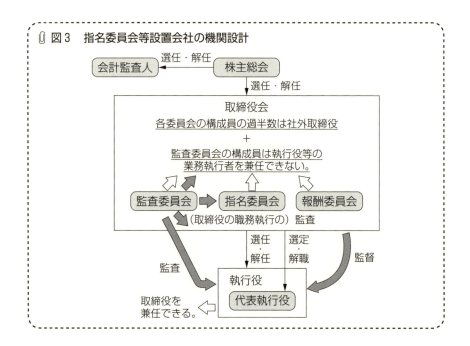

図3　指名委員会等設置会社の機関設計

◆コラム　モニタリング・モデル

　わが国の法制度にも大きな影響を与えているアメリカでは，上場会社において業務執行者に対する監督機能を強化するため，業務執行機関と監督機関を分離するというガバナンス・システム（機関設計）が採られています。

　すなわち，取締役会（Board of Directors）の構成については，過半数の取締役が業務執行者から独立した立場の者でなくてはならないとされ（現実の上場会社では取締役の80％から90％は独立した立場の取締役となっています），かつ，そうした構成の取締役会が業務執行者（officers）の選任権・解任権を保持しつつ監視・監督を行うというガバナンス・システムが採られています。こうしたガバナンス・システムを「モニタリング・モデル」といいます。

　その上で，取締役会の職務として，近時では，CEO（Chief Executive Officer：最高経営責任者）などの上級の業務執行者を選解任することや，そうした人材の後継者プラン（succession plan）を策定することが強調されるようになっています。

　これに対し，日本の上場会社では，従業員出身の業務執行者らが，自分より下位の従業員の中から，次の業務執行者を事実上選任している例がまだまだ多いようです。

　これから先の将来，どのようにして経営者を決め，彼ら/彼女らに対する監督を行っていくことが，上場会社にとって，また社会にとって望ましいのか，国ごとでの模索が続けられていくものと思われます。

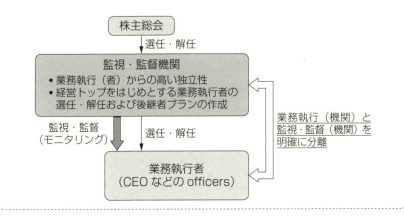

(3)　**監査等委員会設置会社**

　この機関設計は平成26（2014）年に行われた会社法の改正によって新たに導入されたものであり，従来の監査役（会）設置会社と指名委員会等設置会社の中間に位置するような機関設計です。この機関設計の下では監査役（会）は置

かれませんが，その代わり3名以上の取締役から成る監査等委員会を設置しなければならず，その構成員となる取締役（監査等委員）は，その過半数が社外取締役であることが要求されるとともに（会社法331条6項），株主総会が直接選任するものとされています（会社法329条2項）。また，任期についても，通常の取締役が1年とされているのに対し，監査等委員である取締役は2年とされています（会社法332条2項）。このように通常の取締役との間で違いが設けられているのは，監査等委員である取締役の独立性を確保するためです。

監査等委員会設置会社では，指名委員会等設置会社制度の下で置かれなければならない指名委員会や報酬委員会の設置は強制されていません（ただし，会社が任意にこれらの委員会を設置し，次期の取締役候補者や取締役の個別の報酬について取締役会に勧告させる仕組みをとることは可能ですし，実際にそのようにしている会社もあります）。ただ，監査等委員会がその構成員の中から選定する監査等委員は，監査等委員である取締役以外の取締役の選任・解任・辞任および

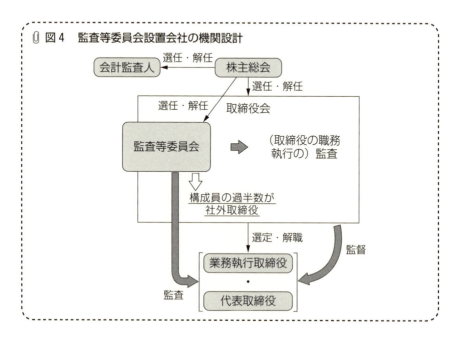

図4　監査等委員会設置会社の機関設計

報酬等についても，株主総会において意見を述べることができるとされています（会社法342条の2第4項・361条6項）。監査等委員会設置会社制度は，社外取締役が過半数を占める監査等委員会が，そのような株主総会における意見陳述権を持ち，必要な場合にそうした権利を行使することを通じて，指名委員会・報酬委員会に準じる機能を発揮することを期待した制度であるといえます。

　以上の監査等委員会設置会社における監督・監査を中心とした仕組みの概要を示したのが**図4**です。

5　社外取締役導入の促進へと向けた動き

　これまで説明してきた機関設計のうち，指名委員会等設置会社と監査等委員会設置会社では，委員会の構成員となる社外取締役が必ず選任されることになります。他方，監査役会設置会社については，従来は，必ずしも社外取締役を選任することは要求されてきませんでした。

　ただ，上場会社については，金融庁の下に設置された有識者会議によって策定され，2015年6月から東京証券取引所がその内容の実施を求めている「**コーポレートガバナンス・コード**」（平成30（2018）年6月改訂）の中では，次のように，一定の独立性の基準を満たした社外取締役の選任に関する原則が設けられています。

【原則4-8　独立社外取締役の有効な活用】
　独立社外取締役は会社の持続的な成長と中長期的な企業価値の向上に寄与するように役割・責務を果たすべきであり，上場会社はそのような資質を十分に備えた独立社外取締役を少なくとも2名以上選任すべきである。また，業種・規模・事業特性・機関設計・会社をとりまく環境等を総合的に勘案して，少なくとも3分の1以上の独立社外取締役を選任することが必要と考える上場会社は，上記にかかわらず，十分な人数の独立社外取締役を選任すべきである。

第12講●上場会社とコーポレート・ガバナンス　*117*

上記のように，東京証券取引所は，同取引所に上場している会社に対して，独立社外取締役の選任を求めています。その上で，上記の原則を含むコーポレートガバナンス・コードの内容については，そのすべてを上場会社に守らせるというスタンスを採らず，その内容を「実施するか，実施しない場合にはその理由を（コーポレート・ガバナンスに関する報告書において一筆者注）説明する（東京証券取引所有価証券上場規程436条の3参照）」といった，いわゆる「コンプライ・オア・エクスプレイン」というルール実施の手法（下記コラム参照）のもとで上場会社に対して要請するという形を採ってきています。

◆コラム　コンプライ・オア・エクスプレイン（comply or explain）
　近時，上場会社やその利害関係者（特に機関投資家）を規律するルールについて，それを国家の立法機関が制定する法律ではなく，証券取引所の上場規則や関連団体の定める諸原則といったソフトロー（第2講参照）の形式で定める例が各国においてみられています。
　こうした動きの背景には，本文で述べたスチュワードシップ・コードや，コーポレートガバナンス・コードを，イギリスでは議会の定める法律という形ではなく，FRC（Financial Reporting Council）という特別な団体が世界に先がけて策定しているということがあります。すなわち，そうしたイギリスの動きをきっかけとして，同様のルール実施の手法を各国が相次いで導入しているのです。なぜなら，そのようにしてルールを実施することは，同様の内容を法律として制定・施行する場合と比較して，証券市場や企業社会の状況を踏まえつつ，柔軟かつ迅速にルールの修正等の対応が採りやすく，また，市場参加者・関係者や専門家の意見などをより直接的に反映させやすいという利点があるからです。
　そして，そのようにしてイギリスをはじめとする多くの国々で採用されているスチュワードシップ・コードやコーポレートガバナンス・コードの特徴として挙げられるのが，本文でも述べた「コンプライ・オア・エクスプレイン（遵守せよ！　さもなければ説明せよ！）というルールの実施手法です。この手法の下では，企業がコードに書いてあるルールをそのまま遵守することが常に要求されるのではなく，コードに書かれている原理・原則の趣旨を別の手段によって達成することが可能である場合は，そうした代替手段を採った上で，そのことを説明（情報開示）するということが認められます。
　企業ごとの個別の対応を認めるというこうしたルールの実施手法がとられているのは，企業は，それぞれ事業内容，規模，事業を展開している場所や範囲が異なっており，置かれている状況も多様であるため，一律に決まったルールを課すということは必ずしも適切であるとはいえないと考えられていることがあります。こうしたルールの実施手法は，ルールを設定する側にとっても，ルールの適用を受ける企業や投資家側にとっても

受け入れやすいものといえ，今後，様々な分野のルールに広がりをみせていく可能性があります。

　なお，わが国では，この「コンプライ・オア・エクスプレイン」について，コードで定められている基本的な原則を含め，「遵守するか，または，遵守しない相当の理由を説明すれば，遵守しないことが認められる」との理解が一般になされているようです。

　しかし，イギリスをはじめとする多くの国々のコードにおける「コンプライ・オア・エクスプレイン」は，コードの中で「基本的原則」として定められている内容が，「基本的原則」のもとに定められている細目的なルールに従うことなく，他の代替手段を用いることによってより適切に達成可能である場合に，そのことについて説明を行った上で，細目的なルールに従わず，他の代替手段を採用することも認められる，という意味で用いられています。仮にいくら説明を行ったとしても，「基本的原則」に従わないということは許容されていないという点に注意する必要があります。

　上述したように，コーポレートガバナンス・コードは，機関設計に関係なく，上場会社全般について2名以上（会社を取り巻く環境等によっては，それ以上の十分な人数）の独立社外取締役を置くことを「要請」しています。他方で，会社法は，従前，指名委員会等設置会社と監査委員会等設置会社は別として，監査役会設置会社については，社外取締役（会社法2条15号）を置くことを義務づけてきませんでした。しかしながら，株主等から経営陣・業務執行者から独立した立場からの監督に対する期待や要望があることなどに鑑み，令和元（2019）年の会社法改正によって，上場会社等の公開会社であって大会社に該当する監査役会設置会社のうち，有価証券報告書の提出義務を負うものについては，（1名以上の）社外取締役を置くことが義務づけられることになりました（会社法327条の2）。

　以上，第11講からみてきたように，わが国の株式会社法制では，ただでさえ多数の機関設計の選択肢が用意されている上，会社法によって定められている上場会社向けのガバナンス・システムだけをみても3つの選択肢があるという状況となっています。

　他方で，わが国の上場会社は，コーポレートガバナンス・コードの原則に従ったとしても，アメリカなどのように，取締役会構成員の過半数が社外（独

第12講●上場会社とコーポレート・ガバナンス　*119*

立）取締役でなければならないということが要求されているわけではありません。したがって，わが国のコーポレート・ガバナンスに関する制度の下では，個々ないし少数の社外（独立）取締役に，業務執行（者）に対する監督という面で過大な期待がかけられているともいえます。こうした状況の下で，わが国のコーポレート・ガバナンスに関する制度が適切に実施されていくのか，当面は見守っていく必要がありそうです。

　一方で，現在でも企業不祥事等が相変わらず頻発していることに鑑みると，そうした企業不祥事等をなるべく抑制し，それによって国内外の投資家や様々な利害関係者からわが国の会社がより一層信頼を得られるようにするためには，コーポレート・ガバナンスのあり方について，より幅広い分野から様々な知見を集め，これまでよりも大胆な改革を行うことを視野に入れた議論を行っていく必要があるように思います。いずれにしても，近年，コーポレート・ガバナンスに関する法制度等は数年というスパンで変化してきています。将来何らかの形でビジネスに関わりを持つことになる読者の皆さんには，これからの動向にも関心を持ち続けてほしいと思います。

> **第13講** 役員等の義務と報酬規制

Q1 取締役，執行役，監査役などの会社の役員等は，その地位に就くことによって，どのような法律上の義務を負うことになるのでしょうか。

Q2 利益相反（的）行為とはどのような行為でしょうか。また，そのこととの関連で，特に競業避止義務とはどのような義務であり，さらに，どのような場合にそうした義務についての違反が認められるでしょうか。

Q3 会社の役員らの報酬はなぜ規制されるのでしょうか。また，近時では特に報酬の開示に関してどのようなことが求められているのでしょうか。

1 総 説

　取締役，執行役，監査役などの会社の役員等は，これまで説明したガバナンスに関する制度の下で一定の義務や責任を課されています。

　そもそも，役員等はこうした義務や責任に関する制度がなかったとしても，仮に不正・違法な行為を行ったり，そこまで悪質な行為でなくても，真面目に経営を行わなかった場合，それによって，会社の作る製品や提供しているサービスが市場や社会から受け入れられなくなる，といった形で誠実に職務を果たさなければならないというプレッシャーを受けることもあります。また，会社の評判が下がることにより，株式市場において株価が下がったり，債券を発行しても買い手がつかないとか，金融機関が融資をしてくれない，といった形で金融市場からプレッシャーを受けるかもしれません。そのような場合，役員等は，ときにその地位を他の人に取って代わられる，といった形で広い意味での経営者・人材市場からプレッシャーを受けることも考えられます。以上のよう

に考えると，わざわざ法律によって義務や責任を課さなくても，役員等は規律づけがされているようにも思われます。

とはいえ，これまでのわが国や海外の国々の経験に鑑みれば，会社の役員等は以上のようなことだけでは十分に規律づけられてきていませんし，これまでみてきたガバナンス制度もそうした規律づけを十分には補完できていません。このことは，近年でも企業不祥事が頻発していることからも明らかです。そこで，わが国をはじめとする主要国では，役員等に対して，一定の義務を課し，その義務を適切に果たさせるために，特定の行為について一定の手続きを経ることを要求したり，仮にその義務が十分に果たされていないと認められるときに一定の責任を課す，といったことをしています。

2 *善管注意義務と忠実義務*

(1) **善管注意義務**

わが国の株式会社制度では，会社と取締役との関係は委任に関する規定に従うとされています（会社法330条）。この結果，取締役は，民法上の委任契約における受任者としての義務を負うことになります。すなわち，「受任者は，委任の本旨に従い，善良な管理者の注意をもって，委任事務を処理する義務を負う」という義務を負うことになります（民法644条）。この民法644条に定められている義務は，一般に「**善管注意義務**」と呼ばれています。この義務に違反した，すなわち，善管注意義務を果たしていないと認められたときは，法的な責任が発生することになりますが，いかなる場合に，そうした責任が発生するかということについては，解釈に委ねられている部分も多いので，詳しくは次の第14講で説明します。

(2) **忠実義務**

上記で述べた善管注意義務とは別に，会社法355条は「取締役は，法令及び定款並びに株主総会の決議を遵守し，株式会社のため忠実にその職務を行わな

ければならない」と定めています。一部の学説は，この規定が善管注意義務とは異なる義務，すなわち，「取締役がその地位を利用し，会社の犠牲において自己や第三者の利益を図ってはならない」という特別の義務（**忠実義務**：duty of loyalty）を定めたものと解してきています。これに対し，多数の学説は，この規定に定める義務は，善管注意義務の中に含まれるものであり，特段，善管注意義務とは異なる義務を定めたものではないと解してきています。

　前者の一部の学説は，アメリカでは，取締役等が職務を行う際に一定の注意を尽くすべきとされる義務（duty of care）と，ここでの忠実義務を分けて論じられることが多く，とりわけ，この忠実義務の違反が問題となるような場面は，会社や株主に対するある種の裏切り行為が行われたような場合であり，その際の義務違反を認定しやすくし，かつ，そうした裏切り行為に近い行為によって取締役等が得た利得について，その確実な吐き出し・賠償を求めるなど，より厳格に責任を負わせるべきと考えられてきていることから，わが国でも，同様の扱いをすべきであるとの考え方に基づいています。

　ただ，わが国においても，以下に述べるように，アメリカ法でいうところの忠実義務の違反が問題となる典型的な場面，すなわち，取締役の利益と会社や株主の利益が相反するような場面について，そのような場面で会社や株主の利益が不当に害されることのないよう，予防的な制度が一定程度整備されています。

3　取締役の利益相反的行為の規制

(1)　競業避止義務

　取締役が自己または第三者のために「会社の事業の部類に属する取引」（競業取引）を行う場合，その取引について重要な事実を開示したうえで，株主総会（機関設計において，取締役会を設置している会社は取締役会）の事前の承認を得なければならないとされています（会社法356条1項1号・365条1項）。そのうえで，取締役会設置会社において競業取引をした取締役は，遅滞なく，その

取引にかかる重要な事実を取締役会に報告しなければならないとされています（会社法365条2項）。これは，取締役であれば，当然のことながら，その会社が行っている事業に関する様々なノウハウ等をもっていることが想定され，そうしたノウハウや顧客情報等を不当に自己やその関係者のために利用することを許せば，会社に大きな損害を生じさせることになるからです。ただ，取締役にとって，会社の職務から離れた場所で事業を行うことを過度に制限することもまた適切ではありません。そのため，会社法は，上記のような手続きを経た上であれば，競業取引を行うことを許容するとしています。

なお，取締役がこの競業避止義務に違反する取引を行った場合，当該取締役には会社に対する損害賠償責任が生じる可能性があり（会社法423条1項。なお，同条2項により，会社の損害額について，違反した取締役や第三者が取引から得た利益の額であると推定されており，裁判等における損害額に関する会社側の立証の負担が軽減されています），さらに，取締役がそうした取引を行うことは解任の正当事由にもなり得ると解されています（会社法339条参照）。

こうした競業避止義務違反の取引が問題となった実際のケースとして，以下の山崎製パン事件があります。

判例 山崎製パン事件　東京地判昭和56（1981）年3月26日判例時報1015号27頁――――

この事件では，千葉県を含む関東一円を市場として製パン業を営んでいた山崎製パン（X会社）において，同社の創業者であり，同社の設立以来ワンマン的な経営を行ってきていた代表取締役（Y）が，別の会社であるA会社を買収し，また，別のB会社を設立しました。その上で，Y自らはそれらの会社の取締役等には就任しなかったものの，A会社やB会社を実質的に支配し，X会社の信用，従業員，ノウハウ等を利用しつつ，A会社は東京や千葉において事業を行い，また，B会社は，当時X会社が進出していなかったものの，市場調査を行うなどして将来の進出をうかがっていた関西地区において，Yの指示に基づき，その取締役であったZ1ないしZ3らによって製パン事業を営み始めました。これに対し，X会社は，Yに対して競業避止義務違反等を理由に損害賠償を請求し，また，Yらが所有する

A会社やB会社の株式の引渡しを請求しました。

こうした事案について，裁判所は，Yは「…X会社の営業の部類に属する取引をしてきたことに外ならず，このことは…X会社に…技術指導料を支払つたことにより左右されるものではないから，X会社に対する競業避止義務に違反することは明らかである」とし，また，関西地区への進出についても，「B会社をX会社と全く資本関係のない会社として設立し，X会社が自ら又は子会社により関西に進出する機会を奪」ったとして，Yの責任を認め，Yに対して，A会社とB会社の株式をX会社へ引き渡すとともに，填補賠償および受領配当金の返還を行うことを命じました（なお，その後，X会社とYは和解をしました）。

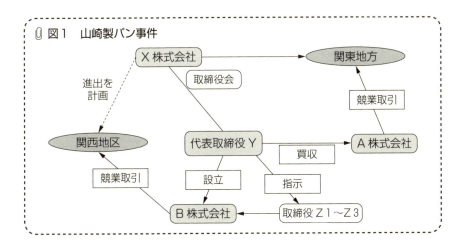

図1　山崎製パン事件

(2) 利益相反取引

取締役らが，自ら当事者として（＝自己のため）または他人・他法人の代理人や代表者等として（＝第三者のため），会社との間で，会社から財産を譲り受けたり，金銭の貸付を受けたり，会社に財産を譲渡したりするような取引（利益相反取引）を行う場合，取締役らがその立場を利用し，自らに有利な契約を締結して会社の利益を害することも考えられます。

そこで，会社法は，会社，それも特に取締役会設置会社については，会社との間で直接的にそうした利益相反取引を行う場合は，当該取引について重要な

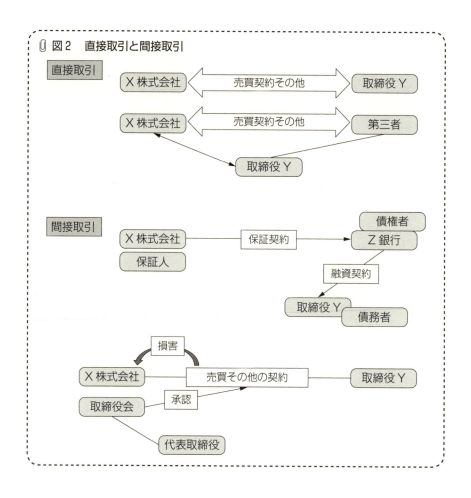

図2 直接取引と間接取引

事実を開示した上で,取締役会の事前の承認を受けなければならないとしています(会社法356条1項2号・365条1項)。

また,会社・取締役間の直接的な取引以外にも,会社が取締役の債務につき,取締役の債権者に対して保証や債務引受けをする場合等(間接取引)についても,会社が利益が害されるおそれがあるため,同様に,当該取引について重要な事実を開示したうえ,取締役会による事前の承認を受けなければならないとしています(会社法356条1項3号・365条1項)。

その際，利益相反取引をした取締役等は，遅滞なく，その取引に関する重要な事実を取締役会に報告しなければならないのは，競業取引行為と同じです（会社法365条2項）。

なお，こうした利益相反行為によって，会社に損害が生じた場合，当該行為を行った取締役等については，その任務を怠った（会社に対する損害賠償責任がある）ものと推定されます（会社法423条3項）。また，そのような場合，解任の正当事由にもなり得ます（会社法339条参照）。加えて，自己のために直接取引をした取締役等については，無過失責任が課され，責任の一部免除等もできない旨の規定が設けられています（会社法428条）。利益相反行為は会社に対して特に損害を与える可能性が高いと考えられているためです。

4　役員等の報酬に関する規制

(1)　会社法上の決定プロセス・情報開示に関する規制

取締役や監査役など，会社の役員等の報酬等（報酬，賞与その他の職務執行の対価として会社から受ける財産上の利益を含みます）も，その内容や（金銭報酬であれば）金額，そしてそれらの決定プロセス次第では会社と役員等との間で利益相反の問題を生じさせる可能性があります。

もちろん，適切な報酬の内容等を設定したり用意したりすることは，役員等の業績向上への意欲（インセンティブ）を向上させるほか，優秀な経営者を外部から呼びよせる際の重要な条件の一つとなり得ます。第12講で取り上げたコーポレートガバナンス・コードでも，「…経営陣の報酬については，中長期的な会社の業績や潜在的リスクを反映させ，健全な企業家精神の発揮に資するようなインセンティブ付けを行うべきである」とされています（原則4－2）。

他方で，仮に報酬の内容が過剰なものとなりすぎてしまうと，会社から余分な財産の流出が生じることになり，会社やその背後にいる株主に対して損害を与える可能性があります。そのため，会社法や金融商品取引法などでは，役員等の報酬に関して，その決定プロセスや情報開示に関する規定が設けられてい

ます。

　具体的には，まず，会社法は，取締役の報酬等について，以下に掲げる形態に応じ，定款の規定または株主総会の決議（普通決議）によって，定めなければならないとしています（会社法361条1項参照）。

　①　額が確定しているものについてはその額
　②　額が確定していないものについては，その具体的な算定方法
　③　報酬等が当該株式会社の株式の場合，その数の上限等
　④　報酬等が当該株式会社の募集新株予約権の場合，その上限等
　⑤　報酬等が当該会社の株式・新株予約権と引換えにする払込みに充てるための金銭の場合，取締役が引き受ける株式・新株予約権の上限等
　⑥　報酬等が金銭でないもの（当該株式会社の募集株式・募集新株予約権を除く）の場合，その具体的な内容

　上場会社を念頭に置いた場合，実務上は定款規定よりも総会決議に基づいて報酬を決定している会社が圧倒的に多いといわれています。いずれにしても取締役の報酬に関する上記の事項について，定款で定めるか，総会決議が必要とされていることの理由については，一般的には，取締役等が会社や株主の利益を無視して，自らの報酬を多く決めてしまうという，いわゆる「お手盛り防止」にあると説明がされてきています。

　そして，この「お手盛り防止」という趣旨からすれば，株主総会では，個々の取締役に対する報酬等を定める必要はなく，取締役の報酬等の総額または最高限度額を定めればよいと解釈されることになり得ます。このため，従来の実務では，ほとんどの会社において，株主総会において取締役等の報酬の総額・最高限度額のみについて決議し，個々の取締役に対する具体的な配分は，代表取締役等に一任することとしてきました。しかし，個々の取締役に対する具体的な配分を代表取締役等のみで決めてしまうのは，手続きの透明性という面で問題があるともいえますし，代表取締役等の専横につながるおそれもあります。

そのため，令和元（2019）年の会社法の改正により，上場会社等である監査役会設置会社，そして監査委員会等設置会社に関しては，定款または株主総会決議による報酬等の定めに基づいて取締役の個人別の報酬等の内容について決定する場合，その方針については代表取締役等ではなく，必ず取締役会において決定しなければならないとされました（会社法361条7項）。

　なお，指名委員会等設置会社では，報酬委員会が執行役および取締役の個人別の報酬等の内容について決定するものとされています（会社法404条3項）。

　また，取締役の報酬等に関する議案を株主総会で決議する場合には，事前に株主に送付する株主総会参考書類（会社法301条1項・302条1項参照）において，報酬に関する事項を記載することが求められています。

　さらに，公開会社については，事業報告において，報酬等の決定方針に関する事項，報酬等の種類ごとの総額などを開示することも求められています（ただし，会社法上は，役員等の個人別の報酬額までは開示が義務づけられていません）。

(2) 金融商品取引法上の報酬開示規制

　上場会社等は，金融商品取引法（以下「金商法」と略します）に基づき，有価証券報告書の「コーポレート・ガバナンスの状況」という項目の中で，役員報酬等の総額について，取締役（社外取締役を除外），監査役（社外監査役を除外），執行役および社外役員（社外取締役・社外監査役）の区分ごとに，報酬等の総額，報酬等の種類別，すなわち，基本報酬，ストック・オプション（後述(3)参照），賞与，退職慰労金等を区分した上で，それぞれの総額および対象となる役員数を記載する必要があります。また，役員の報酬等の額またはその算定方法の決定に関する方針の内容および決定方法を記載し，当該方針を定めていない場合には，その旨の記載が求められています。

　加えて，平成22（2010）年3月31日に行われた「企業内容等の開示に関する内閣府令」の改正以降，以下の事項の開示も求められることになっています。

　① 役員（報酬等の額が1億円以上である者に限ることができる）ごとの報酬等

第13講●役員等の義務と報酬規制　*129*

の種類別（金銭報酬，ストック・オプション，賞与，退職慰労金等）の額

② 役員の役職ごとの報酬等の種類別の額

③ 報酬等の額またはその算定方法に係る決定方針の内容および決定方法

上記により，上場会社等については，1億円以上の報酬を得ている役員に限定されているものの，個人別の報酬等の開示が求められています。このように会社法上の開示と比較してより詳細な開示が求められている理由は，株主その他の投資家にとって，個人別のものを含む役員報酬に関する情報は，役員報酬が会社または個々の役員の業績に見合ったものとなっているか，個々の役員に業績向上への意欲（インセンティブ）を適切に与えるものとなっているか，会社のガバナンスを歪めていないか，といった観点から投資対象の会社を評価するうえで役立つものであり，投資判断を行ううえで重要な情報であると考えられているためです。

(3) ストック・オプション

わが国を含む多くの国々の株式会社において，取締役や従業員等のインセンティブを高める趣旨で，報酬の一部を会社の発行する株式の価値に連動させ，特に株式価値が上昇したときに利益が得られるように仕組みを設計する例がみられています。例えば，わが国では，取締役等に対して会社から新株予約権（当該会社の株式を一定の時期に決められた価格で購入できる権利）を付与するということがあります。すなわち，新株予約権を持つこととなった取締役や従業員は，あらかじめ決められた価格（行使価格）で株式を取得できることがわかっているので，将来，株価が高くなればなるほど相対的に安い対価で株式を手に入れることができ，そのため，新株予約権を行使できる期間までに会社の業績を向上させ，株価を上昇させておこうという動機づけを得るようになります。こうした報酬形態は，一般にストック・オプションと呼ばれ，特にベンチャー企業などで現金報酬の補完として用いられたり，上場会社等において取締役などに株価上昇（株主への利益）への意欲を喚起させる目的などで多く用いられてい

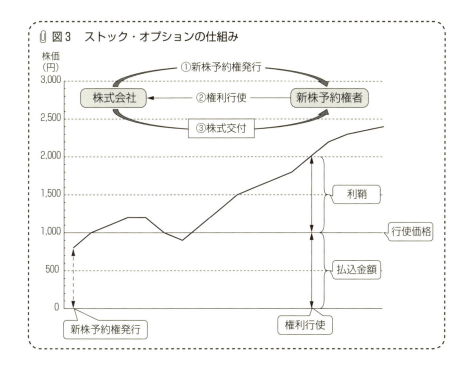

ます。さらに、近時では、取締役などに対して退職慰労金を支給する代わりにこのストック・オプションを用いる例も増えてきています。

このほか、上場会社等が自社株式そのものを取締役等の報酬として発行する株式報酬（譲渡制限株式報酬やパフォーマンス・シェアなど）の利用例が増加しており、注目されます。

(4) 役員報酬規制の今後

近時、役員報酬のあり方が多くの国々で問題となっています。その一つの要因は役員報酬の高額化です。図4にあるとおり、近時のアメリカでは、有力な上場会社のCEOの報酬の中位値は、日本円に換算して15億円を超えており、さらにトップ企業ともなると25億円を超えています。

こうした現状は各国で格差問題の象徴としても捉えられ、役員報酬の抑制を

図4　海外の有力上場会社のCEOの報酬

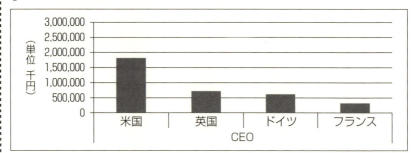

(単位：千円)

	CEO			
	米国	英国	ドイツ	フランス
報酬総額（中位値）	1,817,177	720,534	619,559	323,578
集計人数（n）	59	45	31	39

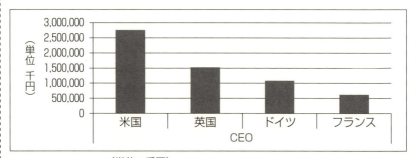

(単位：千円)

	CEO			
	米国	英国	ドイツ	フランス
報酬総額（上位10%tile）	2,765,114	1,528,582	1,076,792	616,191
集計人数（n）	59	45	31	39

（上）　時価総額上位企業（米国60社，英国40社，ドイツ30社，フランス35社）のCEOの報酬の中位値
（下）　同上位10％に限った値
※　平成27（2015）年3月　経済産業省委託調査「日本と海外の役員報酬の実態及び制度等に関する調査報告書」より

促すべく，役員報酬の情報に関する開示を充実させたり，報酬内容の決定に対する株主総会の関与を強化する制度の導入に結びついています。

　他方で，報酬の内容は優秀な経営者を招く際の重要な条件ですし，考え方によっては，有力な上場会社の役員報酬を高いレベルにしておくことで，役員になろうとする人々の間の競争を活性化させ，その結果，多くの企業の業績が向上し，社会に対してプラスの効果を生じさせるということも言えそうです。読者の皆さんはどのように考えますか。

第14講

役員等の民事責任と
株主代表訴訟

Q1 株主代表訴訟は，どのような趣旨の下で設けられている制度でしょうか。また，どのような場合に取締役等に対して株主が訴訟を提起することができますか。

Q2 取締役が刑法等に違反した行為を行った結果，会社に利益がもたらされたときは，当該取締役は刑法等に基づく刑事責任に加えて，会社法上も責任を負いますか。

Q3 経営判断の原則とはどのような原則でしょうか。

Q4 取締役や監査役は，どのような場合に他の役員の行動・行為に対する監視・監督を怠ったとして責任を負うことになるのでしょうか。

1 総 説

第13講で説明したように，わが国をはじめとする主要な国々では，取締役や監査役等の会社役員に対して法律上の義務を課し，その義務を適切に果たさせるために，会社が行う特定の取引・行為に一定の手続きを要求したり，仮にその義務が十分に果たされていないと認められるときに一定の責任を課したりしています。

わが国の会社法における役員等の責任に関する中心となる規定は，会社に対する責任について定める423条と，会社の債権者（融資等を行った金融機関，取引先…）などの第三者に対する責任について定める429条です。

本来であれば，会社と役員等の関係は，委任に関する（民法上）の規定に従

うとされているので（会社法330条），役員等は会社に対して善管注意義務を負っていますし（民法644条），さらに，考え方として善管注意義務の中に含まれるかどうかは別にして，忠実義務（会社法355条）も負っているので，それらの義務を果たしていないと認められる場合は，委任の本旨に従った，適切な委任事務の処理を行っていないということで，役員等は委任契約に関する債務不履行責任（民法415条）を負えばよいとすることで足りそうです。

　にもかかわらず，会社法において責任に関する諸規定や制度が整備されてきたのは，役員等が任務を怠ったときに，それによって会社に生じた損害を実効的に回復し（損害塡補），責任を厳格化することによって，そもそも役員等が任務を怠ることの抑止を図ることにあります。また，利益相反行為に関する一部の行為について，会社に生じた損害額を推定したり（会社法423条2項），任務懈怠を推定したり（同条3項），特に取締役等が自己のために利益相反取引を行った場合について，それが無過失責任を生じさせるとするなど（会社法428条参照），株式会社の役員等の地位の特殊性・重要性に鑑みて責任の強化を行ってきたからです（なお，そうした趣旨から，会社に対する責任については，会社法423条のほか，総会屋等への利益供与に関する責任について同法120条2項〜4項，剰余金の配当等に関する責任について同法462条といった特別の規定も設けられています）。

2　株主代表訴訟制度

　本来，取締役等の会社に対する責任は，会社自身が追及すべきです。しかしながら，取締役間の仲間意識や馴れ合いなどから，責任が認められるとしてもそれが追及されない可能性も十分に考えられます。そこで，わが国では，取締役等の会社に対する責任を追及する手段として**株主代表訴訟制度**が設けられています。

　すなわち，公開会社については，原則として6か月前から引き続き株式を有する株主（1株しか保有していなくても構いません）は，会社に対して役員等の

責任を追及する訴えを提起するよう請求でき（会社法847条１項），会社が60日以内にそうした訴えを提起しない場合には，当該株主自身が，会社のために，会社を代表して責任追及の訴えを提起することができるとされています（同条３項）。

この制度は，もともと昭和25（1950）年に行われた旧商法の改正の時から設けられていましたが，平成に入る頃まで，特に上場会社ではほとんど利用されることはありませんでした。その背景には，損害賠償を請求する裁判を提起する際に裁判所に納付する訴訟手数料の高さ（一般の民事訴訟では，訴額に応じたスライド方式に基づく訴訟手数料の算定がなされ，請求する損害賠償の金額が大きくなればなるほど，訴訟手数料も増額されていきます—**表１**参照）などがネックに

📎 **表１ 訴額スライド制による訴訟手数料**
　　　（民事訴訟費用等に関する法律　別表第１（第３条，第４条関係）から）

項	上欄【裁判手続の種類】	下欄【手数料額】
1	訴え（反訴を除く。）の提起	訴訟の目的の価格に応じて，次に定めるところにより算出して得た額 (1) 訴訟の目的の価額が100万円までの部分 　　その価額10万円までごとに　　　　1000円 (2) 訴訟の目的の価額が100万円を超え500万円までの部分 　　その価額20万円までごとに　　　　1000円 (3) 訴訟の目的の価額が500万円を超え1000万円までの部分 　　その価額50万円までごとに　　　　2000円 (4) 訴訟の目的の価額が1000万円を超え10億円までの部分 　　その価額100万円までごとに　　　　3000円 (5) 訴訟の目的の価額が10億円を超え50億円までの部分 　　その価額500万円までごとに　　　1万円 (6) 訴訟の目的の価額が50億円を超える部分 　　その価額1000万円までごとに　　　1万円

なっていたといわれていました。

　しかし，平成5（1993）年に現在の会社法の規律に関する規定が設けられていた旧商法が改正された際に，株主代表訴訟制度の改革が行われ，株主代表訴訟による請求は訴訟手数料の算定において常に「財産権上の請求でない請求」であるとみなされることとなり（会社法847条の4第1項参照），その結果，請求金額がいくらであろうと訴訟手数料は一律に8,200円（現在は13,000円）とされました。

　加えて，株主代表訴訟において，勝訴した株主が弁護士費用を含む訴訟費用の支払いを会社に請求できるようにし（会社法852条1項参照），訴訟提起を検討している株主の情報収集手段を拡充する観点から，帳簿閲覧権を行使するための持株要件も10%から3%に引き下げられました（会社法433条1項参照）。この改正以降，わが国では，上場株式会社において，一定数の株主代表訴訟が提起されるようになっています（近年は全国で年間40件弱から60件程度の株主代表訴訟が提起されています）。

　他方で，役員等が株主代表訴訟の被告となるリスクが高まってきている今日，株主代表訴訟の訴訟リスクに対処・対応し，損害賠償金や訴訟費用を補塡するため，上場株式会社を中心にいわゆる役員賠償責任保険（D&O（Directors and Officers）保険）が普及してきています。また，令和元（2019）年の会社法改正により，役員等がその職務の執行に関し，法令に違反したことが疑われたり，責任追及にかかる請求を受けたことに対処するために支出する費用，または，第三者に対する責任を負う場合における損害賠償金や和解金などについて，その全部または一部を会社が補償する旨の契約（こうした契約を一般に「補償契約」といいます）を役員等と会社の間で締結する場合，さらに，会社が役員等を被保険者とする役員賠償責任保険契約を保険会社との間で締結する場合において，取締役会決議（取締役会を設置していない会社では株主総会決議）を要する旨その他の手続き等について定める規定が設けられました（会社法430条の2・430条の3）。

　以上のような株主代表訴訟制度や同制度によって追及される取締役等の対会

第14講 ●役員等の民事責任と株主代表訴訟　*137*

社責任に関連する制度については，前述したように，一般には会社等の損害の回復を図る機能（損害塡補機能）と取締役等の違法行為や任務懈怠を防止する機能（抑止機能）の2つの機能があるといわれており，特に，株主代表訴訟は，後者の抑止機能において大きな役割を果たしているといわれています。ただ，株主代表訴訟制度は，仮に原告株主が勝訴したとしても，損害の賠償等を受けるのはあくまで会社であり，当該原告株主は直接的には経済的利得を得ることはありません。そのため，普通に考えれば一般の株主には訴えを提起するインセンティブが生じにくい制度となっています（図1参照）。実態をみても，株主代表訴訟による取締役等に対する責任追及訴訟は，特定の人間や団体（に所属する人間）が複数の株主代表訴訟を市民運動などの一環として提起するという例も多くみられてきました。こうした現状については，現実に一定数の責任追及がなされており，少ない数ながらも取締役等が明確な法令違反行為等を行ったケースなどで責任が認容されている例がみられている以上，どのような属性の株主が原告になろうと問題はないとの見方もみられます。しかし，制度のあり方として，取締役等の違法行為や任務懈怠の抑止を市民運動的であったり，あわよくばボランティア的な株主に依存せざるをえないという仕組みとなっていることについては，そのことに全く問題がないともいえないように思われます。

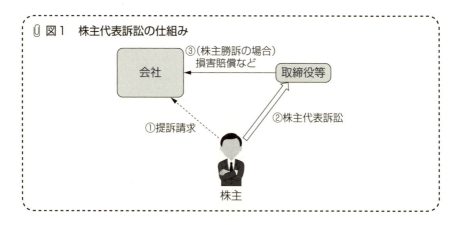

図1　株主代表訴訟の仕組み

なお，前述したように，わが国では，公開会社の場合，株主は，6か月間，株式を保有すれば株主代表訴訟を提起することが可能とされており，企業の不祥事や会社の損害の発生を知ってから株を購入した者でもそうした要件を満たせば株主代表訴訟の提起が可能となっています。そのため，こうした制度の下では，嫌がらせ訴訟（strike suit）が提起されるリスクもあるといわれています。これに対し，アメリカでは，問題とされた役員等の行為がなされた時点で株主であった者でなければ，株主代表訴訟を提起できないという行為時株主原則（contemporaneous shareholder rule）が採られており，同様の考え方をわが国においても採り入れるべきか，たびたび議論がなされています。

3 具体的な株主代表訴訟の例

上場会社の役員等の責任が株主代表訴訟によって追及されたこれまでの事例をみてみると，責任追及されている原因によって大きく3つの類型に分類することができます。すなわち，①法令違反行為に対して責任が追及されているもの，②経営判断の著しい誤りに対して責任が追及されているもの，③他の取締役等に対する監視・監督・監査義務違反に対して責任が追及されているもの，の3つの類型です。以下，それぞれの類型について説明し，代表的な判例をみていきたいと思います。

(1) 法令違反が問題とされる場合

まず次の事例をみてください。

判例 間組（ハザマ）事件　東京地判平成6（1994）年12月22日判例時報1518号3頁────

この事件では，いわゆる大手ゼネコンである間組が地方公共団体の首長に対し，同社が公共工事を受注できたことの見返りとして贈賄行為をしたところ，そうした行為をした取締役に対して，贈賄行為にかかる会社の支出額について会社に損害が

生じたとして会社に対する責任が追及されました。

　この事件では，「贈賄行為を禁ずる刑法規範は，取締役が業務を執行するに当たり従うべき法規の一環をなすものとして，（平成17（2005）年の改正前）商法266条1項5号の『法令』に当たるというべきである」とし，刑法に違反する行為を行うことが現在でいうところの取締役の任務懈怠責任（会社法423条）を生じさせるとして，賄賂のために支出した金額相当額について，会社に賠償するよう命じました。

　上記の間組事件について裁判所が被告取締役の責任を認めた結論に対しては，一見異論はないように思われます。しかし，会社は贈賄行為によって得られた公共工事の受注によって利益を得ているとも考えられます。仮にそうした利益によって会社の損害が消失している場合，会社には賠償してもらう損害がないのですから，理論上は対会社責任は発生しないのではないかとの疑問も生じ得ます。そして，本件のように刑法違反である贈賄行為をした取締役に対して対会社責任を認容した場合，会社には公共工事の受注によって一定の利益が生じているうえに，さらに取締役からの損害賠償という，「二重の利益」を得させる可能性もでてきます。加えて，本件のような取締役は，刑法に触れる行為を行っているのですから，当然，刑法に基づき，刑事責任も追及されています。したがって，そうした刑事責任に加えて，会社法上の民事責任をも負わせるべきか，という問題も生じます。

　もちろん，法令遵守は会社がその活動を行ううえで最も優先されるべきものであり，いくら会社が営利社団法人であるからといって，法令遵守よりも会社や株主の利益を優先させてもよい（会社がこうむった損害よりも利益の方が大きければ，取締役等に会社法上の責任は生じない）との解釈が許されるはずはありません。この事件において，裁判所は，そうした考え方を意識したと思いますが，上記のように，会社における利益の「二重取り」の可能性が理論上はあり得ることを認識しつつも，贈賄による支出額について損害賠償を認める判決を下しました。

　このように，裁判所は，法令違反行為をした取締役等に対して厳格な態度を

140

とっています。ただ，法令の数は非常に多いですし，特に国際的にビジネスを行っている会社にとっては，外国の法令や，国際的ルールなど，守るべき規範は無数にのぼります。このため，近時では，「法令違反＝責任の発生」とするのは取締役等にとって酷な結果を生じさせるとし，あくまで法令を守らなかったことが，善管注意義務の違反や，過失があったものと評価されて初めて責任を負うことになると考えられています。

また，取締役等が自ら直接的に法令違反行為をしたり，会社としての法令違反行為に関わる意思決定を行ったりしたわけではなく，例えば，部下の従業員らが法令に違反する行為を行い，結果として，法人としての会社が法令違反行為をしたと認められるような場合については，そうした従業員らの法令違反行為を防止するために設けられているべき内部統制システム（後述(3)）を適切に構築していなかった場合には，監視・監督について任務を怠っていたとして取締役等が責任を負うことになると考えられています。

(2) 経営判断の著しい誤りが問題とされる場合

業務執行を行う取締役等に経営判断に関する誤りがあったとして，法的な責任が問われるのはいかなる場合か，ということは非常に難しい問題です。ビジネスには常にリスクがつきまといますし，会社を取り巻く環境や社会の変化によっても大きな影響を受けます。それにもかかわらず，ある事業に失敗したり，会社の業績が悪化したりしたからといって，取締役等に必ず法的な責任が生じるとすれば，取締役等を過度に萎縮させることになるでしょうし，最悪の場合，その担い手を著しく減らし，経済や社会に対して大きなマイナスを生じさせることになります。

こうしたことを踏まえ，わが国では，明確な法令違反が問題とならない，もっぱら経営判断の誤りが問題となるケースにおいて，アメリカにおける判例の蓄積の中で生成された「Business Judgment Rule（**経営判断の原則**）」という考え方を参考に責任の有無を判断しているといわれています。

少し難しいですが，この経営判断の原則とは，わが国では「当該経営判断を

第14講●役員等の民事責任と株主代表訴訟　*141*

行った当時の状況に照らして，合理的な情報収集・調査・検討等が行われ，か
つ，その状況と取締役等に要求される能力水準に照らして，当該判断に至る過
程および当該判断の内容が著しく不合理と評価されない限りは，取締役らに対
して広い裁量が認められ，当該判断に関する注意義務違反は認められないとす
る」という裁判所の解釈の傾向をさします。この原則の母法であるアメリカ法
との比較でいえば，アメリカの裁判所では経営判断を行う際に経営者らが自己
の利益を図っていなかったかとか，適切な情報収集・意思決定プロセスを踏ん
でいたか，といったことについては評価・判断するものの，結果として行われ
た経営判断の内容については裁判所は立ち入って評価・判断しないといわれて
います。これに対し，日本では特に経営判断の「内容」の合理性その他すべて
の事情についてまで，一応裁判所が評価・審査するとされている点に特徴があ
り，実務家らからは裁判所は立ち入りすぎではないかとの批判を受けています。

　ただ，実際の判例では，経営判断の過程や内容に関して，「特に不合理（で
あること）」や「著しく不合理（であること）」がなければ善管注意義務違反を
認めないとの判示を行っているものが多く，そのうえで各事案では実質的に義
務違反の認定に対するハードルを上げているせいもあり，破綻した金融機関の
取締役らについて，彼らが行った融資判断が問題とされたような事例を除き，
実際に義務違反が認められた例はほとんどありません。以下，一例として，有
名なアパマンショップ事件をみることにします。

判例 アパマンショップ事件　最判平成22（2010）年7月15日判例時報2091号90頁――――

　この事件において，Z会社（アパマンショップ）は，傘下の子会社等を通じ，グ
ループとして不動産賃貸あっせんのフランチャイズ事業等を展開している会社でし
た。Z会社はマンスリーマンション事業等を目的とした子会社A会社を設立し，
発行済株式総数の約66.7％に相当する株式をZ会社自らが保有しつつ，フランチャ
イズ事業の加盟店等にも，1株5万円でA会社の株式を引き受けてもらいました。
　しかし，A会社の設立から約5年後，Z会社はグループ再編政策の一環としてA
会社を完全子会社化することにし，そのために加盟店等からA会社株式を当初の

払込金額である5万円で買い取ることにしました。その際，Z会社は，A会社の株式価値の評価を監査法人等に依頼していましたが，それら監査法人等による算定によりますと，A会社の1株当たりの株式評価額は9,709円または6,561円ないし1万9,090円とされていました。それでも加盟店等からの買取価格を5万円としたのは，Z会社が加盟店等との関係を良好に保つ必要があることなどを勘案したためでした。

　こうした事情のもとで，Z会社の一部の株主であるXらは，同社の取締役であるYらに対し，A会社の株式を上記の評価額より相当高額な1株当たり5万円で買い取る旨の決定をしたことは，取締役としての善管注意義務違反にあたるとして株主代表訴訟を提起しました。第1審（東京地判平成19（2007）年12月4日金融・商事判例1304号33頁）は請求を棄却しましたが，第2審（東京高判平成20（2008）年10月29日金融・商事判例1304号28頁）は，A会社の株式価額は1株当たり1万円程度であったと認めるのが相当であるとしたうえで，その5倍もの価格でA会社株式を取得することについて十分な調査・検討が行われなかったなどとしてYらの損害賠償責任を認めました。これに対し，最高裁は次のように判示して，Yらの善管注意義務違反および損害賠償責任を否定しました。

　「本件取引は…Z会社のグループの事業再編計画の一環として，A会社をZ会社の完全子会社とする目的で行われたものであるところ，このような事業再編計画の策定は，完全子会社とすることのメリットの評価を含め，将来予測にわたる経営上の専門的判断にゆだねられていると解される。そして，この場合における株式取得の方法や価格についても，取締役において，株式の評価額のほか，取得の必要性，Z会社の財務上の負担，株式の取得を円滑に進める必要性の程度等をも総合考慮して決定することができ，その決定の過程，内容に著しく不合理な点がない限り，取締役としての善管注意義務に違反するものではないと解すべきである…Z会社がA会社の株式を任意の合意に基づいて買い取ることは，円滑に株式取得を進める方法として合理性があるというべきであるし，その買取価格についても，A会社の設立から5年が経過しているにすぎないことからすれば，払込金額である5万円を基準とすることには，一般的にみて相応の合理性がないわけではなく…非上場株式であるA会社の株式の評価額には相当の幅があり，事業再編の効果によるA会社の企業価値の増加も期待できたことからすれば…買取価格を1株当たり5万円と決定したことが著しく不合理であるとはいい難い。そして，本件決定に至る過程においては，Z会社及びその傘下のグループ企業各社の全般的な経営方針等を協議する機関である経営会議において検討され，弁護士の意見も聴取されるなどの手続が履践

されているのであって，その決定過程にも，何ら不合理な点は見当たらない…」

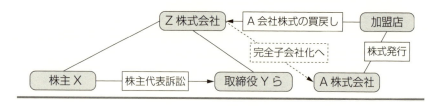

　上記のアパマンショップ事件は，金融機関の取締役ではない，一般事業会社の取締役等について善管注意義務違反の有無を判断する際の経営判断の原則の適用のあり方に関して，最高裁として判示を行った最初の事例です。

　いずれにしても，これまでの経営判断の原則の適用・運用に関しては，特に経営判断の内容や当該判断に至る細かな過程について，それらが特に不合理・不適切な場合に限って義務違反を認めるというスタンスがとられてきているようですし，さらに，裁判所による事後的な評価・判断は経営者を過度に萎縮させることのないよう，より抑制的でなければならないということも根強く主張されてきています。

　他方で，第12講などでみてきたように，わが国における株式会社，特に上場会社については，欧米の国々の会社と比較して監視・監督機関の独立性が弱く（取締役会構成員において独立した社外取締役の員数・割合が相対的に少ない），モニタリング・モデルからはかけ離れた機関設計の会社が多いのが現状です。そのため，不適格な経営者がいたとしても，社外取締役などが主導して経営者を交代させる例はあまりみられてはいません。こうした状況では，会社内部における善管注意義務の履行を確実ならしめる仕組みがまだまだ脆弱であると外国の機関投資家などから捉えられる可能性があります。その意味では，諸外国と比較して，わが国では，経営者に善管注意義務を適切に果たしてもらいながら経営を行ってもらうためには，裁判所が果たす役割が大きくならざるを得ないとも考えられます。

⑶　他の取締役等に対する監視・監督・監査義務違反が問題とされる場合

　機関としての取締役会は，取締役の職務の執行を監督することとされていま
す（会社法362条2項。なお，399条の13第1項2号・416条1項2号も参照）。これ
と関連して，取締役の対第三者責任（会社法429条）が追及された事例において，
最高裁は，一般論として「…取締役会を構成する取締役は，会社に対し，取締
役会に上程された事柄についてだけ監視するにとどまらず，代表取締役の業務
執行一般につき，これを監視し，必要があれば，取締役会を自ら招集し，ある
いは招集することを求め，取締役会を通じて業務執行が適正に行われるように
する職務を有するものと解すべき」と判示しています（最判昭和48（1973）年
5月22日判例時報707号92頁）。これを受け，現在では，取締役会の構成員である
個々の取締役もまた，善管注意義務の一環として，他の取締役の職務の執行に
ついて監視・監督する義務を負っていると解されてきています。

　問題は，どのような場合について，取締役がそうした監視・監督義務に違反
し，任務懈怠があったと評価されるのかということです。この点，従来，小規
模な会社において，代表取締役等の不正な行為や放漫経営などによって会社が
倒産に至った場合に，他の取締役に代表取締役等の職務執行に対する監督・監
視義務の不履行（任務懈怠）を理由に第三者，特に債権者に対する責任を認め
た例がみられました。

　他方で，一定の規模以上の会社について考えてみると，特に業務執行を担う
取締役の職務の範囲は広く，通常は一定の指示・命令系統が形成されている下
で，多くの従業員の手を介してその職務は執行されています。そのため，取締
役が相互に他の取締役の職務執行を事細かに監視・監督するといったことはお
よそ不可能です。そうなると，健全な企業経営のためには，会社内・企業グ
ループ内において，その営む事業の内容，規模および特性などに応じた様々な
リスクを管理するためのシステム（内部統制システム）を構築し，そうした内
部統制システムを適切に運用し，必要に応じてチェック・改善を行っていくと
いう，人の目のみに頼らない，広い意味でのシステムに依拠するチェック体制
を作ることが重要であると考えられるようになってきています。

第14講●役員等の民事責任と株主代表訴訟　145

会社法では，そうした観点から，大会社に対し，いわゆる内部統制システムの整備に関して取締役会で決定しておくことを義務づけています（会社362条4項6号・5項・399条の13第1項1号ハ・2項・416条1項1号ホ・2項など参照）。また，上場会社等については，投資者や市場に対し，特に財務に関する情報が適切に開示されるよう，そのための体制が社内・企業グループ内に適切に整えられているかということについて経営者が評価した内部統制報告書の提出・開示を求め，さらにその報告書の内容について公認会計士または監査法人によるチェックを受けることとしています（金融商品取引法24条の4の4・193条の2第2項参照）。加えて，整備された内部統制システムの内容が著しく不合理であったり，不備が認められるものであり，その結果として，会社に損害が生じた場合には，取締役等に対会社責任を生じさせることにもなり得ると考えられています。

判例 **日本システム技術事件　最判平成21（2009）年7月9日判例時報2055号147頁**━━━

　この事件では，ソフトウェア開発および販売等を業とする会社において，後日正規の注文が獲得できる可能性が高かった取引案件について，正式な注文がない段階で注文書を偽造するなどして実際に注文があったかのように装う，売上の架空計上が従業員らの主導によって行われていました。後日，売上の架空計上が発覚し，その事実が公表されたことによって株価が下落したところ，それによって経済的損失を被った株主が，本件会社の代表取締役には，従業員らの不正行為を防止するためのリスク管理体制を構築すべき義務についての違反があり，自らが被った株価下落に関する損害を会社が賠償するよう求めました（なお，本件の被告は，厳密には法人としての会社である点に注意する必要があります─会社法350条参照）。

　ただ，本件会社においては，事業部門と財務部門を分離していた上，注文書や納品状況の確認を担当する部署を設置し，それらのチェックを経て売上報告がされる体制を整え，会社が監査を依頼した監査法人とも協力して，販売先の会社あてに売掛金残高確認書の用紙を郵送し，その返送を受ける方法で売掛金残高を確認するなどしていました。しかし，売上の架空計上を行っていた従業員らは，販売先の会社の担当者に対し，会社から売掛金残高確認書の用紙が入った封書が郵送されても，

それは送付ミスであるとして当該封書を引き取り・回収し，その上で用紙に虚偽の金額等を記入し，販売先の会社の偽造印を押捺するなどして販売先の会社が売掛金の残高を確認したかのように偽装し，売上の架空計上がバレないようにしていたのです。

　こうした事案について，最高裁は，本件は，従業員らによる巧妙な偽装工作によって売上の架空計上が行われていたのであり，会社としては，通常想定される架空売上の計上等の不正行為を防止し得る程度の管理体制は整えられており，同体制が機能していなかったということはできない，として代表取締役の任務懈怠や過失を認めず，原告株主の請求を棄却しました。

　この事件では，結論としては代表取締役や会社の責任は否定されましたが，通常想定される不正行為を防止し得る程度のリスク管理体制を整えていないと評価された場合は，取締役等や会社が責任を負うことがあり得ることを判示したと受け止められています。

　また，近時では，代表取締役が不当に会社資金を流出させたり，不適切な対価で新株を発行したり，返済できる可能性の低い手形を振り出すなどした後に会社が破産したという事案において，当該代表取締役が有責であるのはもちろん，公認会計士でもあった社外監査役についても，代表取締役の不適切な行為を防止する適切な内部統制システムの構築を働きかけ，当該代表取締役の解職について取締役会に助言や勧告を行うべきであったとして，当該監査役の対会社責任を認めた判決がみられ，注目されています（セイクレスト事件—大阪高判平成27（2015）年5月21日判例時報2279号96頁）。

　このセイクレスト事件は，一見したところ，社外監査役にとってかなり厳しい責任を負わせたものとみることができそうです。ただ，他方で，この事件は，破産した会社において債権者へ分配する財産を充実させるために責任が追及されたケースであり，その意味では，監査役にとっては酷ですが，債権者の利益も考慮する必要があったという特殊な事情があります。さらに，この事件で認められた損害賠償額は，責任限定契約（次頁のコラム参照）により，被告監査役の2年分の報酬額に相当する金額とされました。

　こうしたことから，この判決が通常の会社における（社外）監査役の義務や

責任のあり方についてどのような示唆を与えるのか，今後それらについてどのように考えていけばよいのか，ということについては，さらなる分析や検討が必要であると考えられています。

◆コラム　役員等の対会社責任に関する一部免除・責任限定契約

　会社法は，たとえ，役員等が会社に対して責任を負う場合であっても，総株主の同意があれば責任を免除することができると定めています（会社法424条）。しかし，上場会社のような株主数の多い会社を念頭に置けば，総株主の同意を得るということは現実にはほとんど考えられません。そこで，役員等が高額の賠償責任を負担することを恐れて経営判断を行う際に過度に委縮することがないよう，会社法では，株主総会の特別決議，または，定款に定めがある会社については取締役会決議等により，会社法423条に定める対会社責任が問題となる場合に，役員等が職務を行うことにつき，善意であり，かつ，重大な過失がなかった場合には，仮に責任があると認められる場合でも下記の金額を限度に責任を（一部）免除することを認めています（会社法425条・426条参照）。

　　①　代表取締役または（指名委員会等設置会社における）代表執行役―報酬の６年分
　　②　業務執行取締役または（指名委員会等設置会社における）代表執行役以外の執行役―報酬の４年分
　　③　①・②以外の取締役，監査役および会計監査人等（社外取締役や社外監査役もこれに含まれます）―報酬の２年分

　また，③の取締役等に関しては，定款で定めた範囲内で会社が定めた額か，上記の最低責任限度額（報酬の２年分）のいずれか高い方を責任の限度とする契約（責任限定契約）を締結する旨を定款で定めておけば，あらかじめ役員等と会社との間でそうした責任限定契約をあらかじめ締結しておくことができます（会社法427条）。実務上，上場会社において社外取締役や社外監査役が就任する際は，あらかじめ会社との間でこの責任限定契約を締結しておく例が多いようです。
　本文で挙げたセイクレスト事件では，被告となった社外監査役はこの責任限定契約を締結しており，それによって損害賠償額は２年分の報酬額に相当する金額とされました。この点，捉え方によっては，被告監査役が責任限定契約を締結しており，比較的少ない損害賠償額の支払いを命じることで済むからこそ（また，本文で述べたように，セイクレスト事件では，債権者の利益も考慮する必要があったことも相俟って），裁判所は，あまり躊躇することなく，損害賠償を命じた可能性もあるように思われます。
　もしかしたら，賠償責任の負担を軽減し，経営者が委縮することがないように設けられた責任の一部免除や責任限定契約の制度が，逆に，裁判所に責任を認めやすくしている可能性があるのかもしれません。

第15講　**ファイナンスに関する法制度**

Q1　株式会社の資金調達手段にはどのようなものがありますか。また，それ
らの資金調達手段にはどのような法律や制度が関わっていますか。

Q2　株式の発行によって，既存の株主はどのような影響を受ける可能性があ
り，そうした可能性のために，会社法や自主規制等によってどのような対
応がなされていますか。

1　総　説

株式会社は，設立後，その事業活動によって得た利益を株主に配当しないで
社内に留保したり，減価償却^{（*1）}を行うことによって生じたキャッシュを新た
な事業活動のための資金とすることも可能です。ただし，そうした内部資金だ
けでは足りない場合は，主に以下のような形で外部資金を調達することになり
ます。

① 　募集株式の発行等（普通株式を発行する場合に加えて，いわゆる優先株式等
の種類株式を発行する場合を含む）

② 　社債（会社法 2 条23号参照）の発行

③ 　借入・融資，CP（コマーシャル・ペーパー^{（*2）}）の発行等

④ 　企業間信用（手形債務，買掛金など）

＊1　減価償却とは，「主として固定資産について，その取得に要した支出（取
得原価）を，当該資産の使用可能期間にわたって費用化し，配分する手続き」
のことをいいます。ただ，ここでの費用化は，現実の現金支出を伴わないもの
であり，したがって，費用化した分のキャッシュは企業の内部に留保されるこ
とになります。そうしたキャッシュは運転資金などとして営業活動に回されて

149

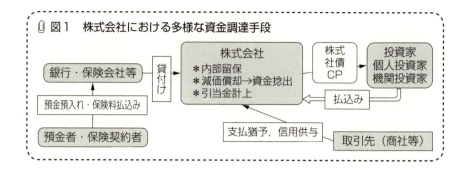

いくことになりますが，このように減価償却について，その費用に等しい額が事業活動に利用できる点に着目し，こうした効果を「減価償却の自己金融効果（ファイナンス効果）」と呼ぶことがあります。

＊2　社債は長期かつ大規模な資金調達手段として用いられるのが一般であり，短期の資金調達にはあまり向かないとされています。他方で，信用力のある優良企業については，従来からCP（コマーシャル・ペーパー）を用いて，大規模（通常1億円以上）でありつつも，短期の資金調達を行っており，そのための市場が形成されてきました。CPは，実務上，発行期間は1年未満，額面は1億円以上で発行されますが，従来のCPは法的には約束手形と位置づけられており，発行の際の印紙税，手形の保管・管理コスト，決済に時間がかかるといった企業側にとって不利な点が指摘されていました（約束手形と為替手形は，印紙税法上，課税対象文書とされています）。そこで，2001年には，券面の発行されない短期の社債（いわゆる電子CP）について定める「短期社債等の振替に関する法律（現行では，「社債，株式等の振替に関する法律」）」が制定され，現在はこの電子CPが多く利用されています。なお，こうしたCPは事業法人や機関投資家が短期資金の運用対象として購入する例が多いといわれています。

①による資金調達，すなわち，株式の発行を中心とした資金調達は，会社の構成員となる株主の募集を行うことですから，ある意味で自己資本の調達を行うことであるといえます（②以下の資金調達と区別して，①は**エクイティ・ファイナンス**（equity finance）ということもあります）。

会社自身の自己資本となる資金の調達ですから，原則として，調達した資金

は株主に返済したり，払い戻したりする必要はありません。その代わり，会社に利益（剰余金）が生じた際には，株主に納得の得られる配当をしなければならないことになります。また，エクイティ・ファイナンスでは，株主は原則として債権者との関係で劣後し，会社が倒産したり，自ら清算したりする際には，債権者等に対して会社財産を用いた弁済を行ったあとの財産からしか分配を得ることができない，いわゆる残余財産分配請求権しか持ち得ていません（会社法105条1項2号参照）。こうしたことをもって，株主は，残余請求権者（residual claimant）と呼ばれることもあります。そして，会社が倒産するような場合は，当該会社は通常，債務総額が資産総額を上回る，債務超過の状態に陥っている場合がほとんどであって，会社債権者に対してでさえ，満足に弁済ができない場合がほとんどですから，実質的に株主が残余財産の分配を受けることはほとんどないということになります。

　このように，株主は債権者と比較して会社の事業に対して大きなリスクを負っていますが，他方で，保有する株式に基づいて得られる剰余金の配当額や，また株式価値の上昇額については，上限がありません。場合によっては，それらから莫大な利益を得ることもあり得ます。また，株主は株式会社に対して，その事業に対して一定の関与をすることができるさまざまな権利，例えば，株主総会における議決権（会社法105条1項3号），（一定の議決権数を有していることや，株主や裁判所の許可を得ることなどを要件とするものもありますが）取締役会の議事録や会計帳簿などを閲覧する権利等，会社の情報をより詳細に集めることができる権利などが認められています（会社法371条2項・433条1項など）。

　これに対し，②以下の資金調達は，デット・ファイナンス（debt finance）と呼ばれ，基本的には，債権者から決められた期間，資金の貸付けを受けたり，信用を供与されるという形で資金調達をするものです（ここでいう資金調達には，積極的に債権者から資金の供給を受けるものも含まれますし，買掛金や手形債務など，ある意味で消極的に，本来その時点で資金を債権者に対して拠出しなければならないものを，一定期間留保してもらうものも含みます）。そして，通常であれば，決められた元本部分および利息部分について弁済する義務を会社が負うことにな

ります。

　株式会社は，こうしたエクイティ・ファイナンスとデット・ファイナンスの特徴を勘案しつつ，ビジネスの元手である資金を外部から調達しながら，事業を行っていきます。

　その際，例えば，③の借入・融資は，会社に取引銀行があれば，その銀行との相対での交渉が成立しさえすれば，より簡便・短期間に資金調達をすることが可能となります。そのため，特に短期資金の調達に便利であると考えられます。一方で，株式や社債による資金調達に関しては，(a)金融機関からの借入よりも金利その他のコストが低い，(b)広く多数の者から資金を集めることができ，その結果，巨額の資金調達が可能となる，といったことが考えられます。ただ，金融商品取引法その他の法令で定められた様々な手続きや情報開示なども必要となります。加えて，そもそも会社として一定の信用がないと，株主や社債権者を募ることができませんので，そうした資金調達手段を採ることができる会社は限られることになります。

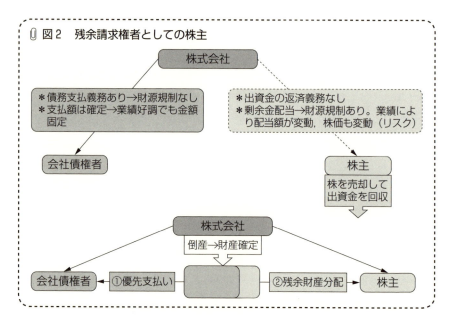
図2　残余請求権者としての株主

◆コラム　新たな資金調達手段の登場―クラウドファンディング

　近年，IT技術の進展などにより，これまでに見られなかった形で資金の出し手と資金需要者である企業とが結びつけられるようになり，それによって新たな資金調達手段が生まれてきています。

　その代表的なものの1つがクラウドファンディング（crowdfunding）という資金調達手段です。これは，資金を必要とする企業が，インターネットなどを経由し，いわゆるクラウドファンディング・プラットフォーム（通常は，企業等が行おうとする事業やこれから作ろうとする製品に関わる情報を提示し，関心をもった投資家たちから投資を募るホームページ等）を介して，広く社会（場合によっては世界中））に向かって資金の調達を呼びかけ，1人当たりの投資家からは少額であっても，多くの人々や企業等からそうした資金を集め，一定のまとまりのある資金を調達する仕組みのことを指します。

　こうした資金調達手法は，2008年に起こったいわゆるリーマン・ショックにより，世界的に資金の流れが停滞し，それによって新しいビジネスを起こそうとしても，そのための資金の調達に困った企業などが編み出したといわれています。

　このクラウドファンディングは，大きく分けて，(a)寄付（donation）型，(b)リワード型（見返り型ともいわれます。通常，資金提供者には新商品やその試作品の提供，その他サービスなどの先行予約権などが付与される形をとっています），(c)融資・貸付型，(d)株式型，(e)配当型（royalty型ともいわれます。通常，資金提供者は配当などの形で収益の分け前を受け取れます）といったような類型がみられてきています。

　現在のところ，わが国では規制や制度の整備状況の関係もあり，主に(b)のリワード型のクラウドファンディングが活況を呈しているようです。ただ，世界的は，融資・貸付型がかなり活発に行われるようなってきているようです（世界全体におけるクラウドファンディングによる資金調達規模は，2012年に27億ドル，2013年に61億ドル，2014年に162億ドルに達し，2015年には340億ドルに達していたのではないかといわれています（2015年に行われたクラウドファンディングのうち，251億ドルが融資・貸付型，28.5億ドルが寄付型，リワード型が26.8億ドル，株式型が25.6億ドル程度ではなかったかと見込まれるとのことです）。

　今後，将来的には，こうした資金調達手段の利用もより一般的になり，既存の多くの会社にとっても有力な資金調達手段の一つの選択肢となっていくのかもしれません。その場合，これまでの資金調達手段である融資や株式市場からの資金調達，さらに資金調達に関わる市場や関係金融機関のあり方などにも影響が及んでいくことになるでしょう。

第15講●ファイナンスに関する法制度　*153*

2　株式および社債の発行手続

上記に挙げた各種資金調達手段については，いずれも様々な法律によって制度が整備され，また，資金調達手段によっては，それを行うために厳格な手続きや規制が設けられています。

(1)　株式の発行

株式の発行については，会社法の中に基本的な手続・規制のための規定が設けられています（会社法199条以下参照）。

株式会社が，その成立後に新たに株式を発行して資金調達を行う態様としては，①広く不特定多数の投資家に対して株式の引受けを募る公募（募集）発行，②特定の投資家（一部の既存株主ということもあります）にのみ株式の引受けを

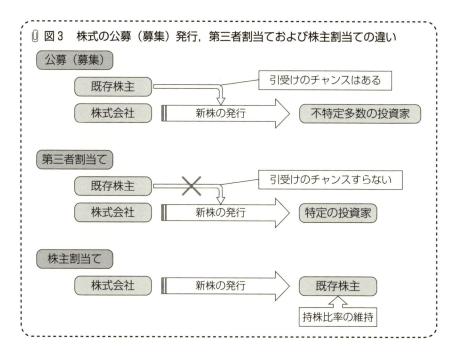

図3　株式の公募（募集）発行，第三者割当ておよび株主割当ての違い

募る第三者割当て、または③すべての既存株主に持株比率が変わらない形で株式の割当てを受ける権利を与える株主割当てがあり得ます。これらのうち、前者の①と②の方法による場合は、既存株主の持株割合が減少し、株式には原則として総会議決権が付随しているために、結果として会社の支配の状態・あり方に変化が生じたり、株式の発行価額によっては、既存の株主が保有している株式の経済的価値が減少したりするおそれがでてきます（なお、③の方法でも、株式の割当てを受けた既存株主が最終的に株式を引き受けなければ、同様の不利益を被ることになります）。そのため、既存株主との利害調整が必要となってくるのです。

この点、公開会社についていいますと、公募（募集）や第三者割当てによる場合で、引受人に特に有利な価格で発行する場合は、それによって既存株主が保有する株式の経済的価値が毀損するおそれがとりわけ高いといえます。そのため、そうした株式の発行（有利発行）を行う場合は、株主総会の特別決議を

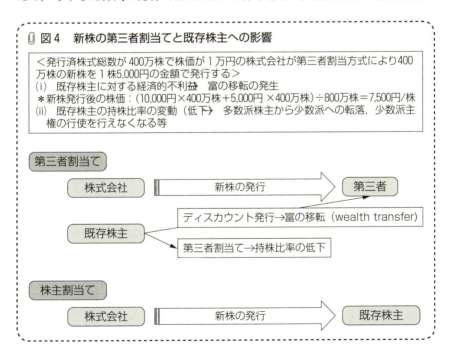

図4　新株の第三者割当てと既存株主への影響

＜発行済株式総数が400万株で株価が1万円の株式会社が第三者割当方式により400万株の新株を1株5,000円の金額で発行する＞
(i) 既存株主に対する経済的不利益　富の移転の発生
＊新株発行後の株価：(10,000円×400万株+5,000円×400万株)÷800万株＝7,500円/株
(ii) 既存株主の持株比率の変動（低下）　多数派株主から少数派への転落、少数派主権の行使を行えなくなる等

要するとされ，それ以外の場合については，基本的に取締役会決議のみで発行することが可能とされています（会社法201条1項・199条3項・309条2項）。このように，公開会社における株式の発行について，第三者に対する有利発行の場合を除き，原則として取締役会決議のみで認めているのは，既存株主の利益保護も重要であるものの，株式の発行は通常は資金調達を目的として行われるので，その際の迅速性・機動性の確保ということに配慮しているためです（この点，株主の数が少ないことが想定される非公開会社については，個々の株主の利益保護の重要性が相対的に高いため，株式の発行の際には，原則として株主総会の特別決議を要するとされています）。

ただ，特に第三者割当てについては，その発行する株式の数によっては，会社の支配株主が変わるなど，会社の支配権について大きな変動が生じることがあり得ます。また，会社に支配権を巡る争いがあるときに，現経営陣が自らの味方である者や会社などに対して株式を発行する例もあります。しかし，そのような形で資金調達目的よりも支配権変動を目的として株式を発行しようとし，その際に当該株式の発行のその是非について既存の株主たちの意思を確認していない場合など，一定の場合については，著しく不公正な方法による株式の発行であるとして，事前の差し止めが認められることもあり得ます（会社法210条2号および下記コラム参照）。

◆コラム　会社に支配権争いがみられる場合の株式の発行

　株式の発行に際して，会社法210条2号所定の著しく不公正な方法による株式の発行（不公正発行）であるとして差止めが認められる典型的な例としては，会社支配を巡る争いがある中で，現経営陣側の取締役が自らの味方となる株主が有する議決権数を維持・向上させようとしたり，現経営陣側に反対する株主の影響力を下げる目的のために株式の発行が行われるような場合があります。

　裁判所は，差止めを認めるか否かについて具体的に検討する際，株式の発行に関する取締役会等の決議の背後に，自派で議決権の過半数を確保するなどといった不当な目的の達成の動機があり，それが資金調達の必要性などの他の動機に優越する場合には差止めを認め，そうでなければ差止めを認めない，といった形で判断を行ってきています（不公正発行に関するこうした判断の枠組みは，一般に「主要目的ルール」とよばれて

います）。

　近時の判例では，裁判所は，とくに「資金調達の必要性」について，形式的にのみ判断するのではなく，資金調達の前提となる「事業計画」や「株式を発行しようとしている第三者との提携計画」などの事情も踏まえ，それらの事情の「合理性」や「実現可能性」について詳細な分析・検討を行うとともに，他方で，株式の発行がされた場合の持株比率の変動の程度や，取締役交代の可能性に対する影響なども勘案しつつ，主要目的ルールを慎重に運用・適用してきています。

　その一方で，現経営陣と創業者一族との間で，他の会社との合併・経営統合について意見が分かれていた際に，現経営陣側が，創業者一族の持株比率を下げるべく，「公募」の方法による株式の発行を行おうとした事例について，裁判所は，問題とされた株式の発行が，「…経営統合に頑強に抵抗する創業者一族らの持株比率を相当程度減少させ…支配権をめぐる実質的な争いにおいて自らを有利な立場に置くとの目的が存在したものと一応推認するのが相当である」としながらも，公募の方法による株式の発行は「…発行会社の意図を汲んだ（株式の割当先の）配分が行われたり，大株主が出現することはないことから，割当先は取締役の意思とは無関係に決定され，割当先が取締役の意向に沿って議決権を行使する保証はな（く）…第三者割当増資の場合に比して，取締役に反対する株主らの支配権を減弱させる確実性が弱いものと考えられる…」などとして，差止めを認めず，株式の発行を認める決定を下した判例がみられています（東京高決平成29（2017）年7月19日金判1532号57頁―出光興産事件）。この判例は，捉え方によっては，会社に支配権争いが生じている場合に，現経営陣側が公募の方法による株式の発行により，自らに反対する株主の持株比率を希薄化させる（引き下げる）ことを認めているようにも読めますが，本当にそのような捉え方をしてよいのか？　そのように捉えられることは少数派にとどまっている株主への保護がわが国では不十分であることを示すこととなり，投資家からの信頼を損なうのではないか？　といった問題を生じさせているともいえます。

　以上のような不公正発行をめぐる問題は，株式に株主総会議決権が付随しているがゆえに生じる難しい問題ですが，今後ともどのような法制度を構築し，法解釈を行っていくべきか，議論していく必要のある重要な問題であるといえます。

　なお，平成26（2014）年の会社法改正により，公開会社において引受人およびその子会社が総株主の議決権の過半数を有することになる新株の発行等については，そうした新株発行等を行う旨の株主への通知または公告を必要とし，そのうえで総株主の議決権の10％以上の議決権を有する株主の反対があった場合は，株主総会の普通決議がなければ，当該新株発行等ができないこととされました（会社法206条の2参照）。

第15講●ファイナンスに関する法制度　*157*

また，東京証券取引所に上場している会社が行う第三者割当てによる資金調達については，既存の議決権の数の3倍を超える議決権を当該第三者（ら）に与えることになる株式の発行を行う場合は，原則として直ちに上場廃止となり，既存の議決権の25％以上を当該第三者に与えたり，支配株主の異動を伴う株式の発行を行う場合は，経営陣から独立した者による第三者割当ての必要性や相当性に関する意見を入手するか，または株主総会の決議などによって株主の意思確認を行うことが求められています（東証有価証券上場規程601条1項17号・432条，同施行規則601条14項6号・435条の2等参照）。

(2) 社債の発行

　社債の発行等についても会社法の中に規定が設けられています（会社法676条以下）。ある意味で単なる金銭債権にすぎないとも考えられる社債について，会社法が特別な規定を用意している理由としては次のようなものがあると説明されています。

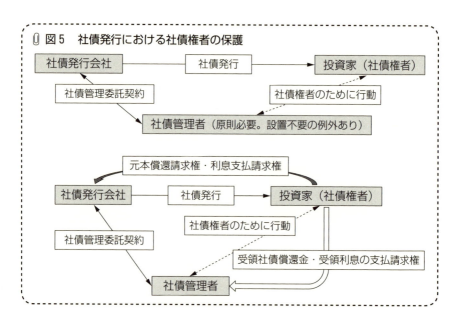

🔖 図5　社債発行における社債権者の保護

① 社債を有価証券化する（または振替制度にのせる）ことを可能にするため
② 社債が一般には公衆に対する起債によって生じるという，集団性がある
ために，その発行について特別の技術的処理を設けることが妥当であること
③ 多数の社債権者を保護し，また集団的な取扱いをすることが必要なため

　ただ，会社法 2 条23号および676条では，社債について「公衆に対する起債」，「譲渡性」等の要素を含むものとしていません。とくに近時はそうした要素を欠く，いわゆる私募債の発行例も多いといわれています。他方で，そうした私募債は，とくに個人の投資家に向けて発行・販売される場合に，さまざまなトラブルの種にもなっており，注意が必要です。
　なお，株式にしろ社債にしろ，上場会社のように，それらを証券市場に向けて発行し，または流通させている会社については，市場が健全に機能するよう，すなわち(a)企業や証券の価値が正確な情報に基づいて正しく評価され，(b)市場が投資家にとって十分な信頼に足るものであり，かつ，アクセスが容易であり，そして，(c)市場が投資家の立場からみて効率的であり，かつ，公正であること，を確実ならしめる，という観点から，金融商品取引法によって，ディスクロージャー制度（企業内容開示制度）などが用意されており，さらに，発行会社や投資家などに対して，相場操縦やインサイダー取引などの不公正取引の禁止を含む取引規制が課せられています。加えて，発行会社と投資家をつなぐ金融商品取引所（証券取引所）や証券の発行や流通に際して仲介を行う金融商品取引業者などについても，各種規制が設けられています。
　以上のことを含め，本講で扱った分野に関心を有する読者の皆さんは，コーポレート・ファイナンスや証券規制（金融商品取引法を含む）に関する文献も数多くありますので，それらを参照しながら理解を深めていってください。

第15講●ファイナンスに関する法制度　*159*

第16講　M&A および組織再編等

Q1　ゲームコンテンツ等の開発・販売を行う X 株式会社と同業者の Y 株式会社は，事業規模の拡大等を考えて，経営統合することで合意しています。この場合，X 会社と Y 会社の経営統合の方法にはどのようなものがあり，それぞれどのような特徴がありますか。

Q2　Q1 の X 会社が Y 会社との経営統合を行った場合，労働者との労働契約，金融機関に対する借入債務（金融機関の債権），PC その他のリース料の支払債務（リース会社のリース料債権）は，どのような影響を受けますか。

1　M&A と組織再編

　会社が事業の拡大や統合，事業内容の見直し等を行うときに，他社との M&A や組織再編を行うことがあります。M&A とは，英語の merger（合併）と acquisition（株式取得等による買収）のことで，その具体的内容は多岐にわたります。便宜上ここでは，ある会社が他の株式会社の株式の多くを買い集めるケースを念頭に置くことにします。また，組織再編は，一般的には，会社法に規定する「組織変更」，「合併」，「会社分割」，「株式交換・株式移転」および「株式交付」を指す言葉です（会社法 2 条26号〜32号の 2 ）。

　このうち組織変更とは，株式会社が合名会社・合資会社または合同会社に会社の種類を変更し，また，合名会社・合資会社または合同会社が株式会社に会社の種類を変更する手続きです。そのため，組織変更は 1 社単独で実行できます。例えば，スーパーの西友は，もともと株式会社でしたが，アメリカのウォルマートに買収された後，合同会社に組織変更して現在に至っています。

　これに対し，2 社以上の会社が 1 社に完全に統合される合併，株式会社また

は合同会社がその事業に関して有する権利義務の全部または一部を第2会社にまとめて承継させる会社分割，既存の株式会社を株主の多数決（特別決議）によって他の株式会社・合同会社の100％子会社とする株式交換・株式移転，さらに令和元（2019）年の会社法改正により自社株を用いて他の株式会社を子会社化するための手段として導入された株式交付は，複数の会社が関わる組織再編行為です。このように，組織変更以外の組織再編では2社以上の会社が関与することになるので，組織再編によって既存の会社の持つ債権や負担する債務，株主の立場や労働者との関係等がどのような影響を受けるかが異なっていることに留意する必要があります。

◆コラム　MBO

　近年，M&A の一類型として MBO という取引が散見されます。MBO とは，Management BuyOut の略語であり，上場会社の経営者等が投資ファンドや金融機関の資金援助を受けて自社を買収して非上場化することです。

　上場会社では，個人，従業員株主，投資ファンド，国内機関投資家，外国人投資家（外国機関投資家）等が株主となり，その構成が複雑化していることが少なくありません。MBO が実施されれば，会社経営を担当する経営者（取締役）が自ら株主となるため，株主構成がシンプル化するだけでなく，思い切った経営を行うこともできるメリットが期待できます。

　しかし，MBO では，経営者等が第1段階として自社の株主に対し全株式の取得を目指して株式公開買付（Take Over Bid）を行った上で，全株式の取得に至らなかったときは，第2段階として全部取得条項付種類株式の取得（多数決によるキャッシュ・アウト（少数株主の締出し））を実施することで，自社の株式を100％取得するという手法が用いられるのが一般的です。そのため，買収者側に立つ経営者と株式の売主となる株主との間に，構造的な利益相反と情報の非対称という問題のあることが指摘されています。会社法はこの問題を直接規律していませんが，株式の買付価格や MBO に関与した経営者の会社や株主に対する民事責任が裁判上の争点となる事例が少なくありません。

　そこで，MBO に伴う上記問題に対する実務上の取組みも行われており，経済産業省が平成19（2007）年9月4日に公表した「企業価値の向上及び公正な手続確保のための経営者による企業買収（MBO）に関する指針」では，MBO を行う経営者等に対し，株主の適切な判断機会を確保した上で，MBO に係る経営者等の意思決定過程の恣意性を排除し買収価格の適正性を担保する措置を講じることを求めてきました。その後，同指針策定から10年が過ぎ，その間に関連ルールの見直しや判例法理の発展等が見られたことから，経済産業省は，MBO 指針を改訂し，令和元（2019）年6月28日に「公正な

第16講 ● M&A および組織再編等　*161*

M&Aの在り方に関する指針―企業価値の向上と株主利益の確保に向けて―」を策定しました。今後，MBOは新指針に従って行われることになりますが，同指針では，構造的利益相反を排除するため，マーケット・チェックやマジョリティ・オブ・マイノリティ条件の設定等の取組みを新たに求め，一般株主の利益保護を強化しています。なお，この規律はソフトローによるものですが，開示面ではハードローによる規律との連携が図られており，金融商品取引法は，MBOの第１段階で行われることが一般的な株式公開買付について，公開買付者が公開買付価格の公正性を担保するための措置を講じているときはその具体的内容を公開買付届出書に記載することを要求しています（同法27条の３第２項）。

　ちなみに，MBOが行われた場合，対象会社の株式は上場廃止になりますが，後日，再上場されることも少なくありません。そのため，株式会社東京証券取引所および日本取引所自主規制法人は，平成28（2016）年12月２日付で「MBO後の再上場時における上場審査について」を公表し，株式再上場に対する審査のポイントを明示しています。

2　２社による経営統合の方法

　Q1およびQ2では，X会社とY会社の経営統合の方法とそれぞれの特徴および既存の法律関係（労働者との労働契約，債権者に対する債務）への影響が問われています。経営統合の方法は，経営統合後にX会社とY会社が一つの会社に一体化する方法と，経営統合後もX会社とY会社が引き続き存続する方法とに大別されます。前者が①合併です。

　これに対し，後者は，②X会社とY会社との間に100％親子会社関係を創設する株式交換，③X会社とY会社の両方を100％子会社とする共同の100％親会社を新設する株式移転，④X会社（またはY会社）が自社株式を対価に用いてY会社（またはX会社）の株主から株式を譲り受けY会社（またはX会社）を子会社化する株式交付，⑤X会社とY会社が既存の共同子会社に対し両社の事業を移転する吸収分割，⑥X会社とY会社で共同子会社を設立しそこに両社の事業を移転する新設分割の各方法を挙げることができます。

162

3 合併

(1) 吸収合併と新設合併

　合併とは，二つ以上の会社が一つの会社に一体化する組織再編行為で，合併を行う会社（合併当事会社という）の一つが合併後も存続し，他の合併当事会社を吸収してこれを消滅させる吸収合併（会社法2条27号）と，合併当事会社のすべてが合併後に消滅し，新たに設立される会社に統合される新設合併（同条28号）とに分かれます。日本では，吸収合併の利用が一般的です。

　Q1の例で，X会社が合併後存続してY会社を吸収する吸収合併が行われると，Y会社が消滅する一方，X会社はY会社を統合して組織を拡大します。この場合，X会社は吸収合併存続会社，Y会社は吸収合併消滅会社といわれます。これに対し，X会社とY会社とが新設合併により統合すると，合併後に

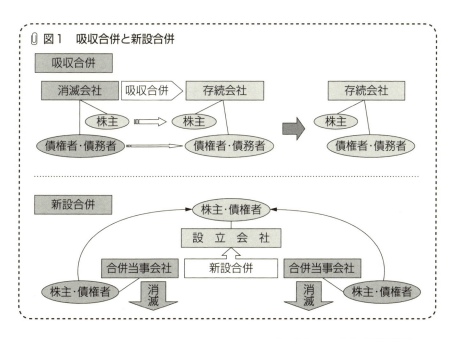

両社が消滅する一方，新しい会社（例えば，Z会社。新設合併設立会社）が同時に設立されて，X会社とY会社がともにZ会社に統合されて一体化します。

(2) 合併の効果

合併が行われると，法律上は，権利義務の**一般承継**という効果が発生します（会社法750条1項・752条1項・754条1項・756条1項）。一般承継は，人の死亡による相続のときにも起きますが（民法896条本文），これをX会社が吸収合併存続会社となりY会社が吸収合併消滅会社となる吸収合併について説明すると，吸収合併の効力発生によって，Y会社がその時点で有している各種の権利（土地所有権などの物権，債権）および債務（金銭債務等）と各種の法律関係（労働契約関係等）のすべてがX会社に一括移転します（会社法750条1項・752条1項）。その際，Y会社の債権者の個別同意，債務者への通知，労働者の同意等は必要ありません。

(3) 事業譲渡と合併

合併によく似た法的手段として，事業譲渡（会社法467条1項1号・2号）という手続きがあります。Y会社がその事業の全部をX会社に譲渡した上で，同時に解散すれば，事実上，X会社を存続させる吸収合併が行われたのと同じ結果が得られます。そのため，これを事実上の合併（de facto merger）といいますが，事業譲渡では，合併の場合のような権利義務や法律関係の一般承継という効果は生じません。Y会社が持っている各種の権利（債権，物権）や義務，契約関係をX会社に引き継がせるためには，Y会社が権利や義務・法律関係を一つひとつ移転する手続き（債権者の同意，債務者への通知，労働者の同意等）をとらなければなりません。これを，**個別承継**といいます。

したがって，事業譲渡がY会社とX会社との間で行われた場合，権利・義務や契約関係の移転に非常に手間がかかることがありますが，それは，X会社に移転させるものと移転させずにY会社に残すものとの仕分け（選り分け）が行えることを意味します。そのため，経営破綻したY会社を救済するためには，

Ｘ会社との吸収合併よりも，Ｙ会社の優良資産や採算の取れている事業部門だけをＸ会社に移転させる一方で，不良資産や負債，不採算事業をＹ会社に残して，最終的にＹ会社を清算する方法がとられることもあります。

⑷　吸収合併の手続き

Ｘ会社とＹ会社とが吸収合併を行う場合，まず，両会社の間で吸収合併契約を締結することが必要です（会社法748条）。この契約は規定事項が法定されていて，必要事項を吸収合併契約で定めることを要します（会社法749条1項・3項・751条1項・3項）。

次に，両会社は，株主や債権者に対する事前の情報開示を行った上で（会社法782条・794条），第1に，株主の利益保護のために，株主総会を開催して原則として特別決議により吸収合併契約の承認を受けなければなりません（会社法783条1項・795条1項・309条2項12号）。なお，Ｘ会社とＹ会社との間に90％以上の株式保有関係があるときは，90％以上の株式を持たれている側で株主総会の承認を受ける必要がありません（略式方式。会社法784条1項本文・796条1項本文）。また，Ｘ会社がＹ会社を吸収合併する際にＹ会社の株主・社員に対して交付する対価の額がＸ会社の純資産の20％以下であるときは，Ｘ会社側での株主総会による承認は不要です（簡易方式。会社法796条2項本文）。

このほか，株主の利益保護のため，反対株主には会社に対し保有株式の買取りを請求できる株式買取請求権が認められます（会社法785条・797条）。また，法令・定款に違反する合併や対価が著しく不当な略式方式の合併によって不利益を受けるおそれのある株主には，合併差止請求権も認められます（会社法784条の2・796条の2）。

第2に，吸収合併（新設合併も）では，Ｙ会社に対する債権者との債権債務関係が債権者の同意なくＸ会社に一般承継されるため，Ｙ会社の債権者と，Ｙ会社の債務をすべて承継して負債が大きくなるＸ会社の債権者の利益を保護する必要があります。そこで，債権者の利益保護のため，Ｘ会社・Ｙ会社がそれぞれ合併の効力発生前に，「知れている債権者」に対する通知と官報での公

告を行って，合併に異議があれば一定期間（1か月以上）内に異議申立てを行うよう催告し，異議を述べた債権者には原則として債務の弁済等を行わなければなりません（会社法789条・799条）。これを債権者保護手続きといいます。

第3に，これらの手続きを経た後，吸収合併契約で定めた合併の効力発生日に吸収合併の効果が発生しますが，その後も6か月間は必要事項を記載等した書面等を本店に備え置き，株主・債権者の閲覧に供しなければなりません（会社法801条1項・3項・4項）。これは，合併無効の訴えの提訴期間（会社法828条1項7号）にあわせたものです。

4 会社分割

(1) 吸収分割と新設分割

合併が複数の会社が一体化するものとすると，その逆が会社分割です。会社分割には，前述のように，分割をする会社（分割会社）が既存の会社に分割会

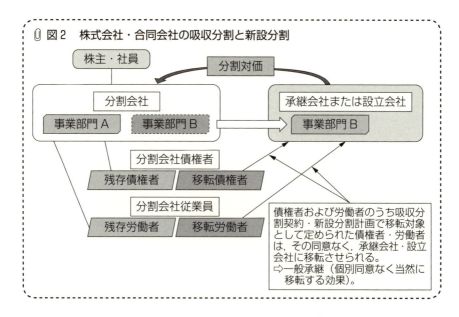

図2　株式会社・合同会社の吸収分割と新設分割

社の有する権利・義務の全部または一部を承継させる吸収分割（会社法2条29号）と，分割会社が新設会社（設立会社）に分割会社の有する権利・義務の全部または一部を承継させる新設分割（同条30号）とがあります。

Q1のX会社とY会社の経営統合で会社分割を使う場合，例えば，X会社の100％子会社（A会社）がすでにあり，そこにX会社とY会社の全事業を会社分割によって移転するケースは，X会社およびY会社がA会社を吸収分割承継会社とする吸収分割を実施することになります。

また，X会社とY会社とが共同で100％子会社を設立して両社の全事業を会社分割によって移転するケースは，新設分割の利用事例です。新設分割は，新設合併と異なり，利用事例も少なくありません。

なお，会社分割が行える会社の種類には制限があります。合併は四つの種類の会社がどのような組合せでも行えるのに対し，会社分割を行う分割会社は株式会社または合同会社に限られ，合名会社・合資会社は分割会社になることができません（会社法2条29号・30号）。一方，吸収分割承継会社または新設分割設立会社には，株式会社・合同会社だけでなく合名会社や合資会社もなることができるので，分割会社になれる会社の範囲と吸収分割承継会社・新設分割設立会社になれる会社の範囲に違いがあることに注意が必要です。

(2) 会社分割の効果

会社分割が行われる場合，合併とよく似た効果が生じます。吸収分割では，分割会社と吸収分割承継会社との間で吸収分割契約が締結され，その契約の定めるところに従って，分割会社の有する事業上の権利・義務の全部または一部が吸収分割承継会社に一般承継されます。新設分割では，分割会社が作成した新設分割計画の定めるところに従って，分割会社の有する権利・義務の全部または一部が，新設分割によって設立される会社（新設分割設立会社）に一般承継されます。したがって，いずれの場合も，移転対象となる債権者の同意や債務者への通知は必要とされません。

これに対し，労働契約については，「会社分割に伴う労働契約の承継等に関

第16講● M&Aおよび組織再編等　*167*

する法律」（以下「労働契約承継法」という）という特別法があり，特別の保護が与えられています。会社分割が行われる場合の労働者の処遇も，吸収分割契約または新設分割計画の定めるところによって決まります。そのため，(ア)移転対象となる事業部門で主に働いている労働者（承継事業主要労働者という）が承継会社等に移籍するケース，(イ)承継事業主要労働者（の全部または一部）が承継会社等に移籍しないケース，(ウ)他の事業部門で仕事に従事する労働者が会社分割に伴い承継会社等に移籍させられるケース（指定承継労働者という），(エ)他の事業部門で仕事に従事する労働者は承継会社等に移籍しないケース，の４パターンが考えられます。このうち，(イ)または(ウ)の場合は会社分割制度がリストラに利用される危険があるので，労働契約承継法では，(イ)の場合の労働者（非承継労働者）と，(ウ)の場合の労働者（指定承継労働者）に異議申出権を認めます（労働契約承継法４条１項・５条１項）。非承継労働者（(イ)）が異議を申し出ると，移籍できるとされ（同法４条４項），指定承継労働者（(ウ)）が異議を申し出ると，残留できるとされています（同法５条３項）。

(3) 会社分割の手続き

　株式会社が会社分割を行うには，まず吸収分割の場合は吸収分割承継会社との間で吸収分割契約を締結しなければならず，新設分割の場合は新設分割計画を作成することが必要です（会社法757条後段・762条後段）。いずれも規定事項が法定されています（同法758条・763条）。以下では，株式会社が会社分割を行う場合の手続きを概説します。

　次に，吸収分割の場合は分割会社と吸収分割承継会社の両方が，また新設分割の場合は分割会社が株主および債権者に対する事前の情報開示を行った上で（会社法782条・794条・803条），第１に，株主の利益保護のため，吸収分割では分割会社と承継会社の両方の株主総会で，新設分割では分割会社の株主総会で，吸収分割契約または新設分割計画の特別決議による承認を受けなければなりません（会社法783条１項・795条１項・804条１項・309条２項12号）。

　ただし，分割会社は承継資産の帳簿価額が総資産の20％以下であるときは，

株主総会決議による承認が必要とされず（会社法784条2項・805条），吸収分割の承継会社は分割対価の合計額が純資産の20%以下であるときに株主総会決議による承認の省略が認められます（会社法796条2項本文。簡易方式）。

　また，吸収分割の場合に分割会社と承継会社との間に90%以上の株式保有関係があるときは，株式を90%以上持たれている会社での株主総会の特別決議は必要とされません（会社法784条1項本文・796条1項本文。略式方式）。

　なお，会社分割について反対株主の株式買取請求権や株主の差止請求権が認められることは合併の場合と同様です（会社法785条・797条・806条・784条の2・796条の2・805条の2）。

　第2に，会社分割でも分割会社の有する権利義務の一般承継が生じるので，債権者の利益保護が必要とされます。吸収分割の場合，承継会社ではすべての債権者を対象に合併の場合と同様の異議申立手続きが用意されていますが（会社法799条1項2号・802条2項），分割会社では，会社分割後に分割会社に請求することができなくなる債権者（承継債権者という）だけが異議申立手続きの対象とされています（会社法789条1項2号・793条2項）。新設分割では分割会社だけで債権者保護措置が行われますが，対象となるのは，やはり承継債権者だけです。

　つまり，分割会社は移転する資産と当価値の分割対価が支払われる「はず」だから，資産状態に変動がなく，残存債権者に会社分割への異議申立権を認める必要がないと考えられているわけです。

　しかし，近時こうした取扱いを逆手にとって，分割会社が一部の債権者（銀行等の金融機関のケースが多い）を残存債権者にし，会社分割について知らせないまま会社分割を実施し，当該債権者の債権回収を妨げるケースが目立っています。これを「濫用的会社分割」または「詐害的会社分割」といいます。最高裁判所はこの問題について，残存債権者が民法に定める詐害行為取消権により濫用的（詐害的）会社分割の効力を否定することを認め，救済を図っています（最判平成24（2012）年10月12日民集66巻10号3311頁）。これを受け，平成26（2014）年の会社法改正で，分割会社が残存債権者を害することを知って会社分割を

行った場合は，残存債権者は承継財産の価額を限度として，承継会社（濫用的（詐害的）会社分割であることを知っている場合だけ）または設立会社に対し債務の履行を請求することができるものとされました（会社法759条4項・761条4項・764条4項・766条4項）。

第3に，労働者には労働契約承継法による保護が用意されているので，分割会社から承継事業主要労働者および指定承継労働者への事前通知が要求されています（同法2条）。

第4に，会社分割は，吸収分割契約で定めた効力発生日または設立会社の設立登記の日に効果が発生しますが（会社法759条1項・761条1項・764条1項・766条1項），その後も分割会社等は6か月間は，必要事項を記載等した書面等を本店に備え置き，株主・債権者の閲覧に供しなければなりません（会社法791条1項〜3項・801条2項〜4項・811条1項〜3項・815条2項〜5項）。これは，会社分割無効の訴えの提訴期間（会社法828条1項9号・10号）に合わせたものです。

5　株式交換・株式移転・株式交付

(1)　株式交換・株式移転の効果と手続き

株式交換は，100％完全親子会社関係の創設に伴い，既存の株式会社の株主が，他の既存の株式会社または合同会社（株式交換完全親会社という）の株主または社員となるという効果だけが発生し，100％子会社化する株式会社（株式交換完全子会社という）の債権者の権利関係に変動は生じません。株式移転も，既存の株式会社の株主が新設株式会社の株主になるという効果のみが発生し，100％子会社化する株式会社（株式移転完全子会社という）の債権者の権利は変動しません。そのため，株式交換も株式移転も株主保護措置が講じられるだけで，合併や会社分割におけるような債権者保護措置は行われません。

まず株式交換の手続きについて，説明の便宜上，株式会社同士でこれが行われるケースでみると，株式交換完全子会社および株式交換完全親会社の間で株

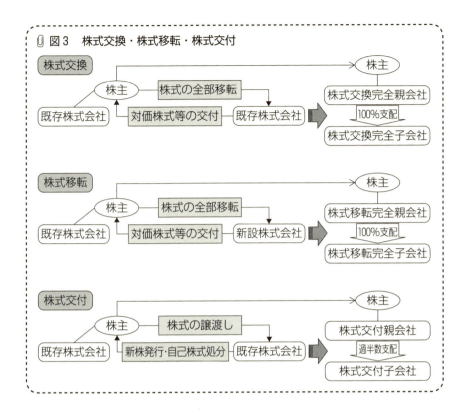

図3 株式交換・株式移転・株式交付

式交換契約を締結しなければなりません（会社法767条）。この契約の規定事項も法定されています（会社法768条）。

次に，両会社がそれぞれの株主に対し事前の情報開示を行った上で（会社法782条・794条），株式交換契約につき両会社の株主総会の特別決議による承認を受けることを要します（会社法783条1項・795条1項）。その例外として，両会社の間に90％以上の株式保有関係が存在する場合は，90％の株式を持たれている株式会社側の株主総会決議による承認は必要ありません（会社法784条1項本文・796条1項本文。略式方式）。また，株式交換完全親会社が株式交換完全子会社の株主に交付する対価の額が純資産の20％以下である場合は，株式交換完全親会社の株主総会決議による承認は不要です（会社法796条2項本文。簡易方式）。

第16講● M&A および組織再編等　171

このほか，反対株主の株式買取請求権が認められ（会社法785条・797条），法令・定款違反の株式交換または対価が著しく不当である略式方式の株式交換に対する差止請求権が株主に与えられています（会社法784条の2・796条の2）。

これに対し，株式移転の手続きをみると，まず株式移転完全子会社が株式移転計画を作成することを要し，この計画の規定事項も法定されています（会社法772条1項後段・773条）。Q1のように，複数の会社が共同持株会社を設立しその完全子会社となって経営統合するケースでは，共同で株式移転計画を作成することになります（会社法772条2項）。

そのうえで，株式移転完全子会社において，株主に対する事前の情報開示（会社法803条）を行った後，株式移転計画について株主総会決議による承認を受けることを要しますが（会社法804条1項），株主総会決議の省略は認められていません。この場合も，反対株主の株式買取請求権が認められ（会社法806条），法令・定款違反の株式移転に対する差止請求権が株主に与えられています（会社法805条の2）。

以上の手続きを経た後，株式交換の場合は株式交換契約で定めた効力発生日に，株式移転の場合は株式移転完全親会社の設立登記の日にそれぞれ株式交換または株式移転の効力が発生し，株式交換完全子会社または株式移転完全子会社の株主の保有株式の全部が株式交換完全親会社または株式移転完全親会社に移転し，当該株主には株式交換または株式移転の対価が交付されてその地位の変動が生じます（会社法769条1項・3項・771条1項・3項・774条1項〜3項）。株式交換・株式移転の場合も，株式交換・株式移転の無効の訴えの提訴期間に合わせて，その効力発生後6か月間の情報開示が行われます（会社法791条1項〜3項・801条3項3号・4項・6項・811条・815条3項3号・4項・6項）。

しかし，株式交換・株式移転は完全子会社化する株式会社の債権者や労働者の地位の変動を伴わないため，それら利害関係者に対する特別の保護措置は行われません。特に，労働者が動かない上に，労働者の社内での地位の変動も生じないため，株式交換・株式移転は，合併に比べると，経営統合後の労働契約の格差の調整，役職者のポスト調整等が必要なく，経営統合に伴う各当事会社

間の労働者間の摩擦回避に一定の効果があるといわれています。

(2) 株式交付の意義と手続・効果

株式交付は，令和元（2019）年の会社法改正により新設された組織再編手段であり，株式会社（買収会社）が他の株式会社（被買収会社）を子会社とするため買収会社の株式を対価として被買収会社の株主から株式を譲り受けるものです（改正会社法2条32号の2）。これは，既存の株式会社間に親子会社関係を創設する点で株式交換と類似しますが，対価が買収会社の株式に限られる点，被買収会社が100％子会社となるわけでない点等で，株式交換と異なります。買収対価に買収会社の株式を利用するため（自社株対価TOB），キャッシュレス買収が可能になります。

株式交付の手続きを見ると，親会社となる株式会社（株式交付親会社）が，第1に，子会社となる株式会社（株式交付子会社）の商号・住所や株式交付親会社が譲り受ける株式交付子会社の株式の数の下限，その対価として交付する株式交付親会社の株式の数等を定めた株式交付計画を作成する必要があります（改正会社法774条の2後段・774条の3第1項）。

第2に，株式交付親会社は，株主保護のため，株式交付計画の内容等を記載等した書面等を本店で事前開示した上で，原則として，株主総会の特別決議によって株式交付計画の承認を受けることを要します（同法816条の2・816条の3）。このほか，株式交付親会社の株主保護措置として，法令・定款違反の株式交付に対する株主の差止請求権（同法816条の5），反対株主の株式買取請求権（同法816条の6）が法定されるとともに，株式交付無効の訴えも用意されます（同法828条1項13号・2項13号・844条の2参照）。

なお，株式交付は，株式交付子会社の株式の株式交付親会社への譲渡が行われるだけであり，両社の債務の承継を伴わないので，原則として債権者保護の手続きをとる必要がありません（その例外として同法816条の8参照）。労働者も移籍しないので，労働者保護の措置も用意されていません。

第3に，株式交付親会社は，株式交付子会社の株式を譲渡しの申込みをしよ

第16講● M&Aおよび組織再編等　*173*

うとする者に対して必要情報を提供し，その申込みを受けます。その後，株式交付計画所定の効力発生日が到来すると，株式交付親会社は申込者から株式交付子会社の株式を譲り受け，その見返りに株式交付親会社の株式を交付すること（同法774条の４～774条の７・774条の11）で，親会社・子会社の関係が創設されます。

第17講 支払決済手段

Q1 X株式会社がY株式会社との間で，X会社がY会社から原材料を購入する契約を締結した場合に，当該契約に基づく売買代金の支払いは納品の時ではなく，納品日から60日後とする取り決めになっているときに，売買代金の支払決済はどのように行われますか。

Q2 Q1のX会社が売買代金の支払決済手段として，Y会社に約束手形を振り出すことがありますが，約束手形とはどのような有価証券ですか。これと為替手形や小切手とは，どのような違いがありますか。

Q3 最近は企業間取引の支払決済手段として手形・小切手の利用が減り，電子記録債権が使われています。電子記録債権とはどのようなものですか。

1 企業間取引の支払決済手段とニーズ

企業間取引では，売買代金等の支払いが納品等と同時交換ではなく，後日行われる信用取引が一般的です。Q1の例で，売主のY会社のX会社に対する売買代金請求権（売掛債権）は，納品後60日経過しないと行使できません。しかし，Y会社とすれば，その間に資金が必要になったときにX会社に対する債権を現金化できるようにしたいという期限前換金ニーズがあります。また，X会社が支払期限に資金繰りがつかず，代金を支払えないデフォルト・リスクがあるので，Y会社はなるべくそれを小さくしたいでしょう（デフォルト・リスク低減ニーズ）。

こうしたニーズを踏まえて，X会社とY会社間の売買代金の支払決済手段について見ていきましょう。以下では，売掛債権だけを使う方式（売掛債権譲渡方式），約束手形・為替手形・小切手を用いる方式，電子記録債権を利用す

る方式，および，新たな資金決済・移動手段について説明します。これら以外に，口座振替，振込みという銀行の口座間の資金移動もありますが，説明は省略します。

2 売掛債権譲渡方式とファクタリング

(1) 売掛債権譲渡方式と期限前換金ニーズおよびファクタリング

　上記の三方式のうちもっともシンプルなものは売掛債権譲渡方式であり，Y会社は，X会社に対する売掛債権を第三者に譲渡（売却）して換金することが可能です。債権は，期限が来れば債務者にこれを行使し金銭等の財産の交付を受けることができるので，経済価値があり，原則として譲渡（売買）の対象となりうるからです（民法466条1項本文）。実際に，売掛債権の買取業者（ファクタリング業者）も存在します（図1参照）。

　また，債権者が債権を譲渡するには，対抗要件として，債務者に対する通知または債務者の承諾を必要とします（民法467条1項）。債務者の2重払いを防ぐためです。しかも，債権者が債権を二重譲渡するおそれがあるため，債権者から債権を譲り受けたと主張する者は，別に当該債権者から当該債権を譲り受けたと主張する者が登場したときでも，権利を確保できるようにしておく必要があります。その方法として，民法は，債務者への通知または債務者の承諾は，公正証書などの確定日付のある証書（民法施行法5条1項）によって行う必要があると規定しています（民法467条2項）（図1参照）。

(2) デフォルト・リスク低減ニーズへの対処

　売掛債権譲渡方式におけるデフォルト・リスクへの対処について見ると，Y会社がX会社に対する売掛債権を第三者に譲渡（売却）した場合，当該第三者がデフォルト・リスクを負担せず，X会社の支払不能時には買い取った債権の買戻しをY会社に請求するケースがあります。第三者がファクタリング業者であるときは，これをウィズリコース・ファクタリング（factoring with re-

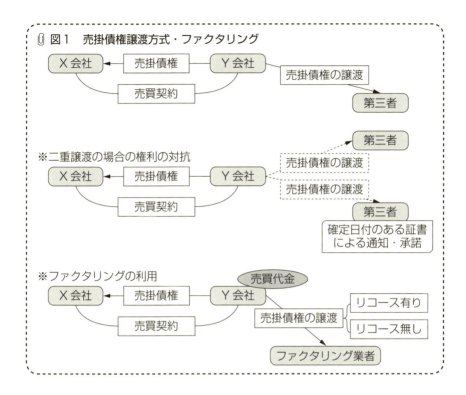

図1 売掛債権譲渡方式・ファクタリング

course) といい，デフォルト・リスクはY会社に残されます。これに対し，第三者がデフォルト・リスクを引き受けるケースがあり，このケースでは，第三者は，X会社が支払不能となっても，Y会社に債権の買戻しを請求しません。これをノンリコース・ファクタリング（factoring without recourse）といい，Y会社はデフォルト・リスクから解放されます（図1参照）。

(3) 抗弁接続

Q1のケースで，Y会社の納品した商品が不良品であることが判明し，Y会社がX会社からの商品交換要求等に適切に対応しないとします。この場合，X会社はY会社の契約不履行を理由にY会社の代金支払請求を拒絶することができます。相手方の請求を拒絶することや，その理由を「**抗弁**」といいます。

それでは，Y会社がX会社に対する売掛債権を，X会社の承諾を得てZ会社に譲渡した場合，Z会社はどのような影響を受けるでしょうか。法律上は，「何人も自己の有するもの以上のものを他人に譲渡することができない」ということが基本原則の一つとされているので，Y会社は，X会社から支払いを拒絶される売掛債権をZ会社に譲渡したことになります。そのため，Z会社がY会社の契約不履行を知らなかったとしても，X会社に対して債権を行使したときに，X会社からY会社の契約不履行を理由に支払いを拒絶されます。これを「抗弁の接続」といいます（抗弁接続リスク）。

そのため，売掛債権譲渡方式では，Z会社は安心して売掛債権を譲り受けることができず，期限前換金ニーズに十分対応できません。

3 手形・小切手の利用

(1) 約束手形の利用

わが国では，企業間の信用取引の支払決済手段として，従来，国内取引については約束手形が多用されてきました（Q1関連）。約束手形とは，手形記載の金額（手形金額）を手形記載の満期日に支払うことを約束手形の発行者（振出人という）が約束手形の発行を受ける者（受取人という）または受取人から約束手形を正当に譲り受けた者に対して約束する有価証券（支払約束証券）です（Q2関連）。Y会社は，X会社から売買代金を金額欄に記載し納品日の60日後の日を満期日とする約束手形を発行してもらえば，満期日にこれをX会社に呈示して債権の回収を図ることができます。ちなみに，約束手形・為替手形の発行のことを，振出（ふりだし）といいます。

それでは，約束手形は期限前換金ニーズに対応するでしょうか。実務上は，銀行等が満期前の約束手形を買い取ってくれることがあるので，Y会社はこれを利用して期限前の換金ニーズを満たすことができます。これを手形割引といいます。この場合に行われるのが，約束手形の裏書（うらがき）です（図2参照）。

約束手形が利用される場合，デフォルト・リスクはどうなるでしょうか。Y

会社がX会社の振り出した約束手形を第三者に裏書により譲渡した場合において，X会社が満期に手形金額を支払えないときは，Y会社は第三者から約束手形の買戻しを求められます。これを遡求（そきゅう）といい，約束手形の裏書をした者（裏書人）は裏書により約束手形を譲り受けた者（被裏書人）に対して，原則として，振出人による支払いが行われないときに遡求に応じる義務を負います。そのため，基本的にデフォルト・リスクはY会社（債権者）に残ります。しかし，約束手形の裏書をする際に，Y会社が遡求義務を負わない無担保裏書をすると，振出人が支払いをしないときの遡求義務を排除できます。これにより，Y会社はデフォルト・リスクから逃れることができます。

また，売掛債権譲渡方式について指摘した抗弁接続リスクについても，約束手形は，もともと流通を予定している有価証券であるため，約束手形の譲受人（被裏書人）が特別な調査をしなくても，振出人と受取人（裏書人）との間では持ち出される抗弁の主張を受けることなく約束手形を取得し満期日に振出人に支払いを請求できるよう設計されています。これを抗弁切断といいます（手形

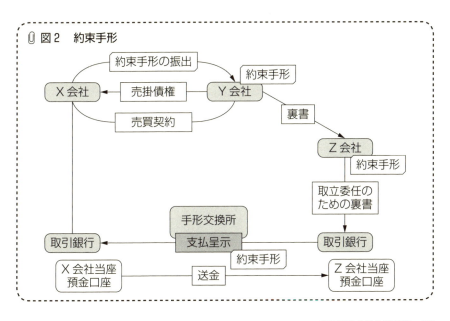

図2　約束手形

法17条・77条1項1号）。為替手形や小切手も同様です（手形法17条, 小切手法22条）。

(2) 為替手形の利用

① 取立手段としての為替手形（売主による利用）　次に, 外国の X 会社に商品を販売した日本の Y 会社が代金を取り立てる場合に用いられる支払決済手段の一つが, 為替手形です。為替手形は, 振出人が支払人に対し受取人への一定金額の支払いを委託する有価証券（支払委託証券）である点に特徴があります。支払人は, 振出人からの委託を受けて金銭の支払いを行うものであるため, そのままでは支払義務を負担しませんが, 引受署名を行うと, 引受人と呼ばれ, 支払義務を負担することになります（手形法22条1項）。

為替手形を利用した資金決済の仕方を具体的にみてみましょう。Y 会社が X 会社に商品を販売（輸出）する場合, 外国の X 会社から支払いを受けるために, X 会社を支払人, Y 会社を受取人とする為替手形を振り出します。その後, Y 会社は Y 会社の取引銀行に取立てのためこの為替手形の裏書をします。A 銀行がこれを X 会社の所在地の取引銀行 B 銀行または A 銀行の支店に取立てのために再度裏書し, B 銀行または A 銀行の支店を通じて X 会社から支払いを受けます（取立為替）。

もっとも, これでは期限前換金ニーズが満たせませんが, A 銀行が Y 会社の振り出した為替手形を割り引けば, Y 会社は期限前換金が可能となります。

いずれにせよ, 売主が取立為替を用いて海外の買主からの代金回収を行おうとしても, 買主が商品の受領後に代金を支払わないという事態が生じ, 売主として損害を被る場合があります。そこで, Y 会社が A 銀行に為替手形を裏書するときに, X 会社に輸出する商品の引取りのために必要な運送証券（船荷証券）を A 銀行に一緒に渡しておきます。これを**荷為替**といいます。この場合, A 銀行から為替手形に基づく支払いの取立てを依頼された B 銀行または A 銀行支店は, X 会社に支払いを求めるにあたり, 支払いをしなければ運送証券を X 会社に引き渡さないと主張できるので, X 会社に支払いを強制することができるわけです（**図3**参照）。

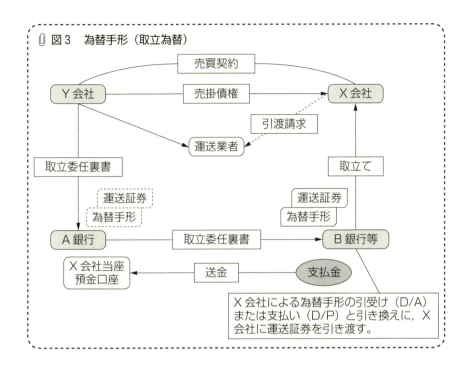

図3　為替手形（取立為替）

　ちなみに，外国企業との取引に基づく支払決済手段として，実務上は，買主の信用を取引銀行（信用状発行銀行）が保証する商業信用状（letter of credit：L/C）が発行され，荷為替手形に付されることが多いといわれてきました。信用状発行銀行は，信用状記載の条件に合致する為替手形の支払い・引受けをする義務を負うので，為替手形の支払いが，運用証券による物的担保と，信用状発行銀行の人的担保により一層確実となります。

　信用状以外にも，輸出代金の支払確保手段として，国際ファクタリングがあります。売主はこれを使えば，代金回収を高い確度で確保することができます。

　② 送金手段としての為替手形（買主による利用）　為替手形は，商品売買の買主が送金手段として利用することもあります。Y会社から商品を購入したX会社は，購入代金相当額を取引銀行のB銀行に払い込んで，B銀行から，X会社を支払人，Y会社を受取人とする為替手形を振り出してもらいます。X会

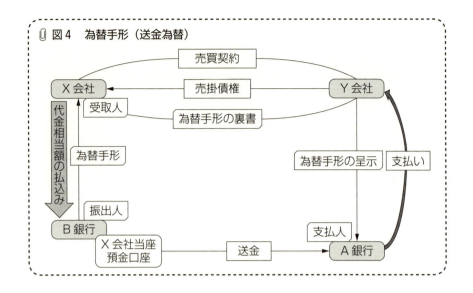

図4 為替手形（送金為替）

社はこれをY会社に送付し，Y会社が取引銀行のA銀行を通じて満期日に取立てを行い，B銀行のX会社の預金口座からA銀行のY会社の預金口座に送金（振替）が行われると，X会社はY会社に送金をしたのと同じ効果を上げることができます（図4参照）。これを，送金為替といいます。

(3) 小切手の利用

　小切手とは，振出人が支払人に対し，受取人その他小切手の正当な所持人に対してその請求の日に，振出人の口座にある資金を用いて小切手記載の一定の金額を支払うことを委託する支払委託証券です。この点では，為替手形と同じです。しかし，小切手は，現金に代わる有価証券とされているため，支払人が銀行に限定され（小切手法3条本文），当該銀行に決済資金が用意されていること（資金関係といいます。同条），あくまでも振出人の口座残高によって金銭の支払いが行われるものとされているため，支払人となる銀行が信用を供与できず，支払人が支払債務を負担する引受けが禁止されていること（同法4条）等の点で，為替手形と異なります。小切手が金銭代用証券ともいわれるのは，そ

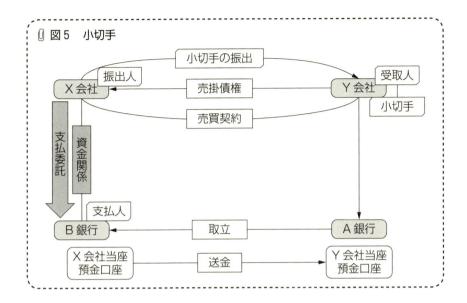

のためです。

　小切手をX会社とY会社との間の売買代金の支払決済に利用する場合は，X会社が取引銀行のB銀行に当座預金を開設し，小切手用紙の発行を受けた上で，Y会社を受取人，B銀行を支払人とし売買代金額を額面金額とする小切手をY会社に振り出します。Y会社はこれを取引銀行のA銀行に持ち込むと，

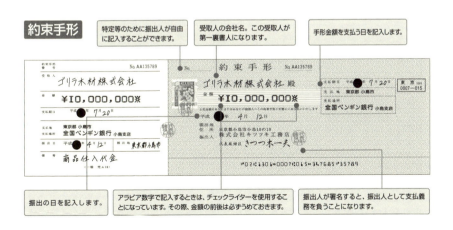

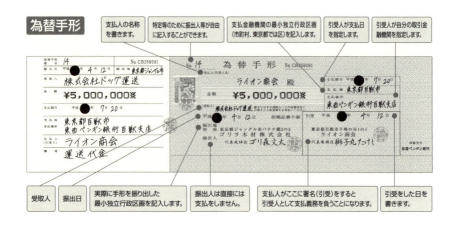

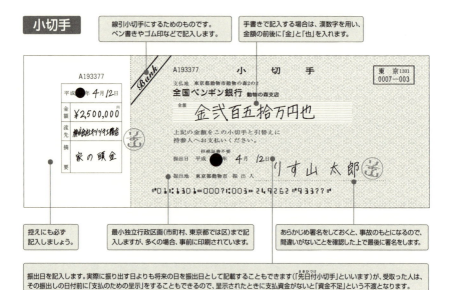

全国銀行協会HP金融経済教育サイトより一部加工

A銀行が支払人のB銀行に対して小切手の取立てを行い，B銀行から送金が行われることで，Y会社は売買代金を回収することができます。

小切手についても，デフォルト・リスクは問題となり得ます。X会社が振り

出した小切手がY会社の取引銀行A銀行から取立てに回されたところ、支払
人のB銀行におけるX会社の当座預金残高が不足していて、請求金額の支払
いができないことは現実に起こり得るからです。こうした事態に備えるため、
保証または支払人による支払保証の制度が用意されているので（小切手法25条
〜27条・53条〜58条）、Y会社とすれば、必要に応じてこれらの措置を講じてお
くことも重要です。

4 電子記録債権の利用

(1) 手形・小切手から電子記録債権へ

約束手形・為替手形・小切手は喪失・盗難の危険があること、約束手形と為
替手形は印紙税法により所定の額の印紙税の納付（印紙の貼付による）が強制
されていること、約束手形・為替手形・小切手はその一部だけを分割して利用
できないこと等から、電子記録債権法の制定（平成19年6月）・施行（平成20年
12月）によって、必要情報を電子化してペーパーレス化する電子記録債権が導
入され、そちらに国内取引の支払決済手段の主軸がシフトしつつあります。

(2) 電子記録債権の利用

X会社とY会社間の売買契約によりX会社がY会社に対し納品日から60日
後に売買代金を支払うための方法として、電子記録債権を利用するケースを具
体的にみてみましょう。

この場合、第1に、X会社およびY会社はそれぞれ取引銀行を通じてシス
テム利用を申し込んだ上で、X会社が、取引銀行のB銀行を通じて、電子記
録債権の発生記録請求を行います。そうすると、B銀行やY会社の取引銀行
のA銀行を含むすべての国内の銀行が参加する「でんさいネット」（株式会社
全銀電債ネットワークが運営）というシステムに、X会社を債務者、Y会社を債
権者とし債権額等を明示したデータが記録されます（電子記録債権法16条1項各
号）。これを発生記録といい、これにより電子記録債権が発生します（同法15条）

第17講●支払決済手段　*185*

(債務者請求方式）（**図**6の1）。債権者の請求で電子記録債権を利用することも可能です（債権者請求方式）。

　いずれにせよ，Y会社は，期限になると，電子記録債権の発生記録に従って自動的にX会社の銀行口座からY会社の銀行口座に自動送金を受けることができるため，約束手形のように満期日に支払請求をしなければならないという手間を省くことができます。

　第2に，電子記録債権も，第三者への譲渡が可能です。Y会社がZ会社から商品等を仕入れる際に，Z会社の同意さえあれば，その代金の支払いを，X会社に対する電子記録債権で行うことも可能であり，Y会社は，取引銀行の

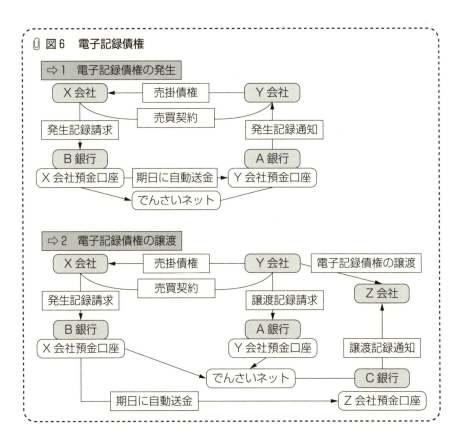

A銀行を通じてでんさいネットに対し譲渡記録の請求をします（図6の2）。Z会社は譲渡記録の通知を受け，支払期日に電子記録債権の債務者であるX会社から記録債権額の自動送金を受けることができます。また，電子記録債権についても銀行等による割引が行われるので，これらを通じ，電子記録債権は債権者の期限前換金ニーズに約束手形と同程度に対応できるわけです。

ちなみに，電子記録債権は，そのうちの一部だけを譲渡することも可能です（電子記録債権法43条1項）。これは約束手形や為替手形には認められない取扱いであり，支払決済手段としての融通性も兼ね備えているといえます。

また，電子記録債権も原則として抗弁切断が認められているので（同法20条1項），Z会社は，X会社とY会社間の関係等を調べなくても安心して，請求を拒絶されない電子記録債権を譲り受けることができます。

第3に，Z会社がY会社から譲渡してもらった電子記録債権が，支払期日に，X会社の口座残高の不足により支払われなかった場合，電子記録債権の譲渡人であるY会社が支払いを肩代わりし，Y会社がその後にX会社に償還を請求する仕組みになっています。これにより，約束手形の遡求と同様の措置によりデフォルト・リスクへの対応がとられています。

5　新たな資金決済・移動手段の登場

(1)　資金決済法の制定と新たな資金決済・移動サービスの登場

企業間取引や企業・消費者間の取引だけでなく，フリマアプリを利用した個人間の物品売買についても，確実かつ効率的な資金決済・移動の手段が必要とされます。そのため，様々なチャネルを通じた資金決済・移動サービスが登場し，急速に普及しています。

こうした状況を背景に平成22（2010）年4月1日に施行された「資金決済に関する法律」（資金決済法）は，これまで銀行だけに認められてきた「為替取引」（「隔地者間で直接現金を輸送せずに資金を移動する仕組みを利用して資金移動を行うことを顧客から依頼されて引き受け遂行すること」〔最決平成13（2001）年3月12

日刑集55巻 2 号97頁〕）を，100万円以下の少額取引に限り，銀行以外の登録資金移動業者も取り扱えるようにしました。これにより誕生した資金移動業者が，現在，比較的低コストで資金決済・移動サービスを提供しています。

(2) 新たな資金決済・移動手段

資金決済法に基づき登録をした資金移動業者が提供する資金決済・移動サービスは，いろいろな送金チャネルを使って24時間いつでも・どこからでも（モバイル端末等利用の場合）送金が行える，個人でも事業者でも利用できる，銀行よりも手数料が安い場合が多い，海外送金を扱う登録業者を利用すれば海外送金も可能である等の利点があります。

現在提供されているサービスは，業界の分類によれば，営業店型，インターネット・モバイル型，カード・証書型に大別されています（図7参照）。

第 1 に，営業店型とは，送金者が店舗 A で送金を依頼し，受取人が別の店舗 B 等で送金人から提供された情報等を提示して，送金資金を受け取るサービスです。店舗間の資金移動は，資金移動業者の設置するサーバ上のネットワークを通じて行われます。

第 2 に，インターネット・モバイル型とは，送金人が特定の資金移動業者のウェブページ上にアカウントを設定した後，インターネット・モバイル端末（スマートフォン等）を利用したり提携コンビニエンスストア等に設置された機械を利用したりして当該アカウントに入金した上で，当該業者に対し受取人のアカウントへの送金指示を行い，当該業者が両者のアカウント間で資金移動（データ移動）を実行するというものです。これにより，受取人は指定のアカウント等で送金資金を受け取ることができます。この場合，受取人が自己のアカウントを持っているときは，自己のアカウントへの入金額を残高とし，出金せずに他の支払いに充てることもあれば，当該残高を銀行口座に払い出したうえで現金化することもあります。受取人が固有のアカウントを持っていないときでも，受取人の銀行口座への送金が行われるので，受取人は送金資金を直接受領することが可能です。

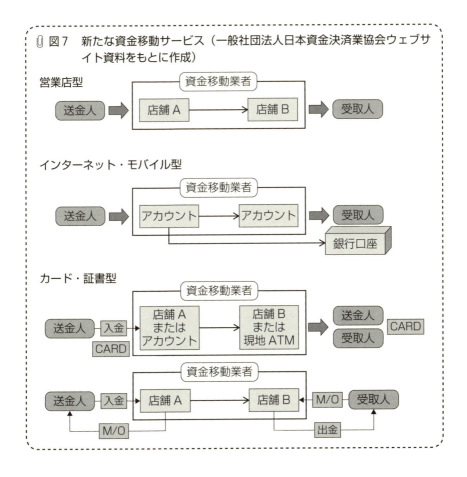

　第3に，カード・証書型とは，送金人が資金移動業者に設置したアカウントに店舗でまたはインターネット等を利用して入金した上で，専用カードに入金額（データ）をチャージし，それを持参して渡航先の外国の現地ATMで現地通貨を引き出したり，当該カードをデビットカードとして利用したりするもの（カード型），および，送金人が資金移動業者の店舗Aで必要額の証書（マネー・オーダーM/O）を購入し，これを受取人に送ると，当該受取人が受け取った当該証書を店舗Bで提示して現金を受け取るもの（証書型）です。カード型は，外国に渡航・在住する受取人に当該カードを保持させて，送金人がインター

ネットバンキング等で入金を行えば，安全かつ迅速で比較的低コストの海外送金が可能となります。

　もっとも，現行の資金決済法（令和元（2019）年6月7日公布の改正法）では，銀行以外の資金移動業者が扱える送金サービスの上限金額を1回あたり100万円までとしているため（同法2条2項，資金決済に関する法律施行令2条），利用範囲が制限されています。そのため，資金移動業者が行える送金サービスの上限金額を引き上げることの是非が，今後の課題として残っています。

　このほか，商品・サービスの利用料金の支払のための類似手段として，商品等の提供者（債権者）の委託を受けた事業者が当該商品等の利用者（債務者）から売買代金や利用料金を受け取り，これを当該提供者に引き渡す収納代行サービス，通信販売で商品購入者の指定場所に商品販売者の依頼で商品を搬送する運送業者が商品購入者から商品代金を代わりに受け取り，これを商品販売者に引き渡す代金引換サービス等があります。これらは，現状，資金決済法の適用対象外とされています。

参考資料

(注：必要な条文のみ抜粋。〔 〕の条文見出しは編集部の補注)

〔目次〕

民　　法／191
利息制限法／201
不動産登記法／201
動産及び債権の譲渡の対抗要件に関する
　　民法の特例等に関する法律（動産債権譲渡特例法）／201
民事訴訟法／202
会 社 法／203
商　　法／246

民　　法

(基本原則)

第1条　私権は，公共の福祉に適合しなければならない。

2　権利の行使及び義務の履行は，信義に従い誠実に行わなければならない。

3　権利の濫用は，これを許さない。

(解釈の基準)

第2条　この法律は，個人の尊厳と両性の本質的平等を旨として，解釈しなければならない。

(権利能力)

第3条　私権の享有は，出生に始まる。

2　外国人は，法令又は条約の規定により禁止される場合を除き，私権を享有する。

(成年)

第4条　年齢18歳をもって，成年とする。

注：民法4条は令和4（2022）年4月施行。それまでは，成年となる年齢は20歳。39頁コラム参照

(未成年者の法律行為)

第5条　未成年者が法律行為をするには，その法定代理人の同意を得なければならない。ただし，単に権利を得，又は義務を免れる法律行為については，この限りでない。

2　前項の規定に反する法律行為は，取り消すことができる。

3　第1項の規定にかかわらず，法定代理人が目的を定めて処分を許した財産は，その目的の範囲内において，未成年者が自由に処分することができる。目的を定めないで処分を許した財産を処分するときも，同様とする。

(未成年者の営業の許可)

第6条　一種又は数種の営業を許された未成年者は，その営業に関しては，成年者と同一の行為能力を有する。

2　前項の場合において，未成年者がその営業に堪えることができない事由があるときは，その法定代理人は，第4編（親族）の規定に従い，その許可を取り消し，又はこれを制限することができる。

（後見開始の審判）

第7条　精神上の障害により事理を弁識する能力を欠く常況にある者については，家庭裁判所は，本人，配偶者，4親等内の親族，未成年後見人，未成年後見監督人，保佐人，保佐監督人，補助人，補助監督人又は検察官の請求により，後見開始の審判をすることができる。

（成年被後見人及び成年後見人）

第8条　後見開始の審判を受けた者は，成年被後見人とし，これに成年後見人を付する。

（成年被後見人の法律行為）

第9条　成年被後見人の法律行為は，取り消すことができる。ただし，日用品の購入その他日常生活に関する行為については，この限りでない。

（後見開始の審判の取消し）

第10条　第7条に規定する原因が消滅したときは，家庭裁判所は，本人，配偶者，4親等内の親族，後見人（未成年後見人及び成年後見人をいう。以下同じ。），後見監督人（未成年後見監督人及び成年後見監督人をいう。以下同じ。）又は検察官の請求により，後見開始の審判を取り消さなければならない。

（保佐開始の審判）

第11条　精神上の障害により事理を弁識する能力が著しく不十分である者については，家庭裁判所は，本人，配偶者，4親等内の親族，後見人，後見監督人，補助人，補助監督人又は検察官の請求により，保佐開始の審判をすることができる。ただし，第7条に規定する原因がある者については，この限りでない。

（被保佐人及び保佐人）

第12条　保佐開始の審判を受けた者は，被保佐人とし，これに保佐人を付する。

（保佐人の同意を要する行為等）

第13条　被保佐人が次に掲げる行為をするには，その保佐人の同意を得なければならない。ただし，第9条ただし書に規定する行為については，この限りでない。

一　元本を領収し，又は利用すること。

二　借財又は保証をすること。

三　不動産その他重要な財産に関する権利の得喪を目的とする行為をすること。

四　訴訟行為をすること。

五　贈与，和解又は仲裁合意（仲裁法（平成15年法律第138号）第2条第1項に規定する仲裁合意をいう。）をすること。

六　相続の承認若しくは放棄又は遺産の分割をすること。

七　贈与の申込みを拒絶し，遺贈を放棄し，負担付贈与の申込みを承諾し，又は負担付遺贈を承認すること。

八　新築，改築，増築又は大修繕をすること。

九　第602条に定める期間を超える賃貸借をすること。

十　前各号に掲げる行為を制限行為能力者（未成年者，成年被後見人，被保佐人及び第17

条第1項の審判を受けた被補助人をいう。以下同じ。）の法定代理人としてすること。

2　家庭裁判所は，第11条本文に規定する者又は保佐人若しくは保佐監督人の請求により，被保佐人が前項各号に掲げる行為以外の行為をする場合であってもその保佐人の同意を得なければならない旨の審判をすることができる。ただし，第9条ただし書に規定する行為については，この限りでない。

3　保佐人の同意を得なければならない行為について，保佐人が被保佐人の利益を害するおそれがないにもかかわらず同意をしないときは，家庭裁判所は，被保佐人の請求により，保佐人の同意に代わる許可を与えることができる。

4　保佐人の同意を得なければならない行為であって，その同意又はこれに代わる許可を得ないでしたものは，取り消すことができる。

（補助開始の審判）

第15条　精神上の障害により事理を弁識する能力が不十分である者については，家庭裁判所は，本人，配偶者，4親等内の親族，後見人，後見監督人，保佐人，保佐監督人又は検察官の請求により，補助開始の審判をすることができる。ただし，第7条又は第11条本文に規定する原因がある者については，この限りでない。

2　本人以外の者の請求により補助開始の審判をするには，本人の同意がなければならない。

3　補助開始の審判は，第17条第1項の審判又は第876条の9第1項の審判とともにしなければならない。

（被補助人及び補助人）

第16条　補助開始の審判を受けた者は，被補助人とし，これに補助人を付する。

（補助人の同意を要する旨の審判等）

第17条　家庭裁判所は，第15条第1項本文に規定する者又は補助人若しくは補助監督人の請求により，被補助人が特定の法律行為をするにはその補助人の同意を得なければならない旨の審判をすることができる。ただし，その審判によりその同意を得なければならないものとすることができる行為は，第13条第1項に規定する行為の一部に限る。

2　本人以外の者の請求により前項の審判をするには，本人の同意がなければならない。

3　補助人の同意を得なければならない行為について，補助人が被補助人の利益を害するおそれがないにもかかわらず同意をしないときは，家庭裁判所は，被補助人の請求により，補助人の同意に代わる許可を与えることができる。

4　補助人の同意を得なければならない行為であって，その同意又はこれに代わる許可を得ないでしたものは，取り消すことができる。

（制限行為能力者の相手方の催告権）

第20条　制限行為能力者の相手方は，その制限行為能力者が行為能力者（行為能力の制限を受けない者をいう。以下同じ。）となった後，その者に対し，1箇月以上の期間を定めて，その期間内にその取り消すことができる行為を追認するかどうかを確答すべき旨の催告をすることができる。この場合において，その者がその期間内に確答を発しないときは，その行為を追認したものとみなす。

（制限行為能力者の詐術）

第21条　制限行為能力者が行為能力者であることを信じさせるため詐術を用いたときは，その行為を取り消すことができない。

参考資料●民法　*193*

（法人の成立等）

第33条 法人は，この法律その他の法律の規定によらなければ，成立しない。

2 学術，技芸，慈善，祭祀，宗教その他の公益を目的とする法人，営利事業を営むことを目的とする法人その他の法人の設立，組織，運営及び管理については，この法律その他の法律の定めるところによる。

（法人の能力）

第34条 法人は，法令の規定に従い，定款その他の基本約款で定められた目的の範囲内において，権利を有し，義務を負う。

（不動産及び動産）

第86条 土地及びその定着物は，不動産とする。

2 不動産以外の物は，すべて動産とする。

（公序良俗）

第90条 公の秩序又は善良の風俗に反する法律行為は，無効とする。

（任意規定と異なる意思表示）

第91条 法律行為の当事者が法令中の公の秩序に関しない規定と異なる意思を表示したときは，その意思に従う。

（任意規定と異なる慣習）

第92条 法令中の公の秩序に関しない規定と異なる慣習がある場合において，法律行為の当事者がその慣習による意思を有しているものと認められるときは，その慣習に従う。

（心裡留保）

第93条 意思表示は，表意者がその真意ではないことを知ってしたときであっても，そのためにその効力を妨げられない。ただし，相手方がその意思表示が表意者の真意ではないことを知り，又は知ることができたときは，その意思表示は，無効とする。

2 前項ただし書の規定による意思表示の無効は，善意の第三者に対抗することができない。

（虚偽表示）

第94条 相手方と通じてした虚偽の意思表示は，無効とする。

2 前項の規定による意思表示の無効は，善意の第三者に対抗することができない。

（錯誤）

第95条 意思表示は，次に掲げる錯誤に基づくものであって，その錯誤が法律行為の目的及び取引上の社会通念に照らして重要なものであるときは，取り消すことができる。

一 意思表示に対応する意思を欠く錯誤

二 表意者が法律行為の基礎とした事情についてのその認識が真実に反する錯誤

2 前項第2号の規定による意思表示の取消しは，その事情が法律行為の基礎とされていることが表示されていたときに限り，することができる。

3 錯誤が表意者の重大な過失によるものであった場合には，次に掲げる場合を除き，第1項の規定による意思表示の取消しをすることができない。

一 相手方が表意者に錯誤があることを知り，又は重大な過失によって知らなかったとき。

二 相手方が表意者と同一の錯誤に陥っていたとき。

4 第1項の規定による意思表示の取消しは，善意でかつ過失がない第三者に対抗することができない。

194

（詐欺又は強迫）

第96条 詐欺又は強迫による意思表示は，取り消すことができる。

2 相手方に対する意思表示について第三者が詐欺を行った場合においては，相手方がその事実を知り，又は知ることができたときに限り，その意思表示を取り消すことができる。

3 前二項の規定による詐欺による意思表示の取消しは，善意でかつ過失がない第三者に対抗することができない。

（代理行為の要件及び効果）

第99条 代理人がその権限内において本人のためにすることを示してした意思表示は，本人に対して直接にその効力を生ずる。

（無効な行為の追認）

第119条 無効な行為は，追認によっても，その効力を生じない。ただし，当事者がその行為の無効であることを知って追認をしたときは，新たな行為をしたものとみなす。

（取消権者）

第120条 行為能力の制限によって取り消すことができる行為は，制限行為能力者（他の制限行為能力者の法定代理人としてした行為にあっては，当該他の制限行為能力者を含む。）又はその代理人，承継人若しくは同意をすることができる者に限り，取り消すことができる。

2 錯誤，詐欺又は強迫によって取り消すことができる行為は，瑕疵ある意思表示をした者又はその代理人若しくは承継人に限り，取り消すことができる。

（取消しの効果）

第121条 取り消された行為は，初めから無効であったものとみなす。

（原状回復の義務）

第121条の2 無効な行為に基づく債務の履行として給付を受けた者は，相手方を原状に復させる義務を負う。

2 前項の規定にかかわらず，無効な無償行為に基づく債務の履行として給付を受けた者は，給付を受けた当時その行為が無効であること（給付を受けた後に前条の規定により初めから無効であったものとみなされた行為にあっては，給付を受けた当時その行為が取り消すことができるものであること）を知らなかったときは，その行為によって現に利益を受けている限度において，返還の義務を負う。

3 第1項の規定にかかわらず，行為の時に意思能力を有しなかった者は，その行為によって現に利益を受けている限度において，返還の義務を負う。行為の時に制限行為能力者であった者についても，同様とする。

（取り消すことができる行為の追認）

第122条 取り消すことができる行為は，第120条に規定する者が追認したときは，以後，取り消すことができない。ただし，追認によって第三者の権利を害することはできない。

（所有権の取得時効）

第162条 20年間，所有の意思をもって，平穏に，かつ，公然と他人の物を占有した者は，その所有権を取得する。

2 10年間，所有の意思をもって，平穏に，かつ，公然と他人の物を占有した者は，その占有の開始の時に，善意であり，かつ，過失がなかったときは，その所有権を取得する。

参考資料●民法　195

（物権の創設）

第175条 物権は，この法律その他の法律に定めるもののほか，創設することができない。

（物権の設定及び移転）

第176条 物権の設定及び移転は，当事者の意思表示のみによって，その効力を生ずる。

（不動産に関する物権の変動の対抗要件）

第177条 不動産に関する物権の得喪及び変更は，不動産登記法（平成16年法律第123号）その他の登記に関する法律の定めるところに従いその登記をしなければ，第三者に対抗することができない。

（動産に関する物権の譲渡の対抗要件）

第178条 動産に関する物権の譲渡は，その動産の引渡しがなければ，第三者に対抗することができない。

（占有権の取得）

第180条 占有権は，自己のためにする意思をもって物を所持することによって取得する。

（現実の引渡し及び簡易の引渡し）

第182条 占有権の譲渡は，占有物の引渡しによってする。

2 譲受人又はその代理人が現に占有物を所持する場合には，占有権の譲渡は，当事者の意思表示のみによってすることができる。

（占有改定）

第183条 代理人が自己の占有物を以後本人のために占有する意思を表示したときは，本人は，これによって占有権を取得する。

（指図による占有移転）

第184条 代理人によって占有をする場合において，本人がその代理人に対して以後第三者のためにその物を占有することを命じ，その第三者がこれを承諾したときは，その第三者は，占有権を取得する。

（占有保持の訴え）

第198条 占有者がその占有を妨害されたときは，占有保持の訴えにより，その妨害の停止及び損害の賠償を請求することができる。

（占有保全の訴え）

第199条 占有者がその占有を妨害されるおそれがあるときは，占有保全の訴えにより，その妨害の予防又は損害賠償の担保を請求することができる。

（占有回収の訴え）

第200条 占有者がその占有を奪われたときは，占有回収の訴えにより，その物の返還及び損害の賠償を請求することができる。

2 占有回収の訴えは，占有を侵奪した者の特定承継人に対して提起することができない。ただし，その承継人が侵奪の事実を知っていたときは，この限りでない。

（所有権の内容）

第206条 所有者は，法令の制限内において，自由にその所有物の使用，収益及び処分をする権利を有する。

（土地所有権の範囲）

第207条 土地の所有権は，法令の制限内において，その土地の上下に及ぶ。

（地上権の内容）

第265条　地上権者は，他人の土地において工作物又は竹木を所有するため，その土地を使用する権利を有する。

（永小作権の内容）

第270条　永小作人は，小作料を支払って他人の土地において耕作又は牧畜をする権利を有する。

（地役権の内容）

第280条　地役権者は，設定行為で定めた目的に従い，他人の土地を自己の土地の便益に供する権利を有する。ただし，第3章第1節（所有権の限界）の規定（公の秩序に関するものに限る。）に違反しないものでなければならない。

（共有の性質を有しない入会権）

第294条　共有の性質を有しない入会権については，各地方の慣習に従うほか，この章の規定を準用する。

（留置権の内容）

第295条　他人の物の占有者は，その物に関して生じた債権を有するときは，その債権の弁済を受けるまで，その物を留置することができる。ただし，その債権が弁済期にないときは，この限りでない。

（先取特権の内容）

第303条　先取特権者は，この法律その他の法律の規定に従い，その債務者の財産について，他の債権者に先立って自己の債権の弁済を受ける権利を有する。

（質権の内容）

第342条　質権者は，その債権の担保として債務者又は第三者から受け取った物を占有し，かつ，その物について他の債権者に先立って自己の債権の弁済を受ける権利を有する。

（抵当権の内容）

第369条　抵当権者は，債務者又は第三者が占有を移転しないで債務の担保に供した不動産について，他の債権者に先立って自己の債権の弁済を受ける権利を有する。

（法定利率）

第404条　利息を生ずべき債権について別段の意思表示がないときは，その利率は，その利息が生じた最初の時点における法定利率による。

2　法定利率は，年3パーセントとする。

3　前項の規定にかかわらず，法定利率は，法務省令で定めるところにより，3年を1期とし，1期ごとに，次項の規定により変動するものとする。

4　各期における法定利率は，この項の規定により法定利率に変動があった期のうち直近のもの（以下この項において「直近変動期」という。）における基準割合と当期における基準割合との差に相当する割合（その割合に1パーセント未満の端数があるときは，これを切り捨てる。）を直近変動期における法定利率に加算し，又は減算した割合とする。

5　前項に規定する「基準割合」とは，法務省令で定めるところにより，各期の初日の属する年の6年前の年の1月から前々年の12月までの各月における短期貸付けの平均利率（当該各月において銀行が新たに行った貸付け（貸付期間が1年未満のものに限る。）に係る利率の平均をいう。）の合計を60で除して計算した割合（その割合に0.1パーセント未満の

端数があるときは，これを切り捨てる。）として法務大臣が告示するものをいう。

（債務不履行による損害賠償）

第415条　債務者がその債務の本旨に従った履行をしないとき又は債務の履行が不能であるときは，債権者は，これによって生じた損害の賠償を請求することができる。ただし，その債務の不履行が契約その他の債務の発生原因及び取引上の社会通念に照らして債務者の責めに帰することができない事由によるものであるときは，この限りでない。

2　前項の規定により損害賠償の請求をすることができる場合において，債権者は，次に掲げるときは，債務の履行に代わる損害賠償の請求をすることができる。

一　債務の履行が不能であるとき。

二　債務者がその債務の履行を拒絶する意思を明確に表示したとき。

三　債務が契約によって生じたものである場合において，その契約が解除され，又は債務の不履行による契約の解除権が発生したとき。

（保証人の責任等）

第446条　保証人は，主たる債務者がその債務を履行しないときに，その履行をする責任を負う。

2　保証契約は，書面でしなければ，その効力を生じない。

（催告の抗弁）

第452条　債権者が保証人に債務の履行を請求したときは，保証人は，まず主たる債務者に催告をすべき旨を請求することができる。ただし，主たる債務者が破産手続開始の決定を受けたとき，又はその行方が知れないときは，この限りでない。

（検索の抗弁）

第453条　債権者が前条の規定に従い主たる債務者に催告をした後であっても，保証人が主たる債務者に弁済をする資力があり，かつ，執行が容易であることを証明したときは，債権者は，まず主たる債務者の財産について執行をしなければならない。

（連帯保証の場合の特則）

第454条　保証人は，主たる債務者と連帯して債務を負担したときは，前二条の権利を有しない。

（債権の譲渡の対抗要件）

第467条　債権の譲渡（現に発生していない債権の譲渡を含む。）は，譲渡人が債務者に通知をし，又は債務者が承諾をしなければ，債務者その他の第三者に対抗することができない。

2　前項の通知又は承諾は，確定日付のある証書によってしなければ，債務者以外の第三者に対抗することができない。

（契約の締結及び内容の自由）

第521条　何人も，法令に特別の定めがある場合を除き，契約をするかどうかを自由に決定することができる。

2　契約の当事者は，法令の制限内において，契約の内容を自由に決定することができる。

（契約の成立と方式）

第522条　契約は，契約の内容を示してその締結を申し入れる意思表示（以下「申込み」という。）に対して相手方が承諾をしたときに成立する。

2　契約の成立には，法令に特別の定めがある場合を除き，書面の作成その他の方式を具備

することを要しない。

（同時履行の抗弁）

第533条 双務契約の当事者の一方は，相手方がその債務の履行（債務の履行に代わる損害賠償の債務の履行を含む。）を提供するまでは，自己の債務の履行を拒むことができる。ただし，相手方の債務が弁済期にないときは，この限りでない。

（催告による解除）

第541条 当事者の一方がその債務を履行しない場合において，相手方が相当の期間を定めてその履行の催告をし，その期間内に履行がないときは，相手方は，契約の解除をすることができる。ただし，その期間を経過した時における債務の不履行がその契約及び取引上の社会通念に照らして軽微であるときは，この限りでない。

（催告によらない解除）

第542条 次に掲げる場合には，債権者は，前条の催告をすることなく，直ちに契約の解除をすることができる。

一　債務の全部の履行が不能であるとき。

二　債務者がその債務の全部の履行を拒絶する意思を明確に表示したとき。

三　債務の一部の履行が不能である場合又は債務者がその債務の一部の履行を拒絶する意思を明確に表示した場合において，残存する部分のみでは契約をした目的を達することができないとき。

四　契約の性質又は当事者の意思表示により，特定の日時又は一定の期間内に履行をしなければ契約をした目的を達することができない場合において，債務者が履行をしないでその時期を経過したとき。

五　前各号に掲げる場合のほか，債務者がその債務の履行をせず，債権者が前条の催告をしても契約をした目的を達するのに足りる履行がされる見込みがないことが明らかであるとき。

2　次に掲げる場合には，債権者は，前条の催告をすることなく，直ちに契約の一部の解除をすることができる。

一　債務の一部の履行が不能であるとき。

二　債務者がその債務の一部の履行を拒絶する意思を明確に表示したとき。

（定型約款の合意）

第548条の2　定型取引（ある特定の者が不特定多数の者を相手方として行う取引であって，その内容の全部又は一部が画一的であることがその双方にとって合理的なものをいう。以下同じ。）を行うことの合意（次条において「定型取引合意」という。）をした者は，次に掲げる場合には，定型約款（定型取引において，契約の内容とすることを目的としてその特定の者により準備された条項の総体をいう。以下同じ。）の個別の条項についても合意をしたものとみなす。

一　定型約款を契約の内容とする旨の合意をしたとき。

二　定型約款を準備した者（以下「定型約款準備者」という。）があらかじめその定型約款を契約の内容とする旨を相手方に表示していたとき。

2　前項の規定にかかわらず，同項の条項のうち，相手方の権利を制限し，又は相手方の義務を加重する条項であって，その定型取引の態様及びその実情並びに取引上の社会通念に

照らして第1条第2項に規定する基本原則に反して相手方の利益を一方的に害すると認められるものについては，合意をしなかったものとみなす。

（贈与）

第549条 贈与は，当事者の一方がある財産を無償で相手方に与える意思を表示し，相手方が受諾をすることによって，その効力を生ずる。

（書面によらない贈与の解除）

第550条 書面によらない贈与は，各当事者が解除をすることができる。ただし，履行の終わった部分については，この限りでない。

（売買）

第555条 売買は，当事者の一方がある財産権を相手方に移転することを約し，相手方がこれに対してその代金を支払うことを約することによって，その効力を生ずる。

（代金の支払期限）

第573条 売買の目的物の引渡しについて期限があるときは，代金の支払についても同一の期限を付したものと推定する。

（消費貸借）

第587条 消費貸借は，当事者の一方が種類，品質及び数量の同じ物をもって返還をすることを約して相手方から金銭その他の物を受け取ることによって，その効力を生ずる。

（書面でする消費貸借等）

第587条の2 前条の規定にかかわらず，書面でする消費貸借は，当事者の一方が金銭その他の物を引き渡すことを約し，相手方がその受け取った物と種類，品質及び数量の同じ物をもって返還をすることを約することによって，その効力を生ずる。

2 書面でする消費貸借の借主は，貸主から金銭その他の物を受け取るまで，契約の解除をすることができる。この場合において，貸主は，その契約の解除によって損害を受けたときは，借主に対し，その賠償を請求することができる。

3 書面でする消費貸借は，借主が貸主から金銭その他の物を受け取る前に当事者の一方が破産手続開始の決定を受けたときは，その効力を失う。

4 消費貸借がその内容を記録した電磁的記録によってされたときは，その消費貸借は，書面によってされたものとみなして，前三項の規定を適用する。

（雇用）

第623条 雇用は，当事者の一方が相手方に対して労働に従事することを約し，相手方がこれに対してその報酬を与えることを約することによって，その効力を生ずる。

（受任者の注意義務）

第644条 受任者は，委任の本旨に従い，善良な管理者の注意をもって，委任事務を処理する義務を負う。

（受任者の報酬）

第648条 受任者は，特約がなければ，委任者に対して報酬を請求することができない。

2 受任者は，報酬を受けるべき場合には，委任事務を履行した後でなければ，これを請求することができない。ただし，期間によって報酬を定めたときは，第624条第2項の規定を準用する。

3 受任者は，次に掲げる場合には，既にした履行の割合に応じて報酬を請求することがで

きる。
一　委任者の責めに帰することができない事由によって委任事務の履行をすることができ
　　なくなったとき。
二　委任が履行の中途で終了したとき。

（婚姻適齢）
第731条　婚姻は，18歳にならなければ，することができない。
注：民法731条は令和4（2022）年4月1日施行。それまでは，婚姻適齢は，男18歳・女16歳。
　　また，それとあわせて，下記の現行737条と753条が削除となります。39頁コラム参照。

（未成年者の婚姻についての父母の同意）
第737条　未成年の子が婚姻をするには，父母の同意を得なければならない。
2　父母の一方が同意しないときは，他の一方の同意だけで足りる。父母の一方が知れ
　　ないとき，死亡したとき，又はその意思を表示することができないときも，同様とす
　　る。
（婚姻による成年擬制）
第753条　未成年者が婚姻をしたときは，これによって成年に達したものとみなす。

利息制限法

（利息の制限）
第1条　金銭を目的とする消費貸借における利息の契約は，その利息が次の各号に掲げる場
　　合に応じ当該各号に定める利率により計算した金額を超えるときは，その超過部分につい
　　て，無効とする。
一　元本の額が10万円未満の場合　年2割
二　元本の額が10万円以上100万円未満の場合　年1割8分
三　元本の額が100万円以上の場合　年1割5分

不動産登記法

（登記がないことを主張することができない第三者）
第5条　詐欺又は強迫によって登記の申請を妨げた第三者は，その登記がないことを主張す
　　ることができない。
2　他人のために登記を申請する義務を負う第三者は，その登記がないことを主張すること
　　ができない。ただし，その登記の登記原因（登記の原因となる事実又は法律行為をいう。
　　以下同じ。）が自己の登記の登記原因の後に生じたときは，この限りでない。

動産及び債権の譲渡の対抗要件に関する民法の特例等に関する法律
（動産債権譲渡特例法）

（動産の譲渡の対抗要件の特例等）
第3条　法人が動産（当該動産につき倉荷証券，船荷証券又は複合運送証券が作成されてい

るものを除く。以下同じ。）を譲渡した場合において，当該動産の譲渡につき動産譲渡登記ファイルに譲渡の登記がされたときは，当該動産について，民法第178条の引渡しがあったものとみなす。

民事訴訟法

（文書の成立）

第228条 文書は，その成立が真正であることを証明しなければならない。

2 文書は，その方式及び趣旨により公務員が職務上作成したものと認めるべきときは，真正に成立した公文書と推定する。

3 公文書の成立の真否について疑いがあるときは，裁判所は，職権で，当該官庁又は公署に照会をすることができる。

4 私文書は，本人又はその代理人の署名又は押印があるときは，真正に成立したものと推定する。

5 第2項及び第3項の規定は，外国の官庁又は公署の作成に係るものと認めるべき文書について準用する。

会 社 法

(趣旨)
第1条 会社の設立，組織，運営及び管理については，他の法律に特別の定めがある場合を除くほか，この法律の定めるところによる。

(定義)
第2条 この法律において，次の各号に掲げる用語の意義は，当該各号に定めるところによる。

一 会社 株式会社，合名会社，合資会社又は合同会社をいう。

三 子会社 会社がその総株主の議決権の過半数を有する株式会社その他の当該会社がその経営を支配している法人として法務省令で定めるものをいう。

三の二 子会社等 次のいずれかに該当する者をいう。

　イ 子会社

　ロ 会社以外の者がその経営を支配している法人として法務省令で定めるもの

四 親会社 株式会社を子会社とする会社その他の当該株式会社の経営を支配している法人として法務省令で定めるものをいう。

四の二 親会社等 次のいずれかに該当する者をいう。

　イ 親会社

　ロ 株式会社の経営を支配している者（法人であるものを除く。）として法務省令で定めるもの

五 公開会社 その発行する全部又は一部の株式の内容として譲渡による当該株式の取得について株式会社の承認を要する旨の定款の定めを設けていない株式会社をいう。

六 大会社 次に掲げる要件のいずれかに該当する株式会社をいう。

　イ 最終事業年度に係る貸借対照表（第439条前段に規定する場合にあっては，同条の規定により定時株主総会に報告された貸借対照表をいい，株式会社の成立後最初の定時株主総会までの間においては，第435条第1項の貸借対照表をいう。ロにおいて同じ。）に資本金として計上した額が5億円以上であること。

　ロ 最終事業年度に係る貸借対照表の負債の部に計上した額の合計額が200億円以上であること。

十一の二 監査等委員会設置会社 監査等委員会を置く株式会社をいう。

十二 指名委員会等設置会社 指名委員会，監査委員会及び報酬委員会（以下「指名委員会等」という。）を置く株式会社をいう。

十五 社外取締役 株式会社の取締役であって，次に掲げる要件のいずれにも該当するものをいう。

　イ 当該株式会社又はその子会社の業務執行取締役（株式会社の第363条第1項各号に掲げる取締役及び当該株式会社の業務を執行したその他の取締役をいう。以下同じ。）若しくは執行役又は支配人その他の使用人（以下「業務執行取締役等」という。）でなく，かつ，その就任の前10年間当該株式会社又はその子会社の業務執行取締役等であったことがないこと。

　ロ その就任の前10年内のいずれかの時において当該株式会社又はその子会社の取締役，

会計参与（会計参与が法人であるときは，その職務を行うべき社員）又は監査役であったことがある者（業務執行取締役等であったことがあるものを除く。）にあっては，当該取締役，会計参与又は監査役への就任の前10年間当該株式会社又はその子会社の業務執行取締役等であったことがないこと。

ハ　当該株式会社の親会社等（自然人であるものに限る。）又は親会社等の取締役若しくは執行役若しくは支配人その他の使用人でないこと。

ニ　当該株式会社の親会社等の子会社等（当該株式会社及びその子会社を除く。）の業務執行取締役等でないこと。

ホ　当該株式会社の取締役若しくは執行役若しくは支配人その他の重要な使用人又は親会社等（自然人であるものに限る。）の配偶者又は2親等内の親族でないこと。

十六　社外監査役　株式会社の監査役であって，次に掲げる要件のいずれにも該当するものをいう。

イ　その就任の前10年間当該株式会社又はその子会社の取締役，会計参与（会計参与が法人であるときは，その職務を行うべき社員。ロにおいて同じ。）若しくは執行役又は支配人その他の使用人であったことがないこと。

ロ　その就任の前10年内のいずれかの時において当該株式会社又はその子会社の監査役であったことがある者にあっては，当該監査役への就任の前10年間当該株式会社又はその子会社の取締役，会計参与若しくは執行役又は支配人その他の使用人であったことがないこと。

ハ　当該株式会社の親会社等（自然人であるものに限る。）又は親会社等の取締役，監査役若しくは執行役若しくは支配人その他の使用人でないこと。

ニ　当該株式会社の親会社等の子会社等（当該株式会社及びその子会社を除く。）の業務執行取締役等でないこと。

ホ　当該株式会社の取締役若しくは支配人その他の重要な使用人又は親会社等（自然人であるものに限る。）の配偶者又は2親等内の親族でないこと。

十七　譲渡制限株式　株式会社がその発行する全部又は一部の株式の内容として譲渡による当該株式の取得について当該株式会社の承認を要する旨の定めを設けている場合における当該株式をいう。

二十六　組織変更　次のイ又はロに掲げる会社がその組織を変更することにより当該イ又はロに定める会社となることをいう。

イ　株式会社　合名会社，合資会社又は合同会社

ロ　合名会社，合資会社又は合同会社　株式会社

二十七　吸収合併　会社が他の会社とする合併であって，合併により消滅する会社の権利義務の全部を合併後存続する会社に承継させるものをいう。

二十八　新設合併　二以上の会社がする合併であって，合併により消滅する会社の権利義務の全部を合併により設立する会社に承継させるものをいう。

二十九　吸収分割　株式会社又は合同会社がその事業に関して有する権利義務の全部又は一部を分割後他の会社に承継させることをいう。

三十　新設分割　一又は二以上の株式会社又は合同会社がその事業に関して有する権利義務の全部又は一部を分割により設立する会社に承継させることをいう。

三十一　株式交換　株式会社がその発行済株式（株式会社が発行している株式をいう。以下同じ。）の全部を他の株式会社又は合同会社に取得させることをいう。

三十二　株式移転　一又は二以上の株式会社がその発行済株式の全部を新たに設立する株式会社に取得させることをいう。

三十二の二　株式交付　株式会社が他の株式会社をその子会社（法務省令で定めるものに限る。第774条の3第2項において同じ。）とするために当該他の株式会社の株式を譲り受け，当該株式の譲渡人に対して当該株式の対価として当該株式会社の株式を交付することをいう。

（法人格）

第3条　会社は，法人とする。

（住所）

第4条　会社の住所は，その本店の所在地にあるものとする。

（商行為）

第5条　会社（外国会社を含む。次条第1項，第8条及び第9条において同じ。）がその事業としてする行為及びその事業のためにする行為は，商行為とする。

（商号）

第6条　会社は，その名称を商号とする。

2　会社は，株式会社，合名会社，合資会社又は合同会社の種類に従い，それぞれその商号中に株式会社，合名会社，合資会社又は合同会社という文字を用いなければならない。

3　会社は，その商号中に，他の種類の会社であると誤認されるおそれのある文字を用いてはならない。

（会社と誤認させる名称等の使用の禁止）

第7条　会社でない者は，その名称又は商号中に，会社であると誤認されるおそれのある文字を用いてはならない。

第8条　何人も，不正の目的をもって，他の会社であると誤認されるおそれのある名称又は商号を使用してはならない。

2　前項の規定に違反する名称又は商号の使用によって営業上の利益を侵害され，又は侵害されるおそれがある会社は，その営業上の利益を侵害する者又は侵害するおそれがある者に対し，その侵害の停止又は予防を請求することができる。

（支配人）

第10条　会社（外国会社を含む。以下この編において同じ。）は，支配人を選任し，その本店又は支店において，その事業を行わせることができる。

（支配人の代理権）

第11条　支配人は，会社に代わってその事業に関する一切の裁判上又は裁判外の行為をする権限を有する。

2　支配人は，他の使用人を選任し，又は解任することができる。

3　支配人の代理権に加えた制限は，善意の第三者に対抗することができない。

（支配人の競業の禁止）

第12条　支配人は，会社の許可を受けなければ，次に掲げる行為をしてはならない。

一　自ら営業を行うこと。

二　自己又は第三者のために会社の事業の部類に属する取引をすること。

三　他の会社又は商人（会社を除く。第24条において同じ。）の使用人となること。

四　他の会社の取締役，執行役又は業務を執行する社員となること。

2　支配人が前項の規定に違反して同項第2号に掲げる行為をしたときは，当該行為によって支配人又は第三者が得た利益の額は，会社に生じた損害の額と推定する。

（表見支配人）

第13条　会社の本店又は支店の事業の主任者であることを示す名称を付した使用人は，当該本店又は支店の事業に関し，一切の裁判外の行為をする権限を有するものとみなす。ただし，相手方が悪意であったときは，この限りでない。

（ある種類又は特定の事項の委任を受けた使用人）

第14条　事業に関するある種類又は特定の事項の委任を受けた使用人は，当該事項に関する一切の裁判外の行為をする権限を有する。

2　前項に規定する使用人の代理権に加えた制限は，善意の第三者に対抗することができない。

（物品の販売等を目的とする店舗の使用人）

第15条　物品の販売等（販売，賃貸その他これらに類する行為をいう。以下この条において同じ。）を目的とする店舗の使用人は，その店舗に在る物品の販売等をする権限を有するものとみなす。ただし，相手方が悪意であったときは，この限りでない。

（株式会社の設立―総則）

第25条　株式会社は，次に掲げるいずれかの方法により設立することができる。

一　次節から第8節までに規定するところにより，発起人が設立時発行株式（株式会社の設立に際して発行する株式をいう。以下同じ。）の全部を引き受ける方法

二　次節，第3節，第39条及び第6節から第9節までに規定するところにより，発起人が設立時発行株式を引き受けるほか，設立時発行株式を引き受ける者の募集をする方法

2　各発起人は，株式会社の設立に際し，設立時発行株式を1株以上引き受けなければならない。

（定款の作成）

第26条　株式会社を設立するには，発起人が定款を作成し，その全員がこれに署名し，又は記名押印しなければならない。

2　前項の定款は，電磁的記録（電子的方式，磁気的方式その他人の知覚によっては認識することができない方式で作られる記録であって，電子計算機による情報処理の用に供されるものとして法務省令で定めるものをいう。以下同じ。）をもって作成することができる。この場合において，当該電磁的記録に記録された情報については，法務省令で定める署名又は記名押印に代わる措置をとらなければならない。

（定款の記載又は記録事項）

第27条　株式会社の定款には，次に掲げる事項を記載し，又は記録しなければならない。

一　目的

二　商号

三　本店の所在地

四　設立に際して出資される財産の価額又はその最低額

五　発起人の氏名又は名称及び住所

(株主の責任)

第104条　株主の責任は，その有する株式の引受価額を限度とする。

(株主の権利)

第105条　株主は，その有する株式につき次に掲げる権利その他この法律の規定により認められた権利を有する。

一　剰余金の配当を受ける権利

二　残余財産の分配を受ける権利

三　株主総会における議決権

2　株主に前項第1号及び第2号に掲げる権利の全部を与えない旨の定款の定めは，その効力を有しない。

(共有者による権利の行使)

第106条　株式が2以上の者の共有に属するときは，共有者は，当該株式についての権利を行使する者1人を定め，株式会社に対し，その者の氏名又は名称を通知しなければ，当該株式についての権利を行使することができない。ただし，株式会社が当該権利を行使することに同意した場合は，この限りでない。

(株式の内容についての特別の定め)

第107条　株式会社は，その発行する全部の株式の内容として次に掲げる事項を定めることができる。

一　譲渡による当該株式の取得について当該株式会社の承認を要すること。

二　当該株式について，株主が当該株式会社に対してその取得を請求することができること。

三　当該株式について，当該株式会社が一定の事由が生じたことを条件としてこれを取得することができること。

2　株式会社は，全部の株式の内容として次の各号に掲げる事項を定めるときは，当該各号に定める事項を定款で定めなければならない。

一　譲渡による当該株式の取得について当該株式会社の承認を要すること　次に掲げる事項

イ　当該株式を譲渡により取得することについて当該株式会社の承認を要する旨

ロ　一定の場合においては株式会社が第136条又は第137条第1項の承認をしたものとみなすときは，その旨及び当該一定の場合

二　当該株式について，株主が当該株式会社に対してその取得を請求することができること　次に掲げる事項

イ　株主が当該株式会社に対して当該株主の有する株式を取得することを請求することができる旨

ロ　イの株式一株を取得するのと引換えに当該株主に対して当該株式会社の社債（新株予約権付社債についてのものを除く。）を交付するときは，当該社債の種類（第681条第1号に規定する種類をいう。以下この編において同じ。）及び種類ごとの各社債の金額の合計額又はその算定方法

ハ　イの株式1株を取得するのと引換えに当該株主に対して当該株式会社の新株予約権

（新株予約権付社債に付されたものを除く。）を交付するときは，当該新株予約権の内容及び数又はその算定方法

ニ　イの株式1株を取得するのと引換えに当該株主に対して当該株式会社の新株予約権付社債を交付するときは，当該新株予約権付社債についてのロに規定する事項及び当該新株予約権付社債に付された新株予約権についてのハに規定する事項

ホ　イの株式1株を取得するのと引換えに当該株主に対して当該株式会社の株式等（株式，社債及び新株予約権をいう。以下同じ。）以外の財産を交付するときは，当該財産の内容及び数若しくは額又はこれらの算定方法

ヘ　株主が当該株式会社に対して当該株式を取得することを請求することができる期間

三　当該株式について，当該株式会社が一定の事由が生じたことを条件としてこれを取得することができること　次に掲げる事項

イ　一定の事由が生じた日に当該株式会社がその株式を取得する旨及びその事由

ロ　当該株式会社が別に定める日が到来することをもってイの事由とするときは，その旨

ハ　イの事由が生じた日にイの株式の一部を取得することとするときは，その旨及び取得する株式の一部の決定の方法

ニ　イの株式1株を取得するのと引換えに当該株主に対して当該株式会社の社債（新株予約権付社債についてのものを除く。）を交付するときは，当該社債の種類及び種類ごとの各社債の金額の合計額又はその算定方法

ホ　イの株式1株を取得するのと引換えに当該株主に対して当該株式会社の新株予約権（新株予約権付社債に付されたものを除く。）を交付するときは，当該新株予約権の内容及び数又はその算定方法

ヘ　イの株式1株を取得するのと引換えに当該株主に対して当該株式会社の新株予約権付社債を交付するときは，当該新株予約権付社債についてのニに規定する事項及び当該新株予約権付社債に付された新株予約権についてのホに規定する事項

ト　イの株式1株を取得するのと引換えに当該株主に対して当該株式会社の株式等以外の財産を交付するときは，当該財産の内容及び数若しくは額又はこれらの算定方法

（異なる種類の株式）

第108条　株式会社は，次に掲げる事項について異なる定めをした内容の異なる二以上の種類の株式を発行することができる。ただし，指名委員会等設置会社及び公開会社は，第九号に掲げる事項についての定めがある種類の株式を発行することができない。

一　剰余金の配当

二　残余財産の分配

三　株主総会において議決権を行使することができる事項

四　譲渡による当該種類の株式の取得について当該株式会社の承認を要すること。

五　当該種類の株式について，株主が当該株式会社に対してその取得を請求することができること。

六　当該種類の株式について，当該株式会社が一定の事由が生じたことを条件としてこれを取得することができること。

七　当該種類の株式について，当該株式会社が株主総会の決議によってその全部を取得す

ること。

八　株主総会（取締役会設置会社にあっては株主総会又は取締役会，清算人会設置会社（第478条第8項に規定する清算人会設置会社をいう。以下この条において同じ。）にあっては株主総会又は清算人会）において決議すべき事項のうち，当該決議のほか，当該種類の株式の種類株主を構成員とする種類株主総会の決議があることを必要とするもの

九　当該種類の株式の種類株主を構成員とする種類株主総会において取締役（監査等委員会設置会社にあっては，監査等委員である取締役又はそれ以外の取締役。次項第9号及び第112条第1項において同じ。）又は監査役を選任すること。

2　株式会社は，次の各号に掲げる事項について内容の異なる二以上の種類の株式を発行する場合には，当該各号に定める事項及び発行可能種類株式総数を定款で定めなければならない。

一　剰余金の配当　当該種類の株主に交付する配当財産の価額の決定の方法，剰余金の配当をする条件その他剰余金の配当に関する取扱いの内容

二　残余財産の分配　当該種類の株主に交付する残余財産の価額の決定の方法，当該残余財産の種類その他残余財産の分配に関する取扱いの内容

三　株主総会において議決権を行使することができる事項　次に掲げる事項

イ　株主総会において議決権を行使することができる事項

ロ　当該種類の株式につき議決権の行使の条件を定めるときは，その条件

四　譲渡による当該種類の株式の取得について当該株式会社の承認を要すること　当該種類の株式についての前条第2項第1号に定める事項

五　当該種類の株式について，株主が当該株式会社に対してその取得を請求することができること　次に掲げる事項

イ　当該種類の株式についての前条第2項第2号に定める事項

ロ　当該種類の株式1株を取得するのと引換えに当該株主に対して当該株式会社の他の株式を交付するときは，当該他の株式の種類及び種類ごとの数又はその算定方法

六　当該種類の株式について，当該株式会社が一定の事由が生じたことを条件としてこれを取得することができること　次に掲げる事項

イ　当該種類の株式についての前条第2項第3号に定める事項

ロ　当該種類の株式1株を取得するのと引換えに当該株主に対して当該株式会社の他の株式を交付するときは，当該他の株式の種類及び種類ごとの数又はその算定方法

七　当該種類の株式について，当該株式会社が株主総会の決議によってその全部を取得すること　次に掲げる事項

イ　第171条第1項第1号に規定する取得対価の価額の決定の方法

ロ　当該株主総会の決議をすることができるか否かについての条件を定めるときは，その条件

八　株主総会（取締役会設置会社にあっては株主総会又は取締役会，清算人会設置会社にあっては株主総会又は清算人会）において決議すべき事項のうち，当該決議のほか，当該種類の株式の種類株主を構成員とする種類株主総会の決議があることを必要とするもの　次に掲げる事項

イ　当該種類株主総会の決議があることを必要とする事項

参考資料●会社法　209

ロ　当該種類株主総会の決議を必要とする条件を定めるときは，その条件
　九　当該種類の株式の種類株主を構成員とする種類株主総会において取締役又は監査役を
　　選任すること　次に掲げる事項
　　イ　当該種類株主を構成員とする種類株主総会において取締役又は監査役を選任するこ
　　　と及び選任する取締役又は監査役の数
　　ロ　イの定めにより選任することができる取締役又は監査役の全部又は一部を他の種類
　　　株主と共同して選任することとするときは，当該他の種類株主の有する株式の種類及
　　　び共同して選任する取締役又は監査役の数
　　ハ　イ又はロに掲げる事項を変更する条件があるときは，その条件及びその条件が成就
　　　した場合における変更後のイ又はロに掲げる事項
　　ニ　イからハまでに掲げるもののほか，法務省令で定める事項
3　前項の規定にかかわらず，同項各号に定める事項（剰余金の配当について内容の異なる
　種類の種類株主が配当を受けることができる額その他法務省令で定める事項に限る。）の
　全部又は一部については，当該種類の株式を初めて発行する時までに，株主総会（取締役
　会設置会社にあっては株主総会又は取締役会，清算人会設置会社にあっては株主総会又は
　清算人会）の決議によって定める旨を定款で定めることができる。この場合においては，
　その内容の要綱を定款で定めなければならない。

（株主の平等）

第109条　株式会社は，株主を，その有する株式の内容及び数に応じて，平等に取り扱わな
　ければならない。
2　前項の規定にかかわらず，公開会社でない株式会社は，第105条第1項各号に掲げる権
　利に関する事項について，株主ごとに異なる取扱いを行う旨を定款で定めることができる。
3　前項の規定による定款の定めがある場合には，同項の株主が有する株式を同項の権利に
　関する事項について内容の異なる種類の株式とみなして，この編及び第5編の規定を適用
　する。

（基準日）

第124条　株式会社は，一定の日（以下この章において「基準日」という。）を定めて，基準
　日において株主名簿に記載され，又は記録されている株主（以下この条において「基準日
　株主」という。）をその権利を行使することができる者と定めることができる。
2　基準日を定める場合には，株式会社は，基準日株主が行使することができる権利（基準
　日から3箇月以内に行使するものに限る。）の内容を定めなければならない。
3　株式会社は，基準日を定めたときは，当該基準日の2週間前までに，当該基準日及び前
　項の規定により定めた事項を公告しなければならない。ただし，定款に当該基準日及び当
　該事項について定めがあるときは，この限りでない。
4　基準日株主が行使することができる権利が株主総会又は種類株主総会における議決権で
　ある場合には，株式会社は，当該基準日後に株式を取得した者の全部又は一部を当該権利
　を行使することができる者と定めることができる。ただし，当該株式の基準日株主の権利
　を害することができない。
5　第1項から第3項までの規定は，第149条第1項に規定する登録株式質権者について準
　用する。

210

(株式の譲渡)

第127条 株主は，その有する株式を譲渡することができる。

(株主総会の権限)

第295条 株主総会は，この法律に規定する事項及び株式会社の組織，運営，管理その他株式会社に関する一切の事項について決議をすることができる。

2 前項の規定にかかわらず，取締役会設置会社においては，株主総会は，この法律に規定する事項及び定款で定めた事項に限り，決議をすることができる。

3 この法律の規定により株主総会の決議を必要とする事項について，取締役，執行役，取締役会その他の株主総会以外の機関が決定することができることを内容とする定款の定めは，その効力を有しない。

(株主総会の招集)

第296条 定時株主総会は，毎事業年度の終了後一定の時期に招集しなければならない。

2 株主総会は，必要がある場合には，いつでも，招集することができる。

3 株主総会は，次条第4項の規定により招集する場合を除き，取締役が招集する。

(株主提案権)

第303条 株主は，取締役に対し，一定の事項（当該株主が議決権を行使することができる事項に限る。次項において同じ。）を株主総会の目的とすることを請求することができる。

2 前項の規定にかかわらず，取締役会設置会社においては，総株主の議決権の100分の1（これを下回る割合を定款で定めた場合にあっては，その割合）以上の議決権又は300個（これを下回る数を定款で定めた場合にあっては，その個数）以上の議決権を6箇月（これを下回る期間を定款で定めた場合にあっては，その期間）前から引き続き有する株主に限り，取締役に対し，一定の事項を株主総会の目的とすることを請求することができる。この場合において，その請求は，株主総会の日の8週間（これを下回る期間を定款で定めた場合にあっては，その期間）前までにしなければならない。

3 公開会社でない取締役会設置会社における前項の規定の適用については，同項中「6箇月（これを下回る期間を定款で定めた場合にあっては，その期間）前から引き続き有する」とあるのは，「有する」とする。

第304条 株主は，株主総会において，株主総会の目的である事項（当該株主が議決権を行使することができる事項に限る。次条第1項において同じ。）につき議案を提出することができる。ただし，当該議案が法令若しくは定款に違反する場合又は実質的に同一の議案につき株主総会において総株主（当該議案について議決権を行使することができない株主を除く。）の議決権の10分の1（これを下回る割合を定款で定めた場合にあっては，その割合）以上の賛成を得られなかった日から3年を経過していない場合は，この限りでない。

第305条 株主は，取締役に対し，株主総会の日の8週間（これを下回る期間を定款で定めた場合にあっては，その期間）前までに，株主総会の目的である事項につき当該株主が提出しようとする議案の要領を株主に通知すること（第299条第2項又は第3項の通知をする場合にあっては，その通知に記載し，又は記録すること）を請求することができる。ただし，取締役会設置会社においては，総株主の議決権の100分の1（これを下回る割合を定款で定めた場合にあっては，その割合）以上の議決権又は300個（これを下回る数を定款で定めた場合にあっては，その個数）以上の議決権を6箇月（これを下回る期間を定款

参考資料●会社法　*211*

で定めた場合にあっては，その期間）前から引き続き有する株主に限り，当該請求をすることができる。

2　公開会社でない取締役会設置会社における前項ただし書の規定の適用については，同項ただし書中「6箇月（これを下回る期間を定款で定めた場合にあっては，その期間）前から引き続き有する」とあるのは，「有する」とする。

3　第1項の株主総会の目的である事項について議決権を行使することができない株主が有する議決権の数は，同項ただし書の総株主の議決権の数に算入しない。

4　取締役会設置会社の株主が第1項の規定による請求をする場合において，当該株主が提出しようとする議案の数が10を超えるときは，前三項の規定は，10を超える数に相当することとなる数の議案については，適用しない。この場合において，当該株主が提出しようとする次の各号に掲げる議案の数については，当該各号に定めるところによる。

　一　取締役，会計参与，監査役又は会計監査人（次号において「役員等」という。）の選任に関する議案　当該議案の数にかかわらず，これを一の議案とみなす。

　二　役員等の解任に関する議案　当該議案の数にかかわらず，これを一の議案とみなす。

　三　会計監査人を再任しないことに関する議案　当該議案の数にかかわらず，これを一の議案とみなす。

　四　定款の変更に関する2以上の議案　当該2以上の議案について異なる議決がされたとすれば当該議決の内容が相互に矛盾する可能性がある場合には，これらを一の議案とみなす。

5　前項前段の10を超える数に相当することとなる数の議案は，取締役がこれを定める。ただし，第1項の規定による請求をした株主が当該請求と併せて当該株主が提出しようとする2以上の議案の全部又は一部につき議案相互間の優先順位を定めている場合には，取締役は，当該優先順位に従い，これを定めるものとする。

6　第1項から第3項までの規定は，第1項の議案が法令若しくは定款に違反する場合又は実質的に同一の議案につき株主総会において総株主（当該議案について議決権を行使することができない株主を除く。）の議決権の10分の1（これを下回る割合を定款で定めた場合にあっては，その割合）以上の賛成を得られなかった日から3年を経過していない場合には，適用しない。

（議決権の数）

第308条　株主（株式会社がその総株主の議決権の4分の1以上を有することその他の事由を通じて株式会社がその経営を実質的に支配することが可能な関係にあるものとして法務省令で定める株主を除く。）は，株主総会において，その有する株式1株につき1個の議決権を有する。ただし，単元株式数を定款で定めている場合には，1単元の株式につき1個の議決権を有する。

2　前項の規定にかかわらず，株式会社は，自己株式については，議決権を有しない。

（株主総会の決議）

第309条　株主総会の決議は，定款に別段の定めがある場合を除き，議決権を行使することができる株主の議決権の過半数を有する株主が出席し，出席した当該株主の議決権の過半数をもって行う。

2　前項の規定にかかわらず，次に掲げる株主総会の決議は，当該株主総会において議決権

を行使することができる株主の議決権の過半数（3分の1以上の割合を定款で定めた場合にあっては，その割合以上）を有する株主が出席し，出席した当該株主の議決権の3分の2（これを上回る割合を定款で定めた場合にあっては，その割合）以上に当たる多数をもって行わなければならない。この場合においては，当該決議の要件に加えて，一定の数以上の株主の賛成を要する旨その他の要件を定款で定めることを妨げない。

一　第140条第2項及び第5項の株主総会

二　第156条第1項の株主総会（第160条第1項の特定の株主を定める場合に限る。）

三　第171条第1項及び第175条第1項の株主総会

四　第180条第2項の株主総会

五　第199条第2項，第200条第1項，第202条第3項第4号，第204条第2項及び第205条第2項の株主総会

六　第238条第2項，第239条第1項，第241条第3項第4号，第243条第2項及び第244条第3項の株主総会

七　第339条第1項の株主総会（第342条第3項から第5項までの規定により選任された取締役（監査等委員である取締役を除く。）を解任する場合又は監査等委員である取締役若しくは監査役を解任する場合に限る。）

八　第425条第1項の株主総会

九　第447条第1項の株主総会（次のいずれにも該当する場合を除く。）

　イ　定時株主総会において第447条第1項各号に掲げる事項を定めること。

　ロ　第447条第1項第1号の額がイの定時株主総会の日（第439条前段に規定する場合にあっては，第436条第3項の承認があった日）における欠損の額として法務省令で定める方法により算定される額を超えないこと。

十　第454条第4項の株主総会（配当財産が金銭以外の財産であり，かつ，株主に対して同項第1号に規定する金銭分配請求権を与えないこととする場合に限る。）

十一　第6章から第8章までの規定により株主総会の決議を要する場合における当該株主総会

十二　第5編の規定により株主総会の決議を要する場合における当該株主総会

3　前二項の規定にかかわらず，次に掲げる株主総会（種類株式発行会社の株主総会を除く。）の決議は，当該株主総会において議決権を行使することができる株主の半数以上（これを上回る割合を定款で定めた場合にあっては，その割合以上）であって，当該株主の議決権の3分の2（これを上回る割合を定款で定めた場合にあっては，その割合）以上に当たる多数をもって行わなければならない。

一　その発行する全部の株式の内容として譲渡による当該株式の取得について当該株式会社の承認を要する旨の定款の定めを設ける定款の変更を行う株主総会

二　第783条第1項の株主総会（合併により消滅する株式会社又は株式交換をする株式会社が公開会社であり，かつ，当該株式会社の株主に対して交付する金銭等の全部又は一部が譲渡制限株式等（同条第3項に規定する譲渡制限株式等をいう。次号において同じ。）である場合における当該株主総会に限る。）

三　第804条第1項の株主総会（合併又は株式移転をする株式会社が公開会社であり，かつ，当該株式会社の株主に対して交付する金銭等の全部又は一部が譲渡制限株式等である場

参考資料●会社法　213

合における当該株主総会に限る。)

4 前3項の規定にかかわらず,第109条第2項の規定による定款の定めについての定款の変更（当該定款の定めを廃止するものを除く。）を行う株主総会の決議は,総株主の半数以上（これを上回る割合を定款で定めた場合にあっては,その割合以上）であって,総株主の議決権の4分の3（これを上回る割合を定款で定めた場合にあっては,その割合）以上に当たる多数をもって行わなければならない。

5 取締役会設置会社においては,株主総会は,第298条第1項第2号に掲げる事項以外の事項については,決議をすることができない。ただし,第316条第1項若しくは第2項に規定する者の選任又は第398条第2項の会計監査人の出席を求めることについては,この限りでない。

(議決権の代理行使)

第310条 株主は,代理人によってその議決権を行使することができる。この場合においては,当該株主又は代理人は,代理権を証明する書面を株式会社に提出しなければならない。

2 前項の代理権の授与は,株主総会ごとにしなければならない。

5 株式会社は,株主総会に出席することができる代理人の数を制限することができる。

(電子提供措置をとる旨の定款の定め)

第325条の2 株式会社は,取締役が株主総会（種類株主総会を含む。）の招集の手続を行うときは,次に掲げる資料（以下この款において「株主総会参考書類等」という。）の内容である情報について,電子提供措置（電磁的方法により株主（種類株主総会を招集する場合にあっては,ある種類の株主に限る。）が情報の提供を受けることができる状態に置く措置であって,法務省令で定めるものをいう。以下この款,第911条第3項第12号の2及び第976条第19号において同じ。）をとる旨を定款で定めることができる。この場合において,その定款には,電子提供措置をとる旨を定めれば足りる。

一 株主総会参考書類

二 議決権行使書面

三 第437条の計算書類及び事業報告

四 第444条第6項の連結計算書類

(書面交付請求)

第325条の5 電子提供措置をとる旨の定款の定めがある株式会社の株主（第299条第3項（第325条において準用する場合を含む。）の承諾をした株主を除く。）は,株式会社に対し,第325条の3第1項各号（第325条の7において準用する場合を含む。）に掲げる事項（以下この条において「電子提供措置事項」という。）を記載した書面の交付を請求することができる。

2 取締役は,第325条の3第1項の規定により電子提供措置をとる場合には,第299条第1項の通知に際して,前項の規定による請求（以下この条において「書面交付請求」という。）をした株主（当該株主総会において議決権を行使することができる者を定めるための基準日（第124条第1項に規定する基準日をいう。）を定めた場合にあっては,当該基準日までに書面交付請求をした者に限る。）に対し,当該株主総会に係る電子提供措置事項を記載した書面を交付しなければならない。

3 株式会社は,電子提供措置事項のうち法務省令で定めるものの全部又は一部については,

前項の規定により交付する書面に記載することを要しない旨を定款で定めることができる。

4　書面交付請求をした株主がある場合において，その書面交付請求の日（当該株主が次項ただし書の規定により異議を述べた場合にあっては，当該異議を述べた日）から１年を経過したときは，株式会社は，当該株主に対し，第２項の規定による書面の交付を終了する旨を通知し，かつ，これに異議のある場合には一定の期間（以下この条において「催告期間」という。）内に異議を述べるべき旨を催告することができる。ただし，催告期間は，１箇月を下ることができない。

5　前項の規定による通知及び催告を受けた株主がした書面交付請求は，催告期間を経過した時にその効力を失う。ただし，当該株主が催告期間内に異議を述べたときは，この限りでない。

（株主総会以外の機関の設置）

第326条　株式会社には，１人又は２人以上の取締役を置かなければならない。

2　株式会社は，定款の定めによって，取締役会，会計参与，監査役，監査役会，会計監査人，監査等委員会又は指名委員会等を置くことができる。

（取締役会等の設置義務等）

第327条　次に掲げる株式会社は，取締役会を置かなければならない。

　　一　公開会社

　　二　監査役会設置会社

　　三　監査等委員会設置会社

　　四　指名委員会等設置会社

2　取締役会設置会社（監査等委員会設置会社及び指名委員会等設置会社を除く。）は，監査役を置かなければならない。ただし，公開会社でない会計参与設置会社については，この限りでない。

3　会計監査人設置会社（監査等委員会設置会社及び指名委員会等設置会社を除く。）は，監査役を置かなければならない。

4　監査等委員会設置会社及び指名委員会等設置会社は，監査役を置いてはならない。

5　監査等委員会設置会社及び指名委員会等設置会社は，会計監査人を置かなければならない。

6　指名委員会等設置会社は，監査等委員会を置いてはならない。

（社外取締役の設置義務）

第327条の2　監査役会設置会社（公開会社であり，かつ，大会社であるものに限る。）であって金融商品取引法第24条第１項の規定によりその発行する株式について有価証券報告書を内閣総理大臣に提出しなければならないものは，社外取締役を置かなければならない。

（大会社における監査役会等の設置義務）

第328条　大会社（公開会社でないもの，監査等委員会設置会社及び指名委員会等設置会社を除く。）は，監査役会及び会計監査人を置かなければならない。

2　公開会社でない大会社は，会計監査人を置かなければならない。

（選任）

第329条　役員（取締役，会計参与及び監査役をいう。以下この節，第371条第４項及び第394条第３項において同じ。）及び会計監査人は，株主総会の決議によって選任する。

参考資料●会社法　*215*

2　監査等委員会設置会社においては，前項の規定による取締役の選任は，監査等委員である取締役とそれ以外の取締役とを区別してしなければならない。

3　第1項の決議をする場合には，法務省令で定めるところにより，役員（監査等委員会設置会社にあっては，監査等委員である取締役若しくはそれ以外の取締役又は会計参与。以下この項において同じ。）が欠けた場合又はこの法律若しくは定款で定めた役員の員数を欠くこととなるときに備えて補欠の役員を選任することができる。

（株式会社と役員等との関係）

第330条　株式会社と役員及び会計監査人との関係は，委任に関する規定に従う。

（取締役の任期）

第332条　取締役の任期は，選任後2年以内に終了する事業年度のうち最終のものに関する定時株主総会の終結の時までとする。ただし，定款又は株主総会の決議によって，その任期を短縮することを妨げない。

2　前項の規定は，公開会社でない株式会社（監査等委員会設置会社及び指名委員会等設置会社を除く。）において，定款によって，同項の任期を選任後10年以内に終了する事業年度のうち最終のものに関する定時株主総会の終結の時まで伸長することを妨げない。

3　監査等委員会設置会社の取締役（監査等委員であるものを除く。）についての第1項の規定の適用については，同項中「2年」とあるのは，「1年」とする。

4　監査等委員である取締役の任期については，第1項ただし書の規定は，適用しない。

5　第1項本文の規定は，定款によって，任期の満了前に退任した監査等委員である取締役の補欠として選任された監査等委員である取締役の任期を退任した監査等委員である取締役の任期の満了する時までとすることを妨げない。

6　指名委員会等設置会社の取締役についての第1項の規定の適用については，同項中「2年」とあるのは，「1年」とする。

7　前各項の規定にかかわらず，次に掲げる定款の変更をした場合には，取締役の任期は，当該定款の変更の効力が生じた時に満了する。

　一　監査等委員会又は指名委員会等を置く旨の定款の変更

　二　監査等委員会又は指名委員会等を置く旨の定款の定めを廃止する定款の変更

　三　その発行する株式の全部の内容として譲渡による当該株式の取得について当該株式会社の承認を要する旨の定款の定めを廃止する定款の変更（監査等委員会設置会社又は指名委員会等設置会社がするものを除く。）

（会計参与の資格等）

第333条　会計参与は，公認会計士若しくは監査法人又は税理士若しくは税理士法人でなければならない。

2　会計参与に選任された監査法人又は税理士法人は，その社員の中から会計参与の職務を行うべき者を選定し，これを株式会社に通知しなければならない。この場合においては，次項各号に掲げる者を選定することはできない。

3　次に掲げる者は，会計参与となることができない。

　一　株式会社又はその子会社の取締役，監査役若しくは執行役又は支配人その他の使用人

　二　業務の停止の処分を受け，その停止の期間を経過しない者

　三　税理士法（昭和26年法律第237号）第43条の規定により同法第2条第2項に規定する

税理士業務を行うことができない者

（会計参与の任期）

第334条 第332条（第4項及び第5項を除く。次項において同じ。）の規定は，会計参与の任期について準用する。

2 前項において準用する第332条の規定にかかわらず，会計参与設置会社が会計参与を置く旨の定款の定めを廃止する定款の変更をした場合には，会計参与の任期は，当該定款の変更の効力が生じた時に満了する。

（監査役の資格等）

第335条 第331条第1項及び第2項並びに第331条の2の規定は，監査役について準用する。

2 監査役は，株式会社若しくはその子会社の取締役若しくは支配人その他の使用人又は当該子会社の会計参与（会計参与が法人であるときは，その職務を行うべき社員）若しくは執行役を兼ねることができない。

3 監査役会設置会社においては，監査役は，3人以上で，そのうち半数以上は，社外監査役でなければならない。

（監査役の任期）

第336条 監査役の任期は，選任後4年以内に終了する事業年度のうち最終のものに関する定時株主総会の終結の時までとする。

2 前項の規定は，公開会社でない株式会社において，定款によって，同項の任期を選任後10年以内に終了する事業年度のうち最終のものに関する定時株主総会の終結の時まで伸長することを妨げない。

3 第1項の規定は，定款によって，任期の満了前に退任した監査役の補欠として選任された監査役の任期を退任した監査役の任期の満了する時までとすることを妨げない。

4 前三項の規定にかかわらず，次に掲げる定款の変更をした場合には，監査役の任期は，当該定款の変更の効力が生じた時に満了する。

　一　監査役を置く旨の定款の定めを廃止する定款の変更

　二　監査等委員会又は指名委員会等を置く旨の定款の変更

　三　監査役の監査の範囲を会計に関するものに限定する旨の定款の定めを廃止する定款の変更

　四　その発行する全部の株式の内容として譲渡による当該株式の取得について当該株式会社の承認を要する旨の定款の定めを廃止する定款の変更

（会計監査人の資格等）

第337条 会計監査人は，公認会計士又は監査法人でなければならない。

2 会計監査人に選任された監査法人は，その社員の中から会計監査人の職務を行うべき者を選定し，これを株式会社に通知しなければならない。この場合においては，次項第2号に掲げる者を選定することはできない。

3 次に掲げる者は，会計監査人となることができない。

　一　公認会計士法の規定により，第435条第2項に規定する計算書類について監査をすることができない者

　二　株式会社の子会社若しくはその取締役，会計参与，監査役若しくは執行役から公認会計士若しくは監査法人の業務以外の業務により継続的な報酬を受けている者又はその配

参考資料●会社法　*217*

偶者

三　監査法人でその社員の半数以上が前号に掲げる者であるもの

(会計監査人の任期)

第338条　会計監査人の任期は，選任後1年以内に終了する事業年度のうち最終のものに関する定時株主総会の終結の時までとする。

2　会計監査人は，前項の定時株主総会において別段の決議がされなかったときは，当該定時株主総会において再任されたものとみなす。

3　前二項の規定にかかわらず，会計監査人設置会社が会計監査人を置く旨の定款の定めを廃止する定款の変更をした場合には，会計監査人の任期は，当該定款の変更の効力が生じた時に満了する。

(解任)

第339条　役員及び会計監査人は，いつでも，株主総会の決議によって解任することができる。

2　前項の規定により解任された者は，その解任について正当な理由がある場合を除き，株式会社に対し，解任によって生じた損害の賠償を請求することができる。

(役員の選任及び解任の株主総会の決議)

第341条　第309条第1項の規定にかかわらず，役員を選任し，又は解任する株主総会の決議は，議決権を行使することができる株主の議決権の過半数（3分の1以上の割合を定款で定めた場合にあっては，その割合以上）を有する株主が出席し，出席した当該株主の議決権の過半数（これを上回る割合を定款で定めた場合にあっては，その割合以上）をもって行わなければならない。

(監査等委員である取締役等の選任等についての意見の陳述)

第342条の2　監査等委員である取締役は，株主総会において，監査等委員である取締役の選任若しくは解任又は辞任について意見を述べることができる。

2　監査等委員である取締役を辞任した者は，辞任後最初に招集される株主総会に出席して，辞任した旨及びその理由を述べることができる。

3　取締役は，前項の者に対し，同項の株主総会を招集する旨及び第298条第1項第1号に掲げる事項を通知しなければならない。

4　監査等委員会が選定する監査等委員は，株主総会において，監査等委員である取締役以外の取締役の選任若しくは解任又は辞任について監査等委員会の意見を述べることができる。

(監査役の選任に関する監査役の同意等)

第343条　取締役は，監査役がある場合において，監査役の選任に関する議案を株主総会に提出するには，監査役（監査役が2人以上ある場合にあっては，その過半数）の同意を得なければならない。

2　監査役は，取締役に対し，監査役の選任を株主総会の目的とすること又は監査役の選任に関する議案を株主総会に提出することを請求することができる。

3　監査役会設置会社における前二項の規定の適用については，第1項中「監査役（監査役が2人以上ある場合にあっては，その過半数）」とあるのは「監査役会」と，前項中「監査役は」とあるのは「監査役会は」とする。

4　第341条の規定は，監査役の解任の決議については，適用しない。

（会計監査人の選任等に関する議案の内容の決定）

第344条　監査役設置会社においては，株主総会に提出する会計監査人の選任及び解任並びに会計監査人を再任しないことに関する議案の内容は，監査役が決定する。

2　監査役が2人以上ある場合における前項の規定の適用については，同項中「監査役が」とあるのは，「監査役の過半数をもって」とする。

3　監査役会設置会社における第1項の規定の適用については，同項中「監査役」とあるのは，「監査役会」とする。

（監査等委員である取締役の選任に関する監査等委員会の同意等）

第344条の2　取締役は，監査等委員会がある場合において，監査等委員である取締役の選任に関する議案を株主総会に提出するには，監査等委員会の同意を得なければならない。

2　監査等委員会は，取締役に対し，監査等委員である取締役の選任を株主総会の目的とすること又は監査等委員である取締役の選任に関する議案を株主総会に提出することを請求することができる。

3　第341条の規定は，監査等委員である取締役の解任の決議については，適用しない。

（業務の執行）

第348条　取締役は，定款に別段の定めがある場合を除き，株式会社（取締役会設置会社を除く。以下この条において同じ。）の業務を執行する。

2　取締役が2人以上ある場合には，株式会社の業務は，定款に別段の定めがある場合を除き，取締役の過半数をもって決定する。

3　前項の場合には，取締役は，次に掲げる事項についての決定を各取締役に委任することができない。

一　支配人の選任及び解任

二　支店の設置，移転及び廃止

三　第298条第1項各号（第325条において準用する場合を含む。）に掲げる事項

四　取締役の職務の執行が法令及び定款に適合することを確保するための体制その他株式会社の業務並びに当該株式会社及びその子会社から成る企業集団の業務の適正を確保するために必要なものとして法務省令で定める体制の整備

五　第426条第1項の規定による定款の定めに基づく第423条第1項の責任の免除

4　大会社においては，取締役は，前項第4号に掲げる事項を決定しなければならない。

（業務の執行の社外取締役への委託）

第348条の2　株式会社（指名委員会等設置会社を除く。）が社外取締役を置いている場合において，当該株式会社と取締役との利益が相反する状況にあるとき，その他取締役が当該株式会社の業務を執行することにより株主の利益を損なうおそれがあるときは，当該株式会社は，その都度，取締役の決定（取締役会設置会社にあっては，取締役会の決議）によって，当該株式会社の業務を執行することを社外取締役に委託することができる。

2　指名委員会等設置会社と執行役との利益が相反する状況にあるとき，その他執行役が指名委員会等設置会社の業務を執行することにより株主の利益を損なうおそれがあるときは，当該指名委員会等設置会社は，その都度，取締役会の決議によって，当該指名委員会等設置会社の業務を執行することを社外取締役に委託することができる。

3　前二項の規定により委託された業務の執行は，第2条第15号イに規定する株式会社の業

参考資料●会社法　　*219*

務の執行に該当しないものとする。ただし，社外取締役が業務執行取締役（指名委員会等設置会社にあっては，執行役）の指揮命令により当該委託された業務を執行したときは，この限りでない。

（株式会社の代表）

第349条 取締役は，株式会社を代表する。ただし，他に代表取締役その他株式会社を代表する者を定めた場合は，この限りでない。

2 前項本文の取締役が2人以上ある場合には，取締役は，各自，株式会社を代表する。

3 株式会社（取締役会設置会社を除く。）は，定款，定款の定めに基づく取締役の互選又は株主総会の決議によって，取締役の中から代表取締役を定めることができる。

4 代表取締役は，株式会社の業務に関する一切の裁判上又は裁判外の行為をする権限を有する。

5 前項の権限に加えた制限は，善意の第三者に対抗することができない。

（代表者の行為についての損害賠償責任）

第350条 株式会社は，代表取締役その他の代表者がその職務を行うについて第三者に加えた損害を賠償する責任を負う。

（忠実義務）

第355条 取締役は，法令及び定款並びに株主総会の決議を遵守し，株式会社のため忠実にその職務を行わなければならない。

（競業及び利益相反取引の制限）

第356条 取締役は，次に掲げる場合には，株主総会において，当該取引につき重要な事実を開示し，その承認を受けなければならない。

一 取締役が自己又は第三者のために株式会社の事業の部類に属する取引をしようとするとき。

二 取締役が自己又は第三者のために株式会社と取引をしようとするとき。

三 株式会社が取締役の債務を保証することその他取締役以外の者との間において株式会社と当該取締役との利益が相反する取引をしようとするとき。

2 民法第108条の規定は，前項の承認を受けた同項第2号又は第3号の取引については，適用しない。

（取締役の報告義務）

第357条 取締役は，株式会社に著しい損害を及ぼすおそれのある事実があることを発見したときは，直ちに，当該事実を株主（監査役設置会社にあっては，監査役）に報告しなければならない。

2 監査役会設置会社における前項の規定の適用については，同項中「株主（監査役設置会社にあっては，監査役）」とあるのは，「監査役会」とする。

3 監査等委員会設置会社における第1項の規定の適用については，同項中「株主（監査役設置会社にあっては，監査役）」とあるのは，「監査等委員会」とする。

（株主による取締役の行為の差止め）

第360条 6箇月（これを下回る期間を定款で定めた場合にあっては，その期間）前から引き続き株式を有する株主は，取締役が株式会社の目的の範囲外の行為その他法令若しくは定款に違反する行為をし，又はこれらの行為をするおそれがある場合において，当該行為

によって当該株式会社に著しい損害が生ずるおそれがあるときは，当該取締役に対し，当該行為をやめることを請求することができる。

2　公開会社でない株式会社における前項の規定の適用については，同項中「6箇月（これを下回る期間を定款で定めた場合にあっては，その期間）前から引き続き株式を有する株主」とあるのは，「株主」とする。

3　監査役設置会社，監査等委員会設置会社又は指名委員会等設置会社における第1項の規定の適用については，同項中「著しい損害」とあるのは，「回復することができない損害」とする。

（取締役の報酬等）

第361条　取締役の報酬，賞与その他の職務執行の対価として株式会社から受ける財産上の利益（以下この章において「報酬等」という。）についての次に掲げる事項は，定款に当該事項を定めていないときは，株主総会の決議によって定める。

一　報酬等のうち額が確定しているものについては，その額

二　報酬等のうち額が確定していないものについては，その具体的な算定方法

三　報酬等のうち当該株式会社の募集株式（第199条第1項に規定する募集株式をいう。以下この項及び第409条第3項において同じ。）については，当該募集株式の数（種類株式発行会社にあっては，募集株式の種類及び種類ごとの数）の上限その他法務省令で定める事項

四　報酬等のうち当該株式会社の募集新株予約権（第238条第1項に規定する募集新株予約権をいう。以下この項及び第409条第3項において同じ。）については，当該募集新株予約権の数の上限その他法務省令で定める事項

五　報酬等のうち次のイ又はロに掲げるものと引換えにする払込みに充てるための金銭については，当該イ又はロに定める事項

イ　当該株式会社の募集株式　取締役が引き受ける当該募集株式の数（種類株式発行会社にあっては，募集株式の種類及び種類ごとの数）の上限その他法務省令で定める事項

ロ　当該株式会社の募集新株予約権　取締役が引き受ける当該募集新株予約権の数の上限その他法務省令で定める事項

六　報酬等のうち金銭でないもの（当該株式会社の募集株式及び募集新株予約権を除く。）については，その具体的な内容

2　監査等委員会設置会社においては，前項各号に掲げる事項は，監査等委員である取締役とそれ以外の取締役とを区別して定めなければならない。

3　監査等委員である各取締役の報酬等について定款の定め又は株主総会の決議がないときは，当該報酬等は，第1項の報酬等の範囲内において，監査等委員である取締役の協議によって定める。

4　第1項各号に掲げる事項を定め，又はこれを改定する議案を株主総会に提出した取締役は，当該株主総会において，当該事項を相当とする理由を説明しなければならない。

5　監査等委員である取締役は，株主総会において，監査等委員である取締役の報酬等について意見を述べることができる。

6　監査等委員会が選定する監査等委員は，株主総会において，監査等委員である取締役以

参考資料●会社法　*221*

外の取締役の報酬等について監査等委員会の意見を述べることができる。

7　次に掲げる株式会社の取締役会は，取締役（監査等委員である取締役を除く。以下この項において同じ。）の報酬等の内容として定款又は株主総会の決議による第1項各号に掲げる事項についての定めがある場合には，当該定めに基づく取締役の個人別の報酬等の内容についての決定に関する方針として法務省令で定める事項を決定しなければならない。ただし，取締役の個人別の報酬等の内容が定款又は株主総会の決議により定められているときは，この限りでない。

一　監査役会設置会社（公開会社であり，かつ，大会社であるものに限る。）であって，金融商品取引法第24条第1項の規定によりその発行する株式について有価証券報告書を内閣総理大臣に提出しなければならないもの

二　監査等委員会設置会社

（取締役会の権限等）

第362条　取締役会は，すべての取締役で組織する。

2　取締役会は，次に掲げる職務を行う。

一　取締役会設置会社の業務執行の決定

二　取締役の職務の執行の監督

三　代表取締役の選定及び解職

3　取締役会は，取締役の中から代表取締役を選定しなければならない。

4　取締役会は，次に掲げる事項その他の重要な業務執行の決定を取締役に委任することができない。

一　重要な財産の処分及び譲受け

二　多額の借財

三　支配人その他の重要な使用人の選任及び解任

四　支店その他の重要な組織の設置，変更及び廃止

五　第676条第1号に掲げる事項その他の社債を引き受ける者の募集に関する重要な事項として法務省令で定める事項

六　取締役の職務の執行が法令及び定款に適合することを確保するための体制その他株式会社の業務並びに当該株式会社及びその子会社から成る企業集団の業務の適正を確保するために必要なものとして法務省令で定める体制の整備

七　第426条第1項の規定による定款の定めに基づく第423条第1項の責任の免除

5　大会社である取締役会設置会社においては，取締役会は，前項第6号に掲げる事項を決定しなければならない。

（取締役会設置会社の取締役の権限）

第363条　次に掲げる取締役は，取締役会設置会社の業務を執行する。

一　代表取締役

二　代表取締役以外の取締役であって，取締役会の決議によって取締役会設置会社の業務を執行する取締役として選定されたもの

2　前項各号に掲げる取締役は，3箇月に1回以上，自己の職務の執行の状況を取締役会に報告しなければならない。

（競業及び取締役会設置会社との取引等の制限）

第365条 取締役会設置会社における第356条の規定の適用については，同条第1項中「株主総会」とあるのは，「取締役会」とする。

2 取締役会設置会社においては，第356条第1項各号の取引をした取締役は，当該取引後，遅滞なく，当該取引についての重要な事実を取締役会に報告しなければならない。

（招集権者）

第366条 取締役会は，各取締役が招集する。ただし，取締役会を招集する取締役を定款又は取締役会で定めたときは，その取締役が招集する。

2 前項ただし書に規定する場合には，同項ただし書の規定により定められた取締役（以下この章において「招集権者」という。）以外の取締役は，招集権者に対し，取締役会の目的である事項を示して，取締役会の招集を請求することができる。

3 前項の規定による請求があった日から5日以内に，その請求があった日から2週間以内の日を取締役会の日とする取締役会の招集の通知が発せられない場合には，その請求をした取締役は，取締役会を招集することができる。

（株主による招集の請求）

第367条 取締役会設置会社（監査役設置会社，監査等委員会設置会社及び指名委員会等設置会社を除く。）の株主は，取締役が取締役会設置会社の目的の範囲外の行為その他法令若しくは定款に違反する行為をし，又はこれらの行為をするおそれがあると認めるときは，取締役会の招集を請求することができる。

2 前項の規定による請求は，取締役（前条第1項ただし書に規定する場合にあっては，招集権者）に対し，取締役会の目的である事項を示して行わなければならない。

3 前条第3項の規定は，第1項の規定による請求があった場合について準用する。

4 第1項の規定による請求を行った株主は，当該請求に基づき招集され，又は前項において準用する前条第3項の規定により招集した取締役会に出席し，意見を述べることができる。

（招集手続）

第368条 取締役会を招集する者は，取締役会の日の1週間（これを下回る期間を定款で定めた場合にあっては，その期間）前までに，各取締役（監査役設置会社にあっては，各取締役及び各監査役）に対してその通知を発しなければならない。

2 前項の規定にかかわらず，取締役会は，取締役（監査役設置会社にあっては，取締役及び監査役）の全員の同意があるときは，招集の手続を経ることなく開催することができる。

（取締役会の決議）

第369条 取締役会の決議は，議決に加わることができる取締役の過半数（これを上回る割合を定款で定めた場合にあっては，その割合以上）が出席し，その過半数（これを上回る割合を定款で定めた場合にあっては，その割合以上）をもって行う。

2 前項の決議について特別の利害関係を有する取締役は，議決に加わることができない。

3 取締役会の議事については，法務省令で定めるところにより，議事録を作成し，議事録が書面をもって作成されているときは，出席した取締役及び監査役は，これに署名し，又は記名押印しなければならない。

4 前項の議事録が電磁的記録をもって作成されている場合における当該電磁的記録に記録された事項については，法務省令で定める署名又は記名押印に代わる措置をとらなければ

参考資料●会社法　*223*

ならない。

5 取締役会の決議に参加した取締役であって第3項の議事録に異議をとどめないものは，その決議に賛成したものと推定する。

（取締役会の決議の省略）

第370条 取締役会設置会社は，取締役が取締役会の決議の目的である事項について提案をした場合において，当該提案につき取締役（当該事項について議決に加わることができるものに限る。）の全員が書面又は電磁的記録により同意の意思表示をしたとき（監査役設置会社にあっては，監査役が当該提案について異議を述べたときを除く。）は，当該提案を可決する旨の取締役会の決議があったものとみなす旨を定款で定めることができる。

（取締役会への報告の省略）

第372条 取締役，会計参与，監査役又は会計監査人が取締役（監査役設置会社にあっては，取締役及び監査役）の全員に対して取締役会に報告すべき事項を通知したときは，当該事項を取締役会へ報告することを要しない。

2 前項の規定は，第363条第2項の規定による報告については，適用しない。

3 指名委員会等設置会社についての前二項の規定の適用については，第1項中「監査役又は会計監査人」とあるのは「会計監査人又は執行役」と，「取締役（監査役設置会社にあっては，取締役及び監査役）」とあるのは「取締役」と，前項中「第363条第2項」とあるのは「第417条第4項」とする。

（監査役の権限）

第381条 監査役は，取締役（会計参与設置会社にあっては，取締役及び会計参与）の職務の執行を監査する。この場合において，監査役は，法務省令で定めるところにより，監査報告を作成しなければならない。

2 監査役は，いつでも，取締役及び会計参与並びに支配人その他の使用人に対して事業の報告を求め，又は監査役設置会社の業務及び財産の状況の調査をすることができる。

3 監査役は，その職務を行うため必要があるときは，監査役設置会社の子会社に対して事業の報告を求め，又はその子会社の業務及び財産の状況の調査をすることができる。

4 前項の子会社は，正当な理由があるときは，同項の報告又は調査を拒むことができる。

（取締役への報告義務）

第382条 監査役は，取締役が不正の行為をし，若しくは当該行為をするおそれがあると認めるとき，又は法令若しくは定款に違反する事実若しくは著しく不当な事実があると認めるときは，遅滞なく，その旨を取締役（取締役会設置会社にあっては，取締役会）に報告しなければならない。

（取締役会への出席義務等）

第383条 監査役は，取締役会に出席し，必要があると認めるときは，意見を述べなければならない。ただし，監査役が2人以上ある場合において，第373条第1項の規定による特別取締役による議決の定めがあるときは，監査役の互選によって，監査役の中から特に同条第2項の取締役会に出席する監査役を定めることができる。

2 監査役は，前条に規定する場合において，必要があると認めるときは，取締役（第366条第1項ただし書に規定する場合にあっては，招集権者）に対し，取締役会の招集を請求することができる。

3　前項の規定による請求があった日から5日以内に，その請求があった日から2週間以内の日を取締役会の日とする取締役会の招集の通知が発せられない場合は，その請求をした監査役は，取締役会を招集することができる。

4　前二項の規定は，第373条第2項の取締役会については，適用しない。

（株主総会に対する報告義務）

第384条　監査役は，取締役が株主総会に提出しようとする議案，書類その他法務省令で定めるものを調査しなければならない。この場合において，法令若しくは定款に違反し，又は著しく不当な事項があると認めるときは，その調査の結果を株主総会に報告しなければならない。

（監査役による取締役の行為の差止め）

第385条　監査役は，取締役が監査役設置会社の目的の範囲外の行為その他法令若しくは定款に違反する行為をし，又はこれらの行為をするおそれがある場合において，当該行為によって当該監査役設置会社に著しい損害が生ずるおそれがあるときは，当該取締役に対し，当該行為をやめることを請求することができる。

2　前項の場合において，裁判所が仮処分をもって同項の取締役に対し，その行為をやめることを命ずるときは，担保を立てさせないものとする。

（監査役設置会社と取締役との間の訴えにおける会社の代表等）

第386条　第349条第4項，第353条及び第364条の規定にかかわらず，次の各号に掲げる場合には，当該各号の訴えについては，監査役が監査役設置会社を代表する。

一　監査役設置会社が取締役（取締役であった者を含む。以下この条において同じ。）に対し，又は取締役が監査役設置会社に対して訴えを提起する場合

二　株式交換等完全親会社（第849条第2項第1号に規定する株式交換等完全親会社をいう。次項第3号において同じ。）である監査役設置会社がその株式交換等完全子会社（第847条の2第1項に規定する株式交換等完全子会社をいう。次項第3号において同じ。）の取締役，執行役（執行役であった者を含む。以下この条において同じ。）又は清算人（清算人であった者を含む。以下この条において同じ。）の責任（第847条の2第1項各号に掲げる行為の効力が生じた時までにその原因となった事実が生じたものに限る。）を追及する訴えを提起する場合

三　最終完全親会社等（第847条の3第1項に規定する最終完全親会社等をいう。次項第4号において同じ。）である監査役設置会社がその完全子会社等（同条第2項第2号に規定する完全子会社等をいい，同条第3項の規定により当該完全子会社等とみなされるものを含む。次項第4号において同じ。）である株式会社の取締役，執行役又は清算人に対して特定責任追及の訴え（同条第1項に規定する特定責任追及の訴えをいう。）を提起する場合

2　第349条第4項の規定にかかわらず，次に掲げる場合には，監査役が監査役設置会社を代表する。

一　監査役設置会社が第847条第1項，第847条の2第1項若しくは第3項（同条第4項及び第5項において準用する場合を含む。）又は第847条の3第1項の規定による請求（取締役の責任を追及する訴えの提起の請求に限る。）を受ける場合

二　監査役設置会社が第849条第4項の訴訟告知（取締役の責任を追及する訴えに係るも

参考資料●会社法　*225*

のに限る。）並びに第850条第2項の規定による通知及び催告（取締役の責任を追及する訴えに係る訴訟における和解に関するものに限る。）を受ける場合

三　株式交換等完全親会社である監査役設置会社が第847条第1項の規定による請求（前項第2号に規定する訴えの提起の請求に限る。）をする場合又は第849条第6項の規定による通知（その株式交換等完全子会社の取締役，執行役又は清算人の責任を追及する訴えに係るものに限る。）を受ける場合

四　最終完全親会社等である監査役設置会社が第847条第1項の規定による請求（前項第3号に規定する特定責任追及の訴えの提起の請求に限る。）をする場合又は第849条第7項の規定による通知（その完全子会社等である株式会社の取締役，執行役又は清算人の責任を追及する訴えに係るものに限る。）を受ける場合

（監査役会の権限等）

第390条　監査役会は，すべての監査役で組織する。

2　監査役会は，次に掲げる職務を行う。ただし，第3号の決定は，監査役の権限の行使を妨げることはできない。

一　監査報告の作成

二　常勤の監査役の選定及び解職

三　監査の方針，監査役会設置会社の業務及び財産の状況の調査の方法その他の監査役の職務の執行に関する事項の決定

3　監査役会は，監査役の中から常勤の監査役を選定しなければならない。

4　監査役は，監査役会の求めがあるときは，いつでもその職務の執行の状況を監査役会に報告しなければならない。

（会計監査人の権限等）

第396条　会計監査人は，次章の定めるところにより，株式会社の計算書類及びその附属明細書，臨時計算書類並びに連結計算書類を監査する。この場合において，会計監査人は，法務省令で定めるところにより，会計監査報告を作成しなければならない。

2　会計監査人は，いつでも，次に掲げるものの閲覧及び謄写をし，又は取締役及び会計参与並びに支配人その他の使用人に対し，会計に関する報告を求めることができる。

一　会計帳簿又はこれに関する資料が書面をもって作成されているときは，当該書面

二　会計帳簿又はこれに関する資料が電磁的記録をもって作成されているときは，当該電磁的記録に記録された事項を法務省令で定める方法により表示したもの

3　会計監査人は，その職務を行うため必要があるときは，会計監査人設置会社の子会社に対して会計に関する報告を求め，又は会計監査人設置会社若しくはその子会社の業務及び財産の状況の調査をすることができる。

4　前項の子会社は，正当な理由があるときは，同項の報告又は調査を拒むことができる。

5　会計監査人は，その職務を行うに当たっては，次のいずれかに該当する者を使用してはならない。

一　第337条第3項第1号又は第2号に掲げる者

二　会計監査人設置会社又はその子会社の取締役，会計参与，監査役若しくは執行役又は支配人その他の使用人である者

三　会計監査人設置会社又はその子会社から公認会計士又は監査法人の業務以外の業務に

より継続的な報酬を受けている者

6　指名委員会等設置会社における第2項の規定の適用については，同項中「取締役」とあるのは，「執行役，取締役」とする。

（監査役に対する報告）

第397条　会計監査人は，その職務を行うに際して取締役の職務の執行に関し不正の行為又は法令若しくは定款に違反する重大な事実があることを発見したときは，遅滞なく，これを監査役に報告しなければならない。

2　監査役は，その職務を行うため必要があるときは，会計監査人に対し，その監査に関する報告を求めることができる。

3　監査役会設置会社における第1項の規定の適用については，同項中「監査役」とあるのは，「監査役会」とする。

4　監査等委員会設置会社における第1項及び第2項の規定の適用については，第1項中「監査役」とあるのは「監査等委員会」と，第2項中「監査役」とあるのは「監査等委員会が選定した監査等委員」とする。

5　指名委員会等設置会社における第1項及び第2項の規定の適用については，第1項中「取締役」とあるのは「執行役又は取締役」と，「監査役」とあるのは「監査委員会」と，第2項中「監査役」とあるのは「監査委員会が選定した監査委員会の委員」とする。

（監査等委員会の権限等）

第399条の2　監査等委員会は，全ての監査等委員で組織する。

2　監査等委員は，取締役でなければならない。

3　監査等委員会は，次に掲げる職務を行う。

一　取締役（会計参与設置会社にあっては，取締役及び会計参与）の職務の執行の監査及び監査報告の作成

二　株主総会に提出する会計監査人の選任及び解任並びに会計監査人を再任しないことに関する議案の内容の決定

三　第342条の2第4項及び第361条第6項に規定する監査等委員会の意見の決定

4　監査等委員がその職務の執行（監査等委員会の職務の執行に関するものに限る。以下この項において同じ。）について監査等委員会設置会社に対して次に掲げる請求をしたときは，当該監査等委員会設置会社は，当該請求に係る費用又は債務が当該監査等委員の職務の執行に必要でないことを証明した場合を除き，これを拒むことができない。

一　費用の前払の請求

二　支出をした費用及び支出の日以後におけるその利息の償還の請求

三　負担した債務の債権者に対する弁済（当該債務が弁済期にない場合にあっては，相当の担保の提供）の請求

（監査等委員会による調査）

第399条の3　監査等委員会が選定する監査等委員は，いつでも，取締役（会計参与設置会社にあっては，取締役及び会計参与）及び支配人その他の使用人に対し，その職務の執行に関する事項の報告を求め，又は監査等委員会設置会社の業務及び財産の状況の調査をすることができる。

2　監査等委員会が選定する監査等委員は，監査等委員会の職務を執行するため必要がある

ときは，監査等委員会設置会社の子会社に対して事業の報告を求め，又はその子会社の業務及び財産の状況の調査をすることができる。

3　前項の子会社は，正当な理由があるときは，同項の報告又は調査を拒むことができる。

4　第1項及び第2項の監査等委員は，当該各項の報告の徴収又は調査に関する事項についての監査等委員会の決議があるときは，これに従わなければならない。

（取締役会への報告義務）

第399条の4　監査等委員は，取締役が不正の行為をし，若しくは当該行為をするおそれがあると認めるとき，又は法令若しくは定款に違反する事実若しくは著しく不当な事実があると認めるときは，遅滞なく，その旨を取締役会に報告しなければならない。

（株主総会に対する報告義務）

第399条の5　監査等委員は，取締役が株主総会に提出しようとする議案，書類その他法務省令で定めるものについて法令若しくは定款に違反し，又は著しく不当な事項があると認めるときは，その旨を株主総会に報告しなければならない。

（監査等委員による取締役の行為の差止め）

第399条の6　監査等委員は，取締役が監査等委員会設置会社の目的の範囲外の行為その他法令若しくは定款に違反する行為をし，又はこれらの行為をするおそれがある場合において，当該行為によって当該監査等委員会設置会社に著しい損害が生ずるおそれがあるときは，当該取締役に対し，当該行為をやめることを請求することができる。

2　前項の場合において，裁判所が仮処分をもって同項の取締役に対し，その行為をやめることを命ずるときは，担保を立てさせないものとする。

（監査等委員会設置会社の取締役会の権限）

第399条の13　監査等委員会設置会社の取締役会は，第362条の規定にかかわらず，次に掲げる職務を行う。

　　一　次に掲げる事項その他監査等委員会設置会社の業務執行の決定

　　　　イ　経営の基本方針

　　　　ロ　監査等委員会の職務の執行のため必要なものとして法務省令で定める事項

　　　　ハ　取締役の職務の執行が法令及び定款に適合することを確保するための体制その他株式会社の業務並びに当該株式会社及びその子会社から成る企業集団の業務の適正を確保するために必要なものとして法務省令で定める体制の整備

　　二　取締役の職務の執行の監督

　　三　代表取締役の選定及び解職

2　監査等委員会設置会社の取締役会は，前項第1号イからハまでに掲げる事項を決定しなければならない。

3　監査等委員会設置会社の取締役会は，取締役（監査等委員である取締役を除く。）の中から代表取締役を選定しなければならない。

4　監査等委員会設置会社の取締役会は，次に掲げる事項その他の重要な業務執行の決定を取締役に委任することができない。

　　一　重要な財産の処分及び譲受け

　　二　多額の借財

　　三　支配人その他の重要な使用人の選任及び解任

四　支店その他の重要な組織の設置，変更及び廃止

五　第676条第1号に掲げる事項その他の社債を引き受ける者の募集に関する重要な事項として法務省令で定める事項

六　第426条第1項の規定による定款の定めに基づく第423条第1項の責任の免除

5　前項の規定にかかわらず，監査等委員会設置会社の取締役の過半数が社外取締役である場合には，当該監査等委員会設置会社の取締役会は，その決議によって，重要な業務執行の決定を取締役に委任することができる。ただし，次に掲げる事項については，この限りでない。

一　第136条又は第137条第1項の決定及び第140条第4項の規定による指定

二　第165条第3項において読み替えて適用する第156条第1項各号に掲げる事項の決定

三　第262条又は第263条第1項の決定

四　第298条第1項各号に掲げる事項の決定

五　株主総会に提出する議案（会計監査人の選任及び解任並びに会計監査人を再任しないことに関するものを除く。）の内容の決定

六　第348条の2第1項の規定による委託

七　第361条第7項の規定による同項の事項の決定

八　第365条第1項において読み替えて適用する第356条第1項の承認

九　第366条第1項ただし書の規定による取締役会を招集する取締役の決定

十　第399条の7第1項第1号の規定による監査等委員会設置会社を代表する者の決定

十一　前項第6号に掲げる事項

十二　補償契約（第430条の2第1項に規定する補償契約をいう。第416条第4項第14号において同じ。）の内容の決定

十三　役員等賠償責任保険契約（第430条の3第1項に規定する役員等賠償責任保険契約をいう。第416条第4項第15号において同じ。）の内容の決定

十四　第436条第3項，第441条第3項及び第444条第5項の承認

十五　第454条第5項において読み替えて適用する同条第1項の規定により定めなければならないとされる事項の決定

十六　第467条第1項各号に掲げる行為に係る契約（当該監査等委員会設置会社の株主総会の決議による承認を要しないものを除く。）の内容の決定

十七　合併契約（当該監査等委員会設置会社の株主総会の決議による承認を要しないものを除く。）の内容の決定

十八　吸収分割契約（当該監査等委員会設置会社の株主総会の決議による承認を要しないものを除く。）の内容の決定

十九　新設分割計画（当該監査等委員会設置会社の株主総会の決議による承認を要しないものを除く。）の内容の決定

二十　株式交換契約（当該監査等委員会設置会社の株主総会の決議による承認を要しないものを除く。）の内容の決定

二十一　株式移転計画の内容の決定

二十二　株式交付計画（当該監査等委員会設置会社の株主総会の決議による承認を要しないものを除く。）の内容の決定

参考資料●会社法　*229*

6　前二項の規定にかかわらず，監査等委員会設置会社は，取締役会の決議によって重要な業務執行（前項各号に掲げる事項を除く。）の決定の全部又は一部を取締役に委任することができる旨を定款で定めることができる。

（委員の選定等）

第400条　指名委員会，監査委員会又は報酬委員会の各委員会（以下この条，次条及び第911条第3項第23号ロにおいて単に「各委員会」という。）は，委員3人以上で組織する。

2　各委員会の委員は，取締役の中から，取締役会の決議によって選定する。

3　各委員会の委員の過半数は，社外取締役でなければならない。

4　監査委員会の委員（以下「監査委員」という。）は，指名委員会等設置会社若しくはその子会社の執行役若しくは業務執行取締役又は指名委員会等設置会社の子会社の会計参与（会計参与が法人であるときは，その職務を行うべき社員）若しくは支配人その他の使用人を兼ねることができない。

（委員の解職等）

第401条　各委員会の委員は，いつでも，取締役会の決議によって解職することができる。

2　前条第1項に規定する各委員会の委員の員数（定款で4人以上の員数を定めたときは，その員数）が欠けた場合には，任期の満了又は辞任により退任した委員は，新たに選定された委員（次項の一時委員の職務を行うべき者を含む。）が就任するまで，なお委員としての権利義務を有する。

3　前項に規定する場合において，裁判所は，必要があると認めるときは，利害関係人の申立てにより，一時委員の職務を行うべき者を選任することができる。

4　裁判所は，前項の一時委員の職務を行うべき者を選任した場合には，指名委員会等設置会社がその者に対して支払う報酬の額を定めることができる。

（執行役の選任等）

第402条　指名委員会等設置会社には，1人又は2人以上の執行役を置かなければならない。

2　執行役は，取締役会の決議によって選任する。

3　指名委員会等設置会社と執行役との関係は，委任に関する規定に従う。

4　第331条第1項及び第331条の2の規定は，執行役について準用する。

5　株式会社は，執行役が株主でなければならない旨を定款で定めることができない。ただし，公開会社でない指名委員会等設置会社については，この限りでない。

6　執行役は，取締役を兼ねることができる。

7　執行役の任期は，選任後1年以内に終了する事業年度のうち最終のものに関する定時株主総会の終結後最初に招集される取締役会の終結の時までとする。ただし，定款によって，その任期を短縮することを妨げない。

8　前項の規定にかかわらず，指名委員会等設置会社が指名委員会等を置く旨の定款の定めを廃止する定款の変更をした場合には，執行役の任期は，当該定款の変更の効力が生じた時に満了する。

（執行役の解任等）

第403条　執行役は，いつでも，取締役会の決議によって解任することができる。

2　前項の規定により解任された執行役は，その解任について正当な理由がある場合を除き，指名委員会等設置会社に対し，解任によって生じた損害の賠償を請求することができる。

3　第401条第2項から第4項までの規定は，執行役が欠けた場合又は定款で定めた執行役の員数が欠けた場合について準用する。

（指名委員会等の権限等）

第404条　指名委員会は，株主総会に提出する取締役（会計参与設置会社にあっては，取締役及び会計参与）の選任及び解任に関する議案の内容を決定する。

2　監査委員会は，次に掲げる職務を行う。
　一　執行役等（執行役及び取締役をいい，会計参与設置会社にあっては，執行役，取締役及び会計参与をいう。以下この節において同じ。）の職務の執行の監査及び監査報告の作成
　二　株主総会に提出する会計監査人の選任及び解任並びに会計監査人を再任しないことに関する議案の内容の決定

3　報酬委員会は，第361条第1項並びに第379条第1項及び第2項の規定にかかわらず，執行役等の個人別の報酬等の内容を決定する。執行役が指名委員会等設置会社の支配人その他の使用人を兼ねているときは，当該支配人その他の使用人の報酬等の内容についても，同様とする。

4　委員がその職務の執行（当該委員が所属する指名委員会等の職務の執行に関するものに限る。以下この項において同じ。）について指名委員会等設置会社に対して次に掲げる請求をしたときは，当該指名委員会等設置会社は，当該請求に係る費用又は債務が当該委員の職務の執行に必要でないことを証明した場合を除き，これを拒むことができない。
　一　費用の前払の請求
　二　支出をした費用及び支出の日以後におけるその利息の償還の請求
　三　負担した債務の債権者に対する弁済（当該債務が弁済期にない場合にあっては，相当の担保の提供）の請求

（監査委員会による調査）

第405条　監査委員会が選定する監査委員は，いつでも，執行役等及び支配人その他の使用人に対し，その職務の執行に関する事項の報告を求め，又は指名委員会等設置会社の業務及び財産の状況の調査をすることができる。

2　監査委員会が選定する監査委員は，監査委員会の職務を執行するため必要があるときは，指名委員会等設置会社の子会社に対して事業の報告を求め，又はその子会社の業務及び財産の状況の調査をすることができる。

3　前項の子会社は，正当な理由があるときは，同項の報告又は調査を拒むことができる。

4　第1項及び第2項の監査委員は，当該各項の報告の徴収又は調査に関する事項についての監査委員会の決議があるときは，これに従わなければならない。

（取締役会への報告義務）

第406条　監査委員は，執行役又は取締役が不正の行為をし，若しくは当該行為をするおそれがあると認めるとき，又は法令若しくは定款に違反する事実若しくは著しく不当な事実があると認めるときは，遅滞なく，その旨を取締役会に報告しなければならない。

（監査委員による執行役等の行為の差止め）

第407条　監査委員は，執行役又は取締役が指名委員会等設置会社の目的の範囲外の行為その他法令若しくは定款に違反する行為をし，又はこれらの行為をするおそれがある場合に

参考資料●会社法　*231*

おいて，当該行為によって当該指名委員会等設置会社に著しい損害が生ずるおそれがある
ときは，当該執行役又は取締役に対し，当該行為をやめることを請求することができる。

2　前項の場合において，裁判所が仮処分をもって同項の執行役又は取締役に対し，その行
為をやめることを命ずるときは，担保を立てさせないものとする。

(指名委員会等設置会社の取締役会の権限)

第416条　指名委員会等設置会社の取締役会は，第362条の規定にかかわらず，次に掲げる職
務を行う。

一　次に掲げる事項その他指名委員会等設置会社の業務執行の決定

　イ　経営の基本方針

　ロ　監査委員会の職務の執行のため必要なものとして法務省令で定める事項

　ハ　執行役が2人以上ある場合における執行役の職務の分掌及び指揮命令の関係その他
　　の執行役相互の関係に関する事項

　ニ　次条第2項の規定による取締役会の招集の請求を受ける取締役

　ホ　執行役の職務の執行が法令及び定款に適合することを確保するための体制その他株
　　式会社の業務並びに当該株式会社及びその子会社から成る企業集団の業務の適正を確
　　保するために必要なものとして法務省令で定める体制の整備

二　執行役等の職務の執行の監督

2　指名委員会等設置会社の取締役会は，前項第1号イからホまでに掲げる事項を決定しな
ければならない。

3　指名委員会等設置会社の取締役会は，第1項各号に掲げる職務の執行を取締役に委任す
ることができない。

4　指名委員会等設置会社の取締役会は，その決議によって，指名委員会等設置会社の業務
執行の決定を執行役に委任することができる。ただし，次に掲げる事項については，この
限りでない。

一　第136条又は第137条第1項の決定及び第140条第4項の規定による指定

二　第165条第3項において読み替えて適用する第156条第1項各号に掲げる事項の決定

三　第262条又は第263条第1項の決定

四　第298条第1項各号に掲げる事項の決定

五　株主総会に提出する議案（取締役，会計参与及び会計監査人の選任及び解任並びに会
計監査人を再任しないことに関するものを除く。）の内容の決定

六　第348条の2第2項の規定による委託

七　第365条第1項において読み替えて適用する第356条第1項（第419条第2項において
読み替えて準用する場合を含む。）の承認

八　第366条第1項ただし書の規定による取締役会を招集する取締役の決定

九　第400条第2項の規定による委員の選定及び第401条第1項の規定による委員の解職

十　第402条第2項の規定による執行役の選任及び第403条第1項の規定による執行役の解
任

十一　第408条第1項第1号の規定による指名委員会等設置会社を代表する者の決定

十二　第420条第1項前段の規定による代表執行役の選定及び同条第2項の規定による代
表執行役の解職

十三　第426条第1項の規定による定款の定めに基づく第423条第1項の責任の免除

十四　補償契約の内容の決定

十五　役員等賠償責任保険契約の内容の決定

十六　第436条第3項，第441条第3項及び第444条第5項の承認

十七　第454条第5項において読み替えて適用する同条第1項の規定により定めなければ
　　ならないとされる事項の決定

十八　第467条第1項各号に掲げる行為に係る契約（当該指名委員会等設置会社の株主総
　　会の決議による承認を要しないものを除く。）の内容の決定

十九　合併契約（当該指名委員会等設置会社の株主総会の決議による承認を要しないもの
　　を除く。）の内容の決定

二十　吸収分割契約（当該指名委員会等設置会社の株主総会の決議による承認を要しない
　　ものを除く。）の内容の決定

二十一　新設分割計画（当該指名委員会等設置会社の株主総会の決議による承認を要しな
　　いものを除く。）の内容の決定

二十二　株式交換契約（当該指名委員会等設置会社の株主総会の決議による承認を要しな
　　いものを除く。）の内容の決定

二十三　株式移転計画の内容の決定

二十四　株式交付計画（当該指名委員会等設置会社の株主総会の決議による承認を要しな
　　いものを除く。）の内容の決定

（役員等の株式会社に対する損害賠償責任）

第423条　取締役，会計参与，監査役，執行役又は会計監査人（以下この章において「役員等」
という。）は，その任務を怠ったときは，株式会社に対し，これによって生じた損害を賠
償する責任を負う。

2　取締役又は執行役が第356条第1項（第419条第2項において準用する場合を含む。以下
この項において同じ。）の規定に違反して第356条第1項第1号の取引をしたときは，当該
取引によって取締役，執行役又は第三者が得た利益の額は，前項の損害の額と推定する。

3　第356条第1項第2号又は第3号（これらの規定を第419条第2項において準用する場合
を含む。）の取引によって株式会社に損害が生じたときは，次に掲げる取締役又は執行役は，
その任務を怠ったものと推定する。

　一　第356条第1項（第419条第2項において準用する場合を含む。）の取締役又は執行役

　二　株式会社が当該取引をすることを決定した取締役又は執行役

　三　当該取引に関する取締役会の承認の決議に賛成した取締役（指名委員会等設置会社に
　　おいては，当該取引が指名委員会等設置会社と取締役との間の取引又は指名委員会等設
　　置会社と取締役との利益が相反する取引である場合に限る。）

4　前項の規定は，第356条第1項第2号又は第3号に掲げる場合において，同項の取締役
（監査等委員であるものを除く。）が当該取引につき監査等委員会の承認を受けたときは，
適用しない。

（株式会社に対する損害賠償責任の免除）

第424条　前条第1項の責任は，総株主の同意がなければ，免除することができない。

（責任限定契約）

第427条 第424条の規定にかかわらず，株式会社は，取締役（業務執行取締役等であるもの
を除く。），会計参与，監査役又は会計監査人（以下この条及び第911条第3項第25号にお
いて「非業務執行取締役等」という。）の第423条第1項の責任について，当該非業務執行
取締役等が職務を行うにつき善意でかつ重大な過失がないときは，定款で定めた額の範囲
内であらかじめ株式会社が定めた額と最低責任限度額とのいずれか高い額を限度とする旨
の契約を非業務執行取締役等と締結することができる旨を定款で定めることができる。

2　前項の契約を締結した非業務執行取締役等が当該株式会社の業務執行取締役等に就任し
たときは，当該契約は，将来に向かってその効力を失う。

3　第425条第3項の規定は，定款を変更して第1項の規定による定款の定め（同項に規定
する取締役（監査等委員又は監査委員であるものを除く。）と契約を締結することができ
る旨の定めに限る。）を設ける議案を株主総会に提出する場合について準用する。この場
合において，同条第3項中「取締役（これらの会社に最終完全親会社等がある場合におい
て，第1項の規定により免除しようとする責任が特定責任であるときにあっては，当該会
社及び当該最終完全親会社等の取締役）」とあるのは，「取締役」と読み替えるものとする。

4　第1項の契約を締結した株式会社が，当該契約の相手方である非業務執行取締役等が任
務を怠ったことにより損害を受けたことを知ったときは，その後最初に招集される株主総
会（当該株式会社に最終完全親会社等がある場合において，当該損害が特定責任に係るも
のであるときにあっては，当該株式会社及び当該最終完全親会社等の株主総会）において
次に掲げる事項を開示しなければならない。

一　第425条第2項第1号及び第2号に掲げる事項

二　当該契約の内容及び当該契約を締結した理由

三　第423条第1項の損害のうち，当該非業務執行取締役等が賠償する責任を負わないと
された額

5　第425条第4項及び第5項の規定は，非業務執行取締役等が第1項の契約によって同項
に規定する限度を超える部分について損害を賠償する責任を負わないとされた場合につい
て準用する。

（役員等の第三者に対する損害賠償責任）

第429条 役員等がその職務を行うについて悪意又は重大な過失があったときは，当該役員
等は，これによって第三者に生じた損害を賠償する責任を負う。

2　次の各号に掲げる者が，当該各号に定める行為をしたときも，前項と同様とする。ただ
し，その者が当該行為をすることについて注意を怠らなかったことを証明したときは，こ
の限りでない。

一　取締役及び執行役　次に掲げる行為

イ　株式，新株予約権，社債若しくは新株予約権付社債を引き受ける者の募集をする際
に通知しなければならない重要な事項についての虚偽の通知又は当該募集のための当
該株式会社の事業その他の事項に関する説明に用いた資料についての虚偽の記載若し
くは記録

ロ　計算書類及び事業報告並びにこれらの附属明細書並びに臨時計算書類に記載し，又
は記録すべき重要な事項についての虚偽の記載又は記録

ハ　虚偽の登記

二　虚偽の公告（第440条第3項に規定する措置を含む。）

　二　会計参与　計算書類及びその附属明細書，臨時計算書類並びに会計参与報告に記載し，又は記録すべき重要な事項についての虚偽の記載又は記録

　三　監査役，監査等委員及び監査委員　監査報告に記載し，又は記録すべき重要な事項についての虚偽の記載又は記録

　四　会計監査人　会計監査報告に記載し，又は記録すべき重要な事項についての虚偽の記載又は記録

（役員等の連帯責任）

第430条　役員等が株式会社又は第三者に生じた損害を賠償する責任を負う場合において，他の役員等も当該損害を賠償する責任を負うときは，これらの者は，連帯債務者とする。

（補償契約）

第430条の2　株式会社が，役員等に対して次に掲げる費用等の全部又は一部を当該株式会社が補償することを約する契約（以下この条において「補償契約」という。）の内容の決定をするには，株主総会（取締役会設置会社にあっては，取締役会）の決議によらなければならない。

　一　当該役員等が，その職務の執行に関し，法令の規定に違反したことが疑われ，又は責任の追及に係る請求を受けたことに対処するために支出する費用

　二　当該役員等が，その職務の執行に関し，第三者に生じた損害を賠償する責任を負う場合における次に掲げる損失

　　イ　当該損害を当該役員等が賠償することにより生ずる損失

　　ロ　当該損害の賠償に関する紛争について当事者間に和解が成立したときは，当該役員等が当該和解に基づく金銭を支払うことにより生ずる損失

2　株式会社は，補償契約を締結している場合であっても，当該補償契約に基づき，次に掲げる費用等を補償することができない。

　一　前項第1号に掲げる費用のうち通常要する費用の額を超える部分

　二　当該株式会社が前項第2号の損害を賠償するとすれば当該役員等が当該株式会社に対して第423条第1項の責任を負う場合には，同号に掲げる損失のうち当該責任に係る部分

　三　役員等がその職務を行うにつき悪意又は重大な過失があったことにより前項第2号の責任を負う場合には，同号に掲げる損失の全部

3　補償契約に基づき第1項第1号に掲げる費用を補償した株式会社が，当該役員等が自己若しくは第三者の不正な利益を図り，又は当該株式会社に損害を加える目的で同号の職務を執行したことを知ったときは，当該役員等に対し，補償した金額に相当する金銭を返還することを請求することができる。

4　取締役会設置会社においては，補償契約に基づく補償をした取締役及び当該補償を受けた取締役は，遅滞なく，当該補償についての重要な事実を取締役会に報告しなければならない。

5　前項の規定は，執行役について準用する。この場合において，同項中「取締役会設置会社においては，補償契約」とあるのは，「補償契約」と読み替えるものとする。

6　第356条第1項及び第365条第2項（これらの規定を第419条第2項において準用する場

合を含む。）、第423条第3項並びに第428条第1項の規定は、株式会社と取締役又は執行役との間の補償契約については、適用しない。

7　民法第108条の規定は、第1項の決議によってその内容が定められた前項の補償契約の締結については、適用しない。

（役員等のために締結される保険契約）

第430条の3　株式会社が、保険者との間で締結する保険契約のうち役員等がその職務の執行に関し責任を負うこと又は当該責任の追及に係る請求を受けることによって生ずることのある損害を保険者が填補することを約するものであって、役員等を被保険者とするもの（当該保険契約を締結することにより被保険者である役員等の職務の執行の適正性が著しく損なわれるおそれがないものとして法務省令で定めるものを除く。第3項ただし書において「役員等賠償責任保険契約」という。）の内容の決定をするには、株主総会（取締役会設置会社にあっては、取締役会）の決議によらなければならない。

2　第356条第1項及び第365条第2項（これらの規定を第419条第2項において準用する場合を含む。）並びに第423条第3項の規定は、株式会社が保険者との間で締結する保険契約のうち役員等がその職務の執行に関し責任を負うこと又は当該責任の追及に係る請求を受けることによって生ずることのある損害を保険者が填補することを約するものであって、取締役又は執行役を被保険者とするものの締結については、適用しない。

3　民法第108条の規定は、前項の保険契約の締結については、適用しない。ただし、当該契約が役員等賠償責任保険契約である場合には、第1項の決議によってその内容が定められたときに限る。

（会計の原則）

第431条　株式会社の会計は、一般に公正妥当と認められる企業会計の慣行に従うものとする。

（会計帳簿の作成及び保存）

第432条　株式会社は、法務省令で定めるところにより、適時に、正確な会計帳簿を作成しなければならない。

2　株式会社は、会計帳簿の閉鎖の時から10年間、その会計帳簿及びその事業に関する重要な資料を保存しなければならない。

（計算書類等の作成及び保存）

第435条　株式会社は、法務省令で定めるところにより、その成立の日における貸借対照表を作成しなければならない。

2　株式会社は、法務省令で定めるところにより、各事業年度に係る計算書類（貸借対照表、損益計算書その他株式会社の財産及び損益の状況を示すために必要かつ適当なものとして法務省令で定めるものをいう。以下この章において同じ。）及び事業報告並びにこれらの附属明細書を作成しなければならない。

3　計算書類及び事業報告並びにこれらの附属明細書は、電磁的記録をもって作成することができる。

4　株式会社は、計算書類を作成した時から10年間、当該計算書類及びその附属明細書を保存しなければならない。

（計算書類等の監査等）

第436条 監査役設置会社（監査役の監査の範囲を会計に関するものに限定する旨の定款の定めがある株式会社を含み，会計監査人設置会社を除く。）においては，前条第2項の計算書類及び事業報告並びにこれらの附属明細書は，法務省令で定めるところにより，監査役の監査を受けなければならない。

2　会計監査人設置会社においては，次の各号に掲げるものは，法務省令で定めるところにより，当該各号に定める者の監査を受けなければならない。

一　前条第2項の計算書類及びその附属明細書　監査役（監査等委員会設置会社にあっては監査等委員会，指名委員会等設置会社にあっては監査委員会）及び会計監査人

二　前条第2項の事業報告及びその附属明細書　監査役（監査等委員会設置会社にあっては監査等委員会，指名委員会等設置会社にあっては監査委員会）

3　取締役会設置会社においては，前条第2項の計算書類及び事業報告並びにこれらの附属明細書（第1項又は前項の規定の適用がある場合にあっては，第1項又は前項の監査を受けたもの）は，取締役会の承認を受けなければならない。

（計算書類等の株主への提供）

第437条 取締役会設置会社においては，取締役は，定時株主総会の招集の通知に際して，法務省令で定めるところにより，株主に対し，前条第3項の承認を受けた計算書類及び事業報告（同条第1項又は第2項の規定の適用がある場合にあっては，監査報告又は会計監査報告を含む。）を提供しなければならない。

（計算書類等の定時株主総会への提出等）

第438条 次の各号に掲げる株式会社においては，取締役は，当該各号に定める計算書類及び事業報告を定時株主総会に提出し，又は提供しなければならない。

一　第436条第1項に規定する監査役設置会社（取締役会設置会社を除く。）　第436条第1項の監査を受けた計算書類及び事業報告

二　会計監査人設置会社（取締役会設置会社を除く。）　第436条第2項の監査を受けた計算書類及び事業報告

三　取締役会設置会社　第436条第3項の承認を受けた計算書類及び事業報告

四　前三号に掲げるもの以外の株式会社　第435条第2項の計算書類及び事業報告

2　前項の規定により提出され，又は提供された計算書類は，定時株主総会の承認を受けなければならない。

3　取締役は，第1項の規定により提出され，又は提供された事業報告の内容を定時株主総会に報告しなければならない。

（会計監査人設置会社の特則）

第439条 会計監査人設置会社については，第436条第3項の承認を受けた計算書類が法令及び定款に従い株式会社の財産及び損益の状況を正しく表示しているものとして法務省令で定める要件に該当する場合には，前条第2項の規定は，適用しない。この場合においては，取締役は，当該計算書類の内容を定時株主総会に報告しなければならない。

（計算書類の公告）

第440条 株式会社は，法務省令で定めるところにより，定時株主総会の終結後遅滞なく，貸借対照表（大会社にあっては，貸借対照表及び損益計算書）を公告しなければならない。

2　前項の規定にかかわらず，その公告方法が第939条第1項第1号又は第2号に掲げる方

参考資料●会社法　*237*

法である株式会社は，前項に規定する貸借対照表の要旨を公告することで足りる。

3　前項の株式会社は，法務省令で定めるところにより，定時株主総会の終結後遅滞なく，第1項に規定する貸借対照表の内容である情報を，定時株主総会の終結の日後5年を経過する日までの間，継続して電磁的方法により不特定多数の者が提供を受けることができる状態に置く措置をとることができる。この場合においては，前二項の規定は，適用しない。

4　金融商品取引法第24条第1項の規定により有価証券報告書を内閣総理大臣に提出しなければならない株式会社については，前三項の規定は，適用しない。

（定款の変更）

第466条　株式会社は，その成立後，株主総会の決議によって，定款を変更することができる。

（事業譲渡等の承認等）

第467条　株式会社は，次に掲げる行為をする場合には，当該行為がその効力を生ずる日（以下この章において「効力発生日」という。）の前日までに，株主総会の決議によって，当該行為に係る契約の承認を受けなければならない。

一　事業の全部の譲渡

二　事業の重要な一部の譲渡（当該譲渡により譲り渡す資産の帳簿価額が当該株式会社の総資産額として法務省令で定める方法により算定される額の5分の1（これを下回る割合を定款で定めた場合にあっては，その割合）を超えないものを除く。）

二の二　その子会社の株式又は持分の全部又は一部の譲渡（次のいずれにも該当する場合における譲渡に限る。）

　　イ　当該譲渡により譲り渡す株式又は持分の帳簿価額が当該株式会社の総資産額として法務省令で定める方法により算定される額の5分の1（これを下回る割合を定款で定めた場合にあっては，その割合）を超えるとき。

　　ロ　当該株式会社が，効力発生日において当該子会社の議決権の総数の過半数の議決権を有しないとき。

三　他の会社（外国会社その他の法人を含む。次条において同じ。）の事業の全部の譲受け

（定款の作成）

第575条　合名会社，合資会社又は合同会社（以下「持分会社」と総称する。）を設立するには，その社員になろうとする者が定款を作成し，その全員がこれに署名し，又は記名押印しなければならない。

2　前項の定款は，電磁的記録をもって作成することができる。この場合において，当該電磁的記録に記録された情報については，法務省令で定める署名又は記名押印に代わる措置をとらなければならない。

（定款の記載又は記録事項）

第576条　持分会社の定款には，次に掲げる事項を記載し，又は記録しなければならない。

一　目的

二　商号

三　本店の所在地

四　社員の氏名又は名称及び住所

五　社員が無限責任社員又は有限責任社員のいずれであるかの別

六　社員の出資の目的（有限責任社員にあっては，金銭等に限る。）及びその価額又は評価の標準

2　設立しようとする持分会社が合名会社である場合には，前項第5号に掲げる事項として，その社員の全部を無限責任社員とする旨を記載し，又は記録しなければならない。

3　設立しようとする持分会社が合資会社である場合には，第1項第5号に掲げる事項として，その社員の一部を無限責任社員とし，その他の社員を有限責任社員とする旨を記載し，又は記録しなければならない。

4　設立しようとする持分会社が合同会社である場合には，第1項第5号に掲げる事項として，その社員の全部を有限責任社員とする旨を記載し，又は記録しなければならない。

第577条　前条に規定するもののほか，持分会社の定款には，この法律の規定により定款の定めがなければその効力を生じない事項及びその他の事項でこの法律の規定に違反しないものを記載し，又は記録することができる。

（合同会社の設立時の出資の履行）

第578条　設立しようとする持分会社が合同会社である場合には，当該合同会社の社員になろうとする者は，定款の作成後，合同会社の設立の登記をする時までに，その出資に係る金銭の全額を払い込み，又はその出資に係る金銭以外の財産の全部を給付しなければならない。ただし，合同会社の社員になろうとする者全員の同意があるときは，登記，登録その他権利の設定又は移転を第三者に対抗するために必要な行為は，合同会社の成立後にすることを妨げない。

（持分会社の成立）

第579条　持分会社は，その本店の所在地において設立の登記をすることによって成立する。

（社員の責任）

第580条　社員は，次に掲げる場合には，連帯して，持分会社の債務を弁済する責任を負う。

一　当該持分会社の財産をもってその債務を完済することができない場合

二　当該持分会社の財産に対する強制執行がその効を奏しなかった場合（社員が，当該持分会社に弁済をする資力があり，かつ，強制執行が容易であることを証明した場合を除く。）

2　有限責任社員は，その出資の価額（既に持分会社に対し履行した出資の価額を除く。）を限度として，持分会社の債務を弁済する責任を負う。

（社員の抗弁）

第581条　社員が持分会社の債務を弁済する責任を負う場合には，社員は，持分会社が主張することができる抗弁をもって当該持分会社の債権者に対抗することができる。

2　前項に規定する場合において，持分会社がその債権者に対して相殺権，取消権又は解除権を有するときは，これらの権利の行使によって持分会社がその債務を免れるべき限度において，社員は，当該債権者に対して債務の履行を拒むことができる。

（社員の出資に係る責任）

第582条　社員が金銭を出資の目的とした場合において，その出資をすることを怠ったときは，当該社員は，その利息を支払うほか，損害の賠償をしなければならない。

2　社員が債権を出資の目的とした場合において，当該債権の債務者が弁済期に弁済をしなかったときは，当該社員は，その弁済をする責任を負う。この場合においては，当該社員

参考資料●会社法　*239*

は，その利息を支払うほか，損害の賠償をしなければならない。

（持分の譲渡）

第585条 社員は，他の社員の全員の承諾がなければ，その持分の全部又は一部を他人に譲渡することができない。

2　前項の規定にかかわらず，業務を執行しない有限責任社員は，業務を執行する社員の全員の承諾があるときは，その持分の全部又は一部を他人に譲渡することができる。

3　第637条の規定にかかわらず，業務を執行しない有限責任社員の持分の譲渡に伴い定款の変更を生ずるときは，その持分の譲渡による定款の変更は，業務を執行する社員の全員の同意によってすることができる。

4　前三項の規定は，定款で別段の定めをすることを妨げない。

（持分の全部の譲渡をした社員の責任）

第586条 持分の全部を他人に譲渡した社員は，その旨の登記をする前に生じた持分会社の債務について，従前の責任の範囲内でこれを弁済する責任を負う。

2　前項の責任は，同項の登記後2年以内に請求又は請求の予告をしない持分会社の債権者に対しては，当該登記後2年を経過した時に消滅する。

第587条 持分会社は，その持分の全部又は一部を譲り受けることができない。

2　持分会社が当該持分会社の持分を取得した場合には，当該持分は，当該持分会社がこれを取得した時に，消滅する。

（業務の執行）

第590条 社員は，定款に別段の定めがある場合を除き，持分会社の業務を執行する。

2　社員が2人以上ある場合には，持分会社の業務は，定款に別段の定めがある場合を除き，社員の過半数をもって決定する。

3　前項の規定にかかわらず，持分会社の常務は，各社員が単独で行うことができる。ただし，その完了前に他の社員が異議を述べた場合は，この限りでない。

（業務を執行する社員を定款で定めた場合）

第591条 業務を執行する社員を定款で定めた場合において，業務を執行する社員が2人以上あるときは，持分会社の業務は，定款に別段の定めがある場合を除き，業務を執行する社員の過半数をもって決定する。この場合における前条第3項の規定の適用については，同項中「社員」とあるのは，「業務を執行する社員」とする。

2　前項の規定にかかわらず，同項に規定する場合には，支配人の選任及び解任は，社員の過半数をもって決定する。ただし，定款で別段の定めをすることを妨げない。

3　業務を執行する社員を定款で定めた場合において，その業務を執行する社員の全員が退社したときは，当該定款の定めは，その効力を失う。

4　業務を執行する社員を定款で定めた場合には，その業務を執行する社員は，正当な事由がなければ，辞任することができない。

5　前項の業務を執行する社員は，正当な事由がある場合に限り，他の社員の一致によって解任することができる。

6　前二項の規定は，定款で別段の定めをすることを妨げない。

（社員の持分会社の業務及び財産状況に関する調査）

第592条 業務を執行する社員を定款で定めた場合には，各社員は，持分会社の業務を執行

する権利を有しないときであっても，その業務及び財産の状況を調査することができる。

2　前項の規定は，定款で別段の定めをすることを妨げない。ただし，定款によっても，社員が事業年度の終了時又は重要な事由があるときに同項の規定による調査をすることを制限する旨を定めることができない。

（持分会社の代表）

第599条　業務を執行する社員は，持分会社を代表する。ただし，他に持分会社を代表する社員その他持分会社を代表する者を定めた場合は，この限りでない。

2　前項本文の業務を執行する社員が2人以上ある場合には，業務を執行する社員は，各自，持分会社を代表する。

3　持分会社は，定款又は定款の定めに基づく社員の互選によって，業務を執行する社員の中から持分会社を代表する社員を定めることができる。

4　持分会社を代表する社員は，持分会社の業務に関する一切の裁判上又は裁判外の行為をする権限を有する。

5　前項の権限に加えた制限は，善意の第三者に対抗することができない。

（退社に伴う持分の払戻し）

第611条　退社した社員は，その出資の種類を問わず，その持分の払戻しを受けることができる。ただし，第608条第1項及び第2項の規定により当該社員の一般承継人が社員となった場合は，この限りでない。

2　退社した社員と持分会社との間の計算は，退社の時における持分会社の財産の状況に従ってしなければならない。

3　退社した社員の持分は，その出資の種類を問わず，金銭で払い戻すことができる。

4　退社の時にまだ完了していない事項については，その完了後に計算をすることができる。

5　社員が除名により退社した場合における第2項及び前項の規定の適用については，これらの規定中「退社の時」とあるのは，「除名の訴えを提起した時」とする。

6　前項に規定する場合には，持分会社は，除名の訴えを提起した日後の年6分の利率により算定した利息をも支払わなければならない。

7　社員の持分の差押えは，持分の払戻しを請求する権利に対しても，その効力を有する。

（社員の損益分配の割合）

第622条　損益分配の割合について定款の定めがないときは，その割合は，各社員の出資の価額に応じて定める。

2　利益又は損失の一方についてのみ分配の割合についての定めを定款で定めたときは，その割合は，利益及び損失の分配に共通であるものと推定する。

（出資の払戻し）

第624条　社員は，持分会社に対し，既に出資として払込み又は給付をした金銭等の払戻し（以下この編において「出資の払戻し」という。）を請求することができる。この場合において，当該金銭等が金銭以外の財産であるときは，当該財産の価額に相当する金銭の払戻しを請求することを妨げない。

2　持分会社は，出資の払戻しを請求する方法その他の出資の払戻しに関する事項を定款で定めることができる。

3　社員の持分の差押えは，出資の払戻しを請求する権利に対しても，その効力を有する。

参考資料●会社法　*241*

（募集社債に関する事項の決定）

第676条　会社は，その発行する社債を引き受ける者の募集をしようとするときは，その都度，募集社債（当該募集に応じて当該社債の引受けの申込みをした者に対して割り当てる社債をいう。以下この編において同じ。）について次に掲げる事項を定めなければならない。

一　募集社債の総額

二　各募集社債の金額

三　募集社債の利率

四　募集社債の償還の方法及び期限

五　利息支払の方法及び期限

六　社債券を発行するときは，その旨

七　社債権者が第698条の規定による請求の全部又は一部をすることができないこととするときは，その旨

七の二　社債管理者を定めないこととするときは，その旨

八　社債管理者が社債権者集会の決議によらずに第706条第１項第２号に掲げる行為をすることができることとするときは，その旨

八の二　社債管理補助者を定めることとするときは，その旨

九　各募集社債の払込金額（各募集社債と引換えに払い込む金銭の額をいう。以下この章において同じ。）若しくはその最低金額又はこれらの算定方法

十　募集社債と引換えにする金銭の払込みの期日

十一　一定の日までに募集社債の総額について割当てを受ける者を定めていない場合において，募集社債の全部を発行しないこととするときは，その旨及びその一定の日

十二　前各号に掲げるもののほか，法務省令で定める事項

（株式会社に権利義務を承継させる吸収分割の効力の発生等）

第759条　吸収分割承継株式会社は，効力発生日に，吸収分割契約の定めに従い，吸収分割会社の権利義務を承継する。

2　前項の規定にかかわらず，第789条第１項第２号（第793条第２項において準用する場合を含む。次項において同じ。）の規定により異議を述べることができる吸収分割会社の債権者であって，第789条第２項（第３号を除き，第793条第２項において準用する場合を含む。次項において同じ。）の各別の催告を受けなかったもの（第789条第３項（第793条第２項において準用する場合を含む。）に規定する場合にあっては，不法行為によって生じた債務の債権者であるものに限る。次項において同じ。）は，吸収分割契約において吸収分割後に吸収分割会社に対して債務の履行を請求することができないものとされているときであっても，吸収分割会社に対して，吸収分割会社が効力発生日に有していた財産の価額を限度として，当該債務の履行を請求することができる。

3　第１項の規定にかかわらず，第789条第１項第２号の規定により異議を述べることができる吸収分割会社の債権者であって，同条第２項の各別の催告を受けなかったものは，吸収分割契約において吸収分割後に吸収分割承継株式会社に対して債務の履行を請求することができないものとされているときであっても，吸収分割承継株式会社に対して，承継した財産の価額を限度として，当該債務の履行を請求することができる。

4　第１項の規定にかかわらず，吸収分割会社が吸収分割承継株式会社に承継されない債務

の債権者（以下この条において「残存債権者」という。）を害することを知って吸収分割をした場合には，残存債権者は，吸収分割承継株式会社に対して，承継した財産の価額を限度として，当該債務の履行を請求することができる。ただし，吸収分割承継株式会社が吸収分割の効力が生じた時において残存債権者を害することを知らなかったときは，この限りでない。

5　前項の規定は，前条第8号に掲げる事項についての定めがある場合には，適用しない。

6　吸収分割承継株式会社が第4項の規定により同項の債務を履行する責任を負う場合には，当該責任は，吸収分割会社が残存債権者を害することを知って吸収分割をしたことを知った時から2年以内に請求又は請求の予告をしない残存債権者に対しては，その期間を経過した時に消滅する。効力発生日から10年を経過したときも，同様とする。

7　吸収分割会社について破産手続開始の決定，再生手続開始の決定又は更生手続開始の決定があったときは，残存債権者は，吸収分割承継株式会社に対して第4項の規定による請求をする権利を行使することができない。

8　次の各号に掲げる場合には，吸収分割会社は，効力発生日に，吸収分割契約の定めに従い，当該各号に定める者となる。

　一　前条第4号イに掲げる事項についての定めがある場合　同号イの株式の株主

　二　前条第4号ロに掲げる事項についての定めがある場合　同号ロの社債の社債権者

　三　前条第4号ハに掲げる事項についての定めがある場合　同号ハの新株予約権の新株予約権者

　四　前条第4号ニに掲げる事項についての定めがある場合　同号ニの新株予約権付社債についての社債の社債権者及び当該新株予約権付社債に付された新株予約権の新株予約権者

9　前条第5号に規定する場合には，効力発生日に，吸収分割契約新株予約権は，消滅し，当該吸収分割契約新株予約権の新株予約権者は，同条第6号に掲げる事項についての定めに従い，同条第5号ロの吸収分割承継株式会社の新株予約権の新株予約権者となる。

10　前各項の規定は，第789条（第1項第3号及び第2項第3号を除き，第793条第2項において準用する場合を含む。）若しくは第799条の規定による手続が終了していない場合又は吸収分割を中止した場合には，適用しない。

（株式会社を設立する新設分割の効力の発生等）

第764条　新設分割設立株式会社は，その成立の日に，新設分割計画の定めに従い，新設分割会社の権利義務を承継する。

2　前項の規定にかかわらず，第810条第1項第2号（第813条第2項において準用する場合を含む。次項において同じ。）の規定により異議を述べることができる新設分割会社の債権者であって，第810条第2項（第3号を除き，第813条第2項において準用する場合を含む。次項において同じ。）の各別の催告を受けなかったもの（第810条第3項（第813条第2項において準用する場合を含む。）に規定する場合にあっては，不法行為によって生じた債務の債権者であるものに限る。次項において同じ。）は，新設分割計画において新設分割後に新設分割会社に対して債務の履行を請求することができないものとされているときであっても，新設分割会社に対して，新設分割会社が新設分割設立株式会社の成立の日に有していた財産の価額を限度として，当該債務の履行を請求することができる。

参考資料●会社法　*243*

3 第1項の規定にかかわらず，第810条第1項第2号の規定により異議を述べることができる新設分割会社の債権者であって，同条第2項の各別の催告を受けなかったものは，新設分割計画において新設分割後に新設分割設立株式会社に対して債務の履行を請求することができないものとされているときであっても，新設分割設立株式会社に対して，承継した財産の価額を限度として，当該債務の履行を請求することができる。

4 第1項の規定にかかわらず，新設分割会社が新設分割設立株式会社に承継されない債務の債権者（以下この条において「残存債権者」という。）を害することを知って新設分割をした場合には，残存債権者は，新設分割設立株式会社に対して，承継した財産の価額を限度として，当該債務の履行を請求することができる。

5 前項の規定は，前条第1項第12号に掲げる事項についての定めがある場合には，適用しない。

6 新設分割設立株式会社が第4項の規定により同項の債務を履行する責任を負う場合には，当該責任は，新設分割会社が残存債権者を害することを知って新設分割をしたことを知った時から2年以内に請求又は請求の予告をしない残存債権者に対しては，その期間を経過した時に消滅する。新設分割設立株式会社の成立の日から10年を経過したときも，同様とする。

7 新設分割会社について破産手続開始の決定，再生手続開始の決定又は更生手続開始の決定があったときは，残存債権者は，新設分割設立株式会社に対して第4項の規定による請求をする権利を行使することができない。

8 前条第1項に規定する場合には，新設分割会社は，新設分割設立株式会社の成立の日に，新設分割計画の定めに従い，同項第6号の株式の株主となる。

9 次の各号に掲げる場合には，新設分割会社は，新設分割設立株式会社の成立の日に，新設分割計画の定めに従い，当該各号に定める者となる。

　一　前条第1項第8号イに掲げる事項についての定めがある場合　同号イの社債の社債権者

　二　前条第1項第8号ロに掲げる事項についての定めがある場合　同号ロの新株予約権の新株予約権者

　三　前条第1項第8号ハに掲げる事項についての定めがある場合　同号ハの新株予約権付社債についての社債の社債権者及び当該新株予約権付社債に付された新株予約権の新株予約権者

10 二以上の株式会社又は合同会社が共同して新設分割をする場合における前二項の規定の適用については，第8項中「新設分割計画の定め」とあるのは「同項第7号に掲げる事項についての定め」と，前項中「新設分割計画の定め」とあるのは「前条第1項第9号に掲げる事項についての定め」とする。

11 前条第1項第10号に規定する場合には，新設分割設立株式会社の成立の日に，新設分割計画新株予約権は，消滅し，当該新設分割計画新株予約権の新株予約権者は，同項第11号に掲げる事項についての定めに従い，同項第10号ロの新設分割設立株式会社の新株予約権の新株予約権者となる。

（株主による責任追及等の訴え）

第847条　6箇月（これを下回る期間を定款で定めた場合にあっては，その期間）前から引

き続き株式を有する株主（第189条第2項の定款の定めによりその権利を行使することができない単元未満株主を除く。）は，株式会社に対し，書面その他の法務省令で定める方法により，発起人，設立時取締役，設立時監査役，役員等（第423条第1項に規定する役員等をいう。）若しくは清算人（以下この節において「発起人等」という。）の責任を追及する訴え，第102条の2第1項，第212条第1項若しくは第285条第1項の規定による支払を求める訴え，第120条第3項の利益の返還を求める訴え又は第213条の2第1項若しくは第286条の2第1項の規定による支払若しくは給付を求める訴え（以下この節において「責任追及等の訴え」という。）の提起を請求することができる。ただし，責任追及等の訴えが当該株主若しくは第三者の不正な利益を図り又は当該株式会社に損害を加えることを目的とする場合は，この限りでない。

2　公開会社でない株式会社における前項の規定の適用については，同項中「6箇月（これを下回る期間を定款で定めた場合にあっては，その期間）前から引き続き株式を有する株主」とあるのは，「株主」とする。

3　株式会社が第1項の規定による請求の日から60日以内に責任追及等の訴えを提起しないときは，当該請求をした株主は，株式会社のために，責任追及等の訴えを提起することができる。

4　株式会社は，第1項の規定による請求の日から60日以内に責任追及等の訴えを提起しない場合において，当該請求をした株主又は同項の発起人等から請求を受けたときは，当該請求をした者に対し，遅滞なく，責任追及等の訴えを提起しない理由を書面その他の法務省令で定める方法により通知しなければならない。

5　第1項及び第3項の規定にかかわらず，同項の期間の経過により株式会社に回復することができない損害が生ずるおそれがある場合には，第1項の株主は，株式会社のために，直ちに責任追及等の訴えを提起することができる。ただし，同項ただし書に規定する場合は，この限りでない。

（責任追及等の訴えに係る訴訟費用等）
第847条の4　第847条第3項若しくは第5項，第847条の2第6項若しくは第8項又は前条第7項若しくは第9項の責任追及等の訴えは，訴訟の目的の価額の算定については，財産権上の請求でない請求に係る訴えとみなす。

2　株主等（株主，適格旧株主又は最終完全親会社等の株主をいう。以下この節において同じ。）が責任追及等の訴えを提起したときは，裁判所は，被告の申立てにより，当該株主等に対し，相当の担保を立てるべきことを命ずることができる。

3　被告が前項の申立てをするには，責任追及等の訴えの提起が悪意によるものであることを疎明しなければならない。

商　法

（定義）

第 4 条　この法律において「商人」とは，自己の名をもって商行為をすることを業とする者をいう。

2　店舗その他これに類似する設備によって物品を販売することを業とする者又は鉱業を営む者は，商行為を行うことを業としない者であっても，これを商人とみなす。

（未成年者登記）

第 5 条　未成年者が前条の営業を行うときは，その登記をしなければならない。

（支配人）

第20条　商人は，支配人を選任し，その営業所において，その営業を行わせることができる。

（支配人の代理権）

第21条　支配人は，商人に代わってその営業に関する一切の裁判上又は裁判外の行為をする権限を有する。

（ある種類又は特定の事項の委任を受けた使用人）

第25条　商人の営業に関するある種類又は特定の事項の委任を受けた使用人は，当該事項に関する一切の裁判外の行為をする権限を有する。

（絶対的商行為）

第501条　次に掲げる行為は，商行為とする。

一　利益を得て譲渡する意思をもってする動産，不動産若しくは有価証券の有償取得又はその取得したものの譲渡を目的とする行為

二　他人から取得する動産又は有価証券の供給契約及びその履行のためにする有償取得を目的とする行為

三　取引所においてする取引

四　手形その他の商業証券に関する行為

（営業的商行為）

第502条　次に掲げる行為は，営業としてするときは，商行為とする。ただし，専ら賃金を得る目的で物を製造し，又は労務に従事する者の行為は，この限りでない。

一　賃貸する意思をもってする動産若しくは不動産の有償取得若しくは賃借又はその取得し若しくは賃借したものの賃貸を目的とする行為

二　他人のためにする製造又は加工に関する行為

三　電気又はガスの供給に関する行為

四　運送に関する行為

五　作業又は労務の請負

六　出版，印刷又は撮影に関する行為

七　客の来集を目的とする場屋における取引

八　両替その他の銀行取引

九　保険

十　寄託の引受け

十一　仲立ち又は取次ぎに関する行為

十二　商行為の代理の引受け

十三　信託の引受け

（契約の申込みを受けた者の諾否通知義務）

第509条　商人が平常取引をする者からその営業の部類に属する契約の申込みを受けたときは，遅滞なく，契約の申込みに対する諾否の通知を発しなければならない。

2　商人が前項の通知を発することを怠ったときは，その商人は，同項の契約の申込みを承諾したものとみなす。

（多数当事者間の債務の連帯）

第511条　数人の者がその1人又は全員のために商行為となる行為によって債務を負担したときは，その債務は，各自が連帯して負担する。

2　保証人がある場合において，債務が主たる債務者の商行為によって生じたものであるとき，又は保証が商行為であるときは，主たる債務者及び保証人が各別の行為によって債務を負担したときであっても，その債務は，各自が連帯して負担する。

（報酬請求権）

第512条　商人がその営業の範囲内において他人のために行為をしたときは，相当な報酬を請求することができる。

（利息請求権）

第513条　商人間において金銭の消費貸借をしたときは，貸主は，法定利息を請求することができる。

2　商人がその営業の範囲内において他人のために金銭の立替えをしたときは，その立替えの日以後の法定利息を請求することができる。

参考資料●商法　247

参考文献

池田真朗ほか編『法の世界へ（第 7 版）』（有斐閣，2017年）

道垣内弘人『リーガルベイシス 民法入門（第 3 版）』（日本経済新聞出版社，2019年）

内田　貴『民法 I　総則・物権総論（第 4 版）』（2008年），『民法 II　債権各論（第 3 版）』（2011年），『民法 III　債権総論・担保物権（第 4 版）』（2020年）（以上，東京大学出版会）

大垣尚司『金融と法—企業ファイナンス入門』（有斐閣，2010年）

神田秀樹『会社法（第21版）』（弘文堂，2019年）

高橋英治『会社法概説（第 4 版）』（中央経済社，2019年）

砂田太士・久保寛展『企業取引法』（中央経済社，2015年）

丸山秀平『商法 I　総則・商行為法／手形・小切手法（第 4 版）』（新世社，2018年）

堀　天子『実務解説 資金決済法（第 4 版）』（商事法務，2019年）

ウィリアム・シェイクスピア（福田恆存訳）『ヴェニスの商人』（新潮文庫，1967年）

索　引

欧文

B to B	4
B to C	5
B to E	5
CSR	8, 9
IR	110
M&A	160
MBO	161

あ行

相手方	76
相手方選択の自由	32
悪意	44
悪法もまた法である	12
一般承継	164, 167
一般法	14
入会権	58
ウィズリコース・ファクタリング	176
裏書	178
裏書人	179
永小作権	58
営利性	68
エクイティ・ファイナンス	150
エンフォースメント	11

か行

会計監査人	104
会社	7
会社分割に伴う労働契約の承継等に関する法律	167
会社分割無効の訴え	170
解除	28
解約権留保付契約	19
解約予告	20
過失	44
合併	163
合併差止請求権	165
合併無効の訴え	166
過払金返還請求訴訟	13

株式	91, 154
株式移転	170
株式移転完全子会社	170
株式会社	90, 92
株式買取請求権	165
株式交換	170
株式交換・株式移転の無効の訴え	172
株式交換完全親会社	170
株式交換完全子会社	170
株式交付	161, 173
株主総会	98
株主代表訴訟	135
株主提案権制度	98
株主有限責任	94, 95
為替手形	180
為替取引	187
簡易の引渡し	65
簡易方式	165, 169, 171
監査等委員会設置会社	115
監査役	103
監査役会設置会社	111
慣習法	14
機関投資家	108
企業	83
企業間取引	4
企業の社会的責任 → CSR	
欺罔行為	49
キャッシュ・アウト	161
吸収合併	163
吸収合併契約	165
――の承認	165
吸収合併消滅会社	163
吸収合併存続会社	163
吸収分割	167
吸収分割契約	168
吸収分割承継会社	167
求償	78
競業避止義務	123
強行規定	15
強行法規	15

249

共同企業	7	債権者	55
強迫	50	債権者請求方式	186
虚偽表示	45	債権者保護手続き	166
金銭代用証券	182	催告	41
クーリングオフ	29	——の抗弁権	79
組合	7	債務	55
組入要件	34	債務者	55
クラウドファンディング	153	債務者請求方式	186
グレーゾーン金利	13	詐害的会社分割	169
経営判断の原則	141	詐欺	49
契約	3, 21	錯誤	46
契約自由の原則	32	指図による占有移転	65
契約書	26	差止請求権	169, 172
契約締結の自由	32	詐術	41
契約内容の自由	32	残余請求権者	151
契約方式の自由	26, 32	始期付契約	19
検索の抗弁権	79	事業譲渡	164
原始取得	61	資金移動業者	188
現実の引渡し	65	資金決済・移動サービス	188
限定列挙	71	——インターネット・モバイル型	188
顕名	76	——営業店型	188
合意	24	——カード・証書型	189
合意解除	29	——収納代行サービス	190
公開会社	95	——代金引換サービス	190
合資会社	88	資金決済法	187
公正証書	26	事実上の合併	164
合同会社	89	自社株対価 TOB	173
抗弁	177	事情変更の原則	30
——の接続	178	自然人	38
公法	14	実定法	14
合名会社	87	指定承継労働者	168
コーポレート・ガバナンス	105	支配人	77
コーポレートガバナンス・コード	117	支払委託証券	180, 182
小切手	182	支払約束証券	178
個人企業	7	私法	14
個別承継	164	指名委員会等設置会社	113
婚姻適齢	39	社外取締役	117
コンプライアンス	9	社債	158
コンプライ・オア・エクスプレイン	110, 118	就職内定	19

さ行

		主たる債務	78
		主たる債務者	78
債権	54	商業信用状	181
——の譲渡	176	商業登記	77

承継事業主要労働者	168	遡求	179
承継取得	61	遡及効	41
証券取引所	105	組織再編	160
上場会社	105	組織変更	160
承諾	24	ソフトロー	15
譲渡担保	59	損害賠償	28

た行

商取引	2, 3		
商人	71		
消費者契約法	33	大会社	95
商法	69	対抗	62
書面要件	26	対抗要件	176
——によらない贈与	26	対人権	55
所有権	54, 56	対世権	56
所有権留保	59	代表	86, 103
所有と経営の分離	106	代表取締役	102
自力救済	30	代理	103
私力の行使	30	代理権	75
新設合併	163	代理人	76
新設合併設立会社	164	諾成契約	22
新設分割	167	担保物権	58
新設分割計画	168	地役権	58
新設分割設立会社	167	地上権	58
人的担保	78	忠実義務	122
信用取引	175	追認	41
心裡留保	43, 44	定款自治	97
スチュワードシップ・コード	110	定型取引	5, 35
ステークホルダー	8	定型約款	5, 6, 35
ストック・オプション	130	手続法	14
制定法	13	デット・ファイナンス	151
成年後見人	42	典型契約	21
成年被後見人	42	典型担保	58
成文法	13	電子記録債権	185, 186
責任限定契約	147	電子記録債権法	185
善意	45	動機の錯誤	47
善管注意義務	122	動産	61
全部取得条項付種類株式の取得	161	動産譲渡登記制度	66
占有回収の訴え	58	同時履行の抗弁権	73, 74
占有改定	65	特殊決議	101
占有権	57	特別決議	101
占有保持の訴え	58	特別法	14
占有保全の訴え	58	特別法は一般法に優先する	14, 70
送金為替	182	特例有限会社	91
双務契約	21	取消し	28, 37

索　引　*251*

取締役会 ………………………………102

な行

内部統制システム ……………………145
内容の錯誤 ………………………………47
荷為替 ……………………………………180
二重譲渡 …………………………………62
任意規定 …………………………………15
任意法規 …………………………………15
ノンリコース・ファクタリング …………177

は行

ハードロー …………………………………15
背信的悪意者 ……………………………63
反対株主の株式買取請求権 …………169, 172
判例法 ……………………………………13
被裏書人 …………………………………179
引受人 ……………………………………180
引渡し ……………………………………65
非典型契約 ………………………………21
非典型担保 ………………………………59
被保佐人 …………………………………42
被補助人 …………………………………42
表示行為の錯誤 …………………………47
表示上の錯誤 ……………………………47
ファクタリング …………………………176
附合契約 …………………………………33
普通決議 …………………………………101
物権 ………………………………………54
物権法定主義 ……………………………56
物的担保 …………………………………78
不動産 ……………………………………61
不当条項規制 ……………………………34
船荷証券 …………………………………180
不法行為 …………………………………54
振出 ………………………………………178
分割会社 …………………………………167
分割債務の原則 …………………………81
片務契約 …………………………………21
法人制度 …………………………………84
法定解除権 ………………………………28
法定代理人 ………………………………38
　　——の同意 …………………………38

法定利率 …………………………………72
保佐人 ……………………………………42
　　——の同意 …………………………42
保証債務の附従性 ………………………79
保証債務の補充性 ………………………79
保証人 ……………………………………78
補助人の同意 ……………………………42
本人 ………………………………………76

ま行

みなし弁済 ………………………………12
無限責任社員 ……………………………87
無効 ………………………………………37
無償契約 …………………………………22
無担保裏書 ………………………………179
申込み ……………………………………24
持分 ………………………………………91
持分会社 …………………………………86
持分均一主義 ……………………………91
持分不均一主義 …………………………91
モニタリング・モデル …………………115

や行

役員等の報酬 ……………………………127
役員賠償責任保険 ………………………137
約定解除権 ………………………………28
約定担保物権 ……………………………59
約束手形 …………………………………178
有限責任社員 ……………………………88
有償契約 …………………………………22
用益物権 …………………………………58
要素 ………………………………………46
　　——の錯誤 …………………………46
要物契約 …………………………………22

ら行

濫用的会社分割 …………………………169
利益相反取引 ……………………………125
利息制限法 ………………………………12
略式方式 ……………………………165, 169, 171
例示列挙 …………………………………71
連帯債務 …………………………………81
連帯保証 …………………………………79

労働基準法·····················20 　労働契約法·····················20

労働契約·····················2，19，20

＜著者紹介＞

中村　信男（なかむら・のぶお）

昭和38（1963）年生まれ
早稲田大学大学院法学研究科博士後期課程単位取得満期退学
現在，早稲田大学商学学術院教授，公認会計士試験試験委員（平成28（2016）年12月より）

〔著書〕

『ロースクール演習会社法〔第4版〕』（共編著，法学書院，2015年）
『現代商事法の諸問題』（共編著，成文堂，2016年）
『会社法重要判例［第3版］』（共編著，成文堂，2019年）

〔論文〕

「親子会社と影の取締役・事実上の主宰者の責任」法務研究第7号（2011年）
"Japan: Listed companies' corporate governance", Andreas M. Fleckner & Klaus J. Hopt, ed., Comparative Corporate Governance: A Functional and International Analysis, Cambridge University Press, 2013
「失効した生命保険契約等の復活請求時における告知義務制度の適用のあり方」保険学雑誌643号（2018年）

和田　宗久（わだ・むねひさ）

昭和48（1973）年生まれ
早稲田大学大学院法学研究科博士後期課程単位取得満期退学
現在，早稲田大学商学学術院教授

〔著書〕

『ロースクール演習会社法〔第4版〕』（共著，法学書院，2015年）
『人間ドラマから会社法入門』（共著，日本評論社，2015年）
『金融商品取引法の理論・実務・判例』（共著，勁草書房，2019年）

〔論文〕

「流通市場における上場会社の不実開示責任―アメリカにおける証券クラスアクションを巡る現状と議論の分析―」上村達男＝尾崎安央ほか編『〔正井章筰先生古稀祝賀〕企業法の現代的課題』（成文堂，2015年）所収
「会社法改正と会社補償・D&O保険法制のあるべき姿」企業会計69巻10号（2017年）
「開示書類の虚偽記載等に関する会社役員等の民事責任―近時の判例の動向を中心に」月刊監査役693号（2019年）

新井　剛（あらい・つよし）

昭和45（1970）年生まれ
東京大学大学院法学政治学研究科博士課程単位取得満期退学
現在，早稲田大学商学学術院教授

〔著書〕

『プロセス講義民法Ⅲ　担保物権』（共著，信山社，2015年）
『新注釈民法(7)物権(4)』（共著，有斐閣，2019年）

〔論文〕

「ドイツ強制管理制度における管理人の報酬―担保不動産収益執行制度の実務運用のために」稲本洋之助先生古稀記念論文集『都市と土地利用』（日本評論社，2006年）所収
「建物明渡猶予制度・売却のための保全処分・担保不動産収益執行と民法法理(1)～（4・完）」民事研修653号，654号，655号，659号（2011～2012年）
「振り込め詐欺救済法の意義と課題」河上正二＝大澤彩編『〔廣瀬久和先生古稀記念〕人間の尊厳と法の役割―民法・消費者法を超えて―』（信山社，2018年）所収

ビジネス法入門（第3版）

2014年10月25日	第1版第1刷発行
2016年3月15日	第1版第4刷発行
2017年3月20日	第2版第1刷発行
2019年3月20日	第2版第7刷発行
2020年4月10日	第3版第1刷発行

著　者　中　村　信　男

　　　　和　田　宗　久

　　　　新　井　　　剛

発行者　山　本　　　継

発行所　㈱中　央　経　済　社

発売元　㈱中央経済グループ
　　　　パブリッシング

〒101-0051　東京都千代田区神田神保町1-31-2
電話　03 (3293) 3371 (編集代表)
03 (3293) 3381 (営業代表)
http://www.chuokeizai.co.jp/
印刷／昭和情報プロセス㈱
製本／誠　製　本　㈱

©2020
Printed in Japan

＊頁の「欠落」や「順序違い」などがありましたらお取り替え
いたしますので発売元までご送付ください。（送料小社負担）

ISBN978-4-502-34651-4　C3032

JCOPY〈出版者著作権管理機構委託出版物〉本書を無断で複写複製（コピー）するこ
とは，著作権法上の例外を除き，禁じられています。本書をコピーされる場合は事前
に出版者著作権管理機構（JCOPY）の許諾を受けてください。
JCOPY〈http://www.jcopy.or.jp　e メール：info@jcopy.or.jp〉

東京商工会議所主催
ビジネス実務法務検定試験® 2020年度版

1級公式テキスト
東京商工会議所 編 　　　A5判　定価4,730円(税込)

2級公式テキスト
東京商工会議所 編 　　　A5判　定価4,620円(税込)

3級公式テキスト
東京商工会議所 編 　　　A5判　定価3,080円(税込)

1級公式問題集
東京商工会議所 編 　　　A5判　定価3,520円(税込)

2級公式問題集
東京商工会議所 編 　　　A5判　定価3,520円(税込)

3級公式問題集
東京商工会議所 編 　　　A5判　定価2,640円(税込)

https://www.kentei.org/